中国教育发展战略学会终身教育工作委员会
职业技能认证研究中心指定培训用书

财经类职业技能培训考证系列

外销员
专业技能培训考试辅导

WAIXIAOYUAN ZHUANYE JINENG PEIXUN KAOSHI FUDAO

主编 ◎余世明

暨南大学出版社
JINAN UNIVERSITY PRESS
中国·广州

图书在版编目(CIP)数据

外销员专业技能培训考试辅导/余世明主编. —广州:暨南大学出版社,2010.8(2014.1重印)
(财经类职业技能培训考证系列)
ISBN 978-7-81135-542-0

Ⅰ.①外…　Ⅱ.①余…　Ⅲ.①对外贸易—资格考核—自学参考资料　Ⅳ.①F740.4

中国版本图书馆 CIP 数据核字(2010)第 107469 号

出版发行:暨南大学出版社

地　　址:中国广州暨南大学
电　　话:总编室(8620)85221601
　　　　　营销部(8620)85225284　85228291　85228292(邮购)
传　　真:(8620)85221583(办公室)　85223774(营销部)
邮　　编:510630
网　　址:http://www.jnupress.com　http://press.jnu.edu.cn

排　　版:广州市天河星辰文化发展部照排中心
印　　刷:广东省农垦总局印刷厂

开　　本:787mm×1092mm　1/16
印　　张:18.875
字　　数:471 千
版　　次:2010 年 8 月第 1 版
印　　次:2014 年 1 月第 2 次
印　　数:3001—4500 册

定　　价:38.00 元

(暨大版图书如有印装质量问题,请与出版社总编室联系调换)

编写说明

我国"入世"后对外贸易迅猛发展，2004 年我国的进出口贸易额达到 11 500 亿美元，相当于"入世"前 2001 年全年贸易规模的 2.3 倍，成为世界第三大贸易国。2005 年我国的进出口贸易额更达到 14 200 多亿美元，比 2004 年增长了 23.2%，首次突破 1 万亿美元大关，2007 年又一举突破了 2 万亿美元大关，2008 年更是达到 2.56 万亿美元，增长了17.8%，位列世界第三大贸易国。随着我国外经贸的快速发展，我国外经贸人才的需求缺口更大。社会急需一大批懂得外贸业务知识，特别是系统了解国际商务基础知识，掌握国际贸易实务、国际商务单证实务和国际商务英语函电等专业知识，从事基层外贸营销业务的专业人员。

为了使有志于从事国际商务的工作人员通过培训和考试，特编写本培训考试辅导书。本书对考试的重难点进行了归纳和讲解，分章节进行强化训练，并附有参考答案，方便读者复习和应考。

本书由余世明担任主编，参加编写的还有彭月嫦、赖瑾瑜、冼燕华、袁绍岐、杨青、刘生峰、余媛等老师。本书在编写中参考了大量的专著和资料，还引用了很多外贸公司的材料，在此谨向有关作者和提供材料的外贸公司经理、业务员、单证员表示衷心的感谢！由于水平有限，错误之处敬请批评指正。

编　者
2010 年 5 月

目　录

第一编　国际商务理论基础

第一章　国际贸易概述

一、重难点分析

（一）国际贸易的概念

国际贸易是指世界各国之间货物、服务和知识交换的活动，是各国之间分工的表现形式，反映了世界各国在经济上的相互依靠。

（二）国际贸易的各种分类

总贸易：是指以国境为标准划分的进出口贸易。

专门贸易：是指以关境为标准划分的进出口贸易。

直接贸易：是指货物生产国与货物消费国不通过第三国进行买卖货物的行为。

间接贸易：是指货物生产国与货物消费国通过第三国进行买卖货物的行为。

转口贸易：货物生产国与货物消费国通过第三国进行的贸易，对第三国来说，则是转口贸易。

服务贸易：依照世贸组织《服务贸易总协定》的定义，服务贸易指：①从成员境内向任何其他成员境内提供服务；②从一成员的境内向任何其他成员境内的服务消费者提供服务；③一成员的服务提供者在任何其他成员境内以自然人的存在提供服务；④一成员的服务提供者在任何其他成员境内以商业性存在提供服务。

贸易条件：又称交换比价或贸易比价，即出口价格与进口价格之间的比率，也就是说一个单位的出口商品可以换回多少进口商品。

（三）对外贸易政策

1. 对外贸易政策的定义

对外贸易政策是指各国在一定时期内对进口贸易和出口贸易所实行的政策。

2. 各国制定对外贸易政策的目的

①保护本国市场；②扩大本国产品和服务的出口市场；③促进本国产业结构的改善；④积累资本或资金；⑤维护本国对外的政治关系。

3. 对外贸易政策的内容

①对外贸易总政策；②进出口货物与服务贸易政策；③对外贸易国别与地区政策。

4. 对外贸易政策的类型

①自由贸易政策：指国家取消对进出口贸易的限制和障碍，取消对本国进出口货物和服务的各种特权和优待，使其自由进出口，在国内外市场上自由竞争。②保护贸易政策：指国家广泛利用各种限制进口的措施保护本国市场免受外国货物和服务的竞争，并对本国出口货物和服务给予优待和补贴以鼓励货物和服务出口。

二、练习题

（一）名词解释

1. 国际贸易　　　　　2. 专门贸易　　　　　3. 间接贸易
4. 贸易条件　　　　　5. 自由贸易政策　　　6. 保护贸易政策

（二）单项选择题

1. 实物商品的进出口称为（　　）。
 　A. 有形贸易　　　　　　　　B. 无形贸易
 　C. 直接贸易　　　　　　　　D. 间接贸易
2. 不属于按商品的内容划分的是（　　）。
 　A. 货物贸易　　　　　　　　B. 服务贸易
 　C. 知识产权贸易　　　　　　D. 间接贸易
3. 一国在同类产品上如出口量大于进口量，叫做（　　）。
 　A. 贸易顺差　　　　　　　　B. 净出口
 　C. 贸易逆差　　　　　　　　D. 净进口
4. 以国境为标准划分进出口的国家，凡进入国境的货物都列为（　　）。
 　A. 专门进口　　　　　　　　B. 总进口
 　C. 专门出口　　　　　　　　D. 总出口
5. 以关境为标准划分进出口的国家，凡进入关境的货物都列为（　　）。
 　A. 专门进口　　　　　　　　B. 总进口
 　C. 专门出口　　　　　　　　D. 总出口

（三）多项选择题

1. 依贸易是否由第三国转口，国际贸易可分为（　　）。
 　A. 直接贸易　　　　　　　　B. 转口贸易
 　C. 间接贸易　　　　　　　　D. 专门贸易
2. 依《服务贸易总协定》的定义，服务贸易主要包括（　　）。
 　A. 跨境提供　　　　　　　　B. 境外消费
 　C. 自然人转移　　　　　　　D. 商业存在

3. 国际贸易是指世界各国之间（　　　）交换的活动，是各国之间分工的表现形式。

  A. 贸易   B. 货物

  C. 服务   D. 知识

4. "二战"后，贸易自由化的主要表现是（　　　）。

  A. 大幅度削减关税   B. 增加数量限制

  C. 降低或撤销非关税壁垒 D. 提高关税

5. 对外贸易政策的基本类型有（　　　）。

  A. 对外贸易总政策   B. 自由贸易政策

  C. 进出口商品政策   D. 保护贸易政策

（四）判断题

1. 货物从生产国运到消费国时，由于地理上的原因，需经过第三国，称为转口贸易。（　　　）

2. 随着国际分工的深化发展，世界各国的对外贸易依存度都在不同程度地提高。（　　　）

3. 净出口是指一定时期内一国的出口值小于进口值。（　　　）

4. 各国在统计进口贸易额时，一般采用 FOB 价格。（　　　）

5. 货物直接从生产国运到消费国，称为直接贸易。（　　　）

三、练习题参考答案

（一）名词解释

1. 国际贸易是指世界各国之间货物、服务和知识交换的活动，是各国之间分工的表现形式，反映了世界各国在经济上的相互依靠。

2. 专门贸易是指以关境为标准划分的进出口贸易。

3. 间接贸易是指货物生产国与货物消费国通过第三国进行买卖货物的行为。

4. 贸易条件又称交换比价或贸易比价，即出口价格与进口价格之间的比率，也就是说一个单位的出口商品可以换回多少进口商品。

5. 自由贸易政策是指国家取消对进出口贸易的限制和障碍，取消对本国进出口货物和服务的各种特权和优待，使其自由进出口，在国内外市场上自由竞争。

6. 保护贸易政策是指国家广泛利用各种限制进口的措施保护本国市场免受外国货物和服务的竞争，并对本国出口货物和服务给予优待和补贴以鼓励货物和服务出口。

（二）单项选择题

1. A 2. D 3. B 4. B 5. A

（三）多项选择题

1. ABC 2. ABCD 3. BCD 4. AC 5. BD

（四）判断题

1. √　　　2. √　　　3. ×　　　4. ×　　　5. ×

第二章　对外贸易措施

一、重难点分析

（一）关税和关境的概念

（1）关税是指进出口货物经过一国关境时，由政府设置的海关向本国进出口商征收的一种税。

（2）关境是海关管辖和执行有关海关各项法令和规章的区域，又称关税领域。

（二）关税的主要种类

（1）按照货物移动的方向分为：进口税、出口税、过境税。

（2）按照征收关税的目的分为：财政关税、保护关税。

（3）按照差别待遇和特定的实施情况分为：进口附加税、差价税、特惠税、普遍优惠制。

（4）按照征收方法或征税标准分为：从量税、从价税、混合税、选择税。

（三）要求掌握非关税措施的主要种类及特点

（1）非关税措施的主要种类有进口配额制、自动出口配额制、进口许可证制、外汇管制、进口押金制、最低限价、国内税、进出口国家垄断、歧视性政府采购政策、专断的海关估价制、技术性贸易壁垒。

（2）非关税措施的特点：①非关税措施具有更大的灵活性和针对性；②非关税措施比关税壁垒更能达到限制进口的目的；③非关税措施比关税壁垒更具有隐蔽性和歧视性。

二、练习题

（一）名词解释

1. 关税　　　2. 普遍优惠制　　　3. 绝对配额　　　4. 外汇管制

5. 外汇倾销

（二）单项选择题

1. 1971 年 8 月 15 日，美国总统尼克松宣布对外国商品的进口除一律征收一般关税外，再加征 10% 的进口关税，这种加征的额外关税称为（　　　）。

　　A. 特惠税　　　　　　　　　　B. 进口附加税

　　C. 普通税　　　　　　　　　　D. 最惠国税

2. 各国征收反倾销税的目的是（　　　）。

    A. 抵制外国商品在本国市场低价销售

    B. 防止本国商品低价倾销

    C. 防止本国商品不顾成本到国外市场竞销

    D. 防止外国商品在本国市场高价销售

3. 一个国家的进口附加税是一种（　　　）。

    A. 普遍采用的措施　　　　　　　B. 特定的临时性措施

    C. 经常性的措施　　　　　　　　D. 一次性措施

4. 某国对于手表的进口征收从价税15%，加征每只15美元的从量税，这是（　　　）。

    A. 从量税　　　　　　　　　　　B. 从价税

    C. 混合税　　　　　　　　　　　D. 选择税

5. 欧盟向参加洛美协定的非洲、加勒比地区、太平洋地区的发展中国家单方面提供（　　　）。

    A. 普惠税　　　　　　　　　　　B. 最惠国税

    C. 特惠税　　　　　　　　　　　D. 差价税

6. 进口国在总配额内按国别和地区分配一定的配额，超过该配额便不准进口，它是（　　　）。

    A. 国别配额　　　　　　　　　　B. 全球配额

    C. 关税配额　　　　　　　　　　D. 总配额

7. 假定某国规定1995年从中国进口鞋不超过2 000万双，它是（　　　）。

    A. 国别配额　　　　　　　　　　B. 全球配额

    C. 关税配额　　　　　　　　　　D. 自愿出口限制

8. 全球配额是按（　　　）分配配额的。

    A. 全球范围内的不同类型国家

    B. 申请先后或过去某一时期的进口实绩

    C. 国别地区，不分申请先后

    D. 经营的企业

9. 反倾销税的征收不得超过（　　　）。

    A. 倾销差额　　　　　　　　　　B. 正常关税

    C. 补贴数额　　　　　　　　　　D. 最惠国关税

（三）多项选择题

1. 一个国家对进口商品除了征收正常进口关税外，还往往根据某种目的加征额外关税，叫做进口附加税，其中包括（　　　）。

    A. 差价税　　　　　　　　　　　B. 反倾销税

    C. 特惠税　　　　　　　　　　　D. 反补贴税

2. 在国际贸易中，出现下列哪几种情况时出口国须提供原产地证明（　　　）。

    A. 进口国实行国别分配　　　　　B. 进口国实行全球配额

    C. 享受普惠制待遇　　　　　　　D. 取得关税优惠

3. 进口税一般可分为（　　　）。

    A. 普惠制税　　　　　　　　　B. 最惠国税

    C. 特惠税　　　　　　　　　　D. 普通税

4. 按照征收关税的目的分类，关税可分为（　　　）。

    A. 名义关税　　　　　　　　　B. 有效关税

    C. 财政关税　　　　　　　　　D. 保护关税

（四）判断题

1. 以保护本国工农业为目的而对外国商品进口征收的关税，税率越高越能达到保护的目的。（　　　）

2. 当一个国家，尤其是发展中国家经济困难时，一般都通过对出口商品征收一定的出口税，以增加国家的财政收入。（　　　）

3. 差价税是对进口商品的价格高于本国同类产品的价格而征收的一种关税。（　　　）

4. 反倾销税是对实行倾销的出口商征收的一种进口附加税。（　　　）

5. 欧共体同非加太地区发展中国家签订的洛美协定，规定双方相互给予特惠关税待遇，从而促进了它们之间贸易的迅速发展。（　　　）

6. 普惠制的作用是鼓励进口商多买受惠国商品，从而使受惠国的出口商少交纳关税而达到扩大出口的目的。（　　　）

7. 进口配额项下的商品都必须提供原产地证明书。（　　　）

8. 不限进口国别或地区，而由进口商的申请先后批给一定的额度，这种配额叫做全球配额。（　　　）

三、练习题参考答案

（一）名词解释

1. 关税是指进出口货物经过一国关境时，由政府所设置的海关向本国进出口商征收的一种税。

2. 普遍优惠制简称普惠制，是指发达国家单方面给予发展中国家出口制成品和半制成品的一种关税优惠待遇，普惠制的基本特点是普遍性、非歧视性和非互惠性。

3. 绝对配额即在一定时期内，对某些货物的进口数量或金额规定一个最高数额，达到这个数额后，便不准进口。

4. 外汇管制也称外汇管理，是指一国政府通过法令对国际结算和外汇买卖加以限制，以平衡国际收支和维持本国货币汇价的一种制度。

5. 外汇倾销是垄断组织利用本国货币对外贬值的机会，争夺国外市场的特殊手段。一国货币贬值后，会使出口商品以外国货币表示的价格下降，从而提高竞争能力，达到扩大出口的目的。

（二）单项选择题

1. B　　　　　2. A　　　　　3. B　　　　　4. C　　　　　5. C

6. A　　　　7. A　　　　8. B　　　　9. A

（三）多项选择题

1. BD　　　　2. ACD　　　　3. BD　　　　4. CD

（四）判断题

1. √　　　　2. ×　　　　3. ×　　　　4. ×　　　　5. ×
6. ×　　　　7. ×　　　　8. √

第三章　世界贸易组织

一、重难点分析

（一）世界贸易组织的基本原则

1. 非歧视原则

非歧视原则是世贸组织最为重要的原则，是世贸组织的基石。在世贸组织中，非歧视原则是通过最惠国待遇原则和国民待遇原则体现的。

（1）最惠国待遇原则（Principle of Most Favored Nation Treatment）。最惠国待遇原则是指一成员在货物贸易、服务贸易和知识产权领域给予任何其他国家（无论是否是世界贸易组织成员）的优惠待遇（包括利益、特权、豁免等），立即和无条件地给予其他各成员。

（2）国民待遇原则（Principle of National Treatment）。国民待遇原则是指对其他成员的货物、服务、服务提供者或企业、知识产权所有者或持有者所提供的待遇，不低于本国同类货物、服务、服务提供者或企业、知识产权所有者或持有者所享有的待遇。

2. 自由贸易原则

自由贸易原则是指通过多边贸易谈判，实质性降低关税和减少非关税措施，扩大成员之间的货物、服务和知识产权贸易。

（1）关税减让。自由贸易原则体现在货物贸易领域是只能采用关税一种方式来保护国内市场和民族工业，而且关税必须通过谈判来不断削减。

（2）减少非关税措施。非关税措施是指除关税以外的各种限制贸易的措施。多边贸易协议规定在货物贸易中取消数量限制、配额、进口许可证、削减其他限制贸易的措施，为外国货物进入本国开放市场。

（3）服务贸易的市场开放。协定要求各成员为其他成员的服务和服务提供者提供更多的投资与经营机会，分阶段逐步开放服务贸易领域。

3. 促进公平竞争原则

在世界贸易组织规则框架下，公平竞争原则是指成员应避免采取扭曲市场竞争的措施，纠正不公平的贸易行为，在货物贸易、服务贸易和知识产权领域创造和维护公开、公平、公正的市场环境。

7

4. 对发展中国家的优惠待遇原则

根据关贸总协定第四部分和东京回合达成的"授权条款",对发展中国家的贸易与发展应尽量给予关税和其他方面的特殊优待。

5. 贸易政策法规透明度原则

透明度原则是指成员应公布其所制定和实施的各项贸易措施(包括法律、法规、规章、政策及司法判决和行政裁决等)及其变化情况(如修改、增补或废除等),并通知世界贸易组织。成员所参加的与国际贸易政策有关的双边和多边国际协议也应公布。

(二)世界贸易组织的职能

根据"建立世界贸易组织协议"的内容,世界贸易组织的职能包括:①管理职能;②谈判职能;③解决争端职能;④贸易政策审议职能;⑤与其他国际组织合作的职能。

(三)世界贸易组织的机构

1. 部长会议

世界贸易组织的最高权力机构是部长会议。部长会议由所有成员方的代表参加,至少每两年举行一次会议,其职责是履行世界贸易组织的职能,并为此采取必要的行动。

2. 总理事会

世界贸易组织的常设机构是总理事会。总理事会由所有成员方的代表组成,定期召开会议。总理事会在部长会议休会期间,承担其职能。

3. 理事会

理事会为总理事会附属机构,其中货物贸易理事会、服务贸易理事会和知识产权理事会为最重要的理事会。它由所有成员方代表组成,每一理事会每年至少举行 8 次会议。

4. 委员会

部长会议下设贸易和发展委员会、国际收支限制委员会、预算财政和管理委员会。

5. 诸边贸易协议设置的机构

其职能由诸边贸易协议赋予,并在世界贸易组织体制框架内运作,该机构定期向总理事会通告其活动。

6. 秘书处

秘书处为世界贸易组织的日常办事机构。它由部长会议任命的总干事领导,总干事的权力、职责、服务条件和任期由部长会议通过规则确定。

(四)贸易政策审议机制

贸易政策审议机制是指世界贸易组织成员集体对各成员的贸易政策、措施及其多边贸易体制的影响,定期进行全国的审议和评估。其目的是促进所有成员提高贸易政策和措施的透明度,履行所作的承诺,更好地遵守世界贸易组织的规则和纪律,避免和减少贸易争端,保证多边贸易体制平稳运行。

在世界贸易市场份额中居前 4 名的成员每两年审议一次,居前 5~20 名的成员每四年审议一次,其他成员每六年审议一次,最不发达国家成员可以有更长的审议间隔时间,以确保各成员贸易政策符合世界贸易组织的规则。此外,贸易政策审议机制还规定贸易政策审议机构应就对多边贸易体制产生影响的国际贸易环境发展作出年度回顾。

（五）贸易争端解决的基本程序

贸易争端解决的基本程序包括：①磋商；②专家组审理；③上诉机构审理；④争端解决机构裁决的执行；⑤监督执行。

二、练习题

（一）名词解释

1. 世界贸易组织　　　2. 最惠国待遇原则　　　3. 国民待遇原则
4. 自由贸易原则　　　5. 公平竞争原则　　　　6. 透明度原则

（二）单项选择题

1. 世界贸易组织根据《关贸总协定》第八轮谈判达成的《建立世界贸易组织的协议》于（　　）正式成立。

　　A. 1994 年 1 月 1 日　　　　　　　B. 1995 年 1 月 1 日
　　C. 1995 年 12 月 1 日　　　　　　D. 1996 年 1 月 1 日

2. 世界贸易组织总部设在（　　）。

　　A. 美国纽约　　　　　　　　　　B. 瑞士日内瓦
　　C. 英国伦敦　　　　　　　　　　D. 法国巴黎

3. 世界贸易组织的常设机构是（　　）。

　　A. 部长级会议　　　　　　　　　B. 秘书处
　　C. 总理事会　　　　　　　　　　D. 理事会

4. 世界贸易组织的最高权力机构是（　　）。

　　A. 部长级会议　　　　　　　　　B. 秘书处
　　C. 总理事会　　　　　　　　　　D. 理事会

5. 一成员在货物贸易、服务贸易和知识产权领域给予任何其他国家（无论是否是世界贸易组织成员）的优惠待遇（包括利益、特权、豁免等），立即和无条件地给予其他各成员，这是世界贸易组织的（　　）。

　　A. 最惠国待遇原则　　　　　　　B. 国民待遇原则
　　C. 自由贸易原则　　　　　　　　D. 公平竞争原则

6. 通过多边贸易谈判，实质性降低关税和减少非关税措施，扩大成员之间的货物、服务和知识产权贸易，这是《关贸总协定》的（　　）。

　　A. 最惠国待遇原则　　　　　　　B. 国民待遇原则
　　C. 自由贸易原则　　　　　　　　D. 公平竞争原则

7. 各成员应公布其所制定和实施的各项贸易措施（包括法律、法规、规章、政策及司法判决和行政裁决等）及其变化情况（如修改、增补或废除等），并通知世界贸易组织，这是《关贸总协定》的（　　）。

　　A. 关税保护原则　　　　　　　　B. 公平竞争原则

C. 国民待遇原则　　　　　　　　　　　D. 透明度原则

（三）多项选择题

1. 下列属于世界贸易组织的机构有（　　　）。
   A. 部长级会议　　　　　　　　　　　B. 贸易政策制定机构
   C. 争端解决机构　　　　　　　　　　D. 贸易政策审议机构
   E. 总理事会

2. 世界贸易组织的主要职能包括（　　　）。
   A. 制定贸易政策的职能　　　　　　　B. 谈判职能
   C. 解决争端职能　　　　　　　　　　D. 贸易政策审议职能
   E. 与其他国际组织合作的职能

3. 非歧视原则是由（　　）来体现的。
   A. 最惠国待遇原则　　　　　　　　　B. 公平竞争原则
   C. 国民待遇原则　　　　　　　　　　D. 透明度原则

4. 世界贸易组织的基本原则包括（　　　）。
   A. 非歧视原则　　　　　　　　　　　B. 促进公平竞争原则
   C. 贸易政策法规透明度原则　　　　　D. 对发展中国家的优惠待遇原则
   E. 自由贸易原则

（四）判断题

1. 委员会是总理事会的下属机构，负责世界贸易组织的主要职能，现设立三个理事会，即货物贸易理事会、服务贸易理事会、知识产权理事会。（　　　）

2. 世界贸易组织的决策可分为协商一致决策和投票决策两种形式。（　　　）

3. 世界贸易组织规定一国在进口激增并对国内相关产业造成严重损害或严重损害威胁时，可采取进口限制的保障措施。（　　　）

4. 世界贸易组织不具有法人资格。（　　　）

5. 根据《关于争端解决规则与程序的谅解》的规定，争端解决的总时限最长不长于一年。（　　　）

三、练习题参考答案

（一）名词解释

1. 世界贸易组织是指世界贸易组织成员政府间规范、协调、管理成员的与贸易有关的、影响贸易正常发展的法律、政策、措施的契约式国际组织。

2. 最惠国待遇原则是指一成员在货物贸易、服务贸易和知识产权领域给予任何其他国家（无论是否是世界贸易组织成员）的优惠待遇（包括利益、特权、豁免等），立即和无条件地给予其他各成员。

3. 国民待遇原则是指对其他成员的货物、服务、服务提供者或企业、知识产权所有者或持有者所提供的待遇，不低于本国同类货物、服务、服务提供者或企业、知识产权所有者或持有者所享有的待遇。

4. 在世界贸易组织规则框架下，自由贸易原则是指通过多边贸易谈判，实质性降低关税和减少非关税措施，扩大成员之间的货物、服务和知识产权贸易。

5. 在世界贸易组织规则框架下，公平竞争原则是指成员应避免采取扭曲市场竞争的措施，纠正不公平的贸易行为，在货物贸易、服务贸易和知识产权领域创造和维护公开、公平、公正的市场环境。

6. 透明度原则是指成员应公布其所制定和实施的各项贸易措施（包括法律、法规、规章、政策及司法判决和行政裁决等）及其变化情况（如修改、增补或废除等），并通知世界贸易组织。成员所参加的与国际贸易政策有关的双边和多边国际协议也应公布。

（二）单项选择题

1. B　　　　2. B　　　　3. C　　　　4. A　　　　5. A
6. C　　　　7. D

（三）多项选择题

1. ACDE　　2. BCDE　　3. AC　　　4. ABCDE

（四）判断题

1. ×　　　　2. √　　　　3. √　　　　4. ×　　　　5. ×

第四章　中国的对外贸易

一、重难点分析

（一）对外开放政策的基本含义和主要内容

1. 对外开放政策的基本含义

对外开放政策是指在独立自主、平等互利的前提下，根据生产社会化、国际化和社会主义市场经济发展的客观要求，利用国际分工的好处，积极发展与世界各国的经济贸易往来，以及科学、技术、文化、教育等方面的交流和合作，以促进社会主义物质文明和精神文明的建设和发展。

2. 对外开放政策的主要内容

对外开放政策的主要内容包括：①大力发展对外贸易，特别是扩大出口贸易；②积极引进先进技术和设备，特别是有助于企业技术改造的适用先进技术；③积极有效地利用外资；④积极开展对外承包工程和劳务合作；⑤发展对外经济技术援助和多种形式的互利合作；⑥设立经济特区和开放沿海城市、设立经济技术开发区和保税区，开放沿江、沿边和内地省会城市，大力发展外向型经济。

其中，发展对外贸易，利用国外资金，引进先进技术和设备是对外开放的最主要内容。

（二）我国对外贸易宏观管理措施

我国对外贸易宏观管理改革和调整的目标是转变外贸宏观管理职能，建立以法律手段为基础、以经济调节手段为主、辅以必要的行政手段的对外贸易宏观管理体系。

1994年5月12日，第八届全国人大常务委员会第七次会议通过了《中华人民共和国对外贸易法》，2004年进行了修订。这是我国第一部对外贸易法，是我国对外贸易法制的重要基石，是对外贸易领域的基本法。

（三）充分发挥经济杠杆的调节作用

在强化经济调节手段方面，国家主要通过进一步改进和完善税收、汇率、信贷、价格等方面的机制，更好地发挥经济杠杆对外贸活动的调控作用。

1．税收制度

（1）关税制度。

关税是一个国家根据本国的关税政策制定的海关税则，由海关对进出境的货物和物品所征收的一种税。我国的进出口关税采取从价税。《海关法》第三十八条规定："进口货物以海关审定的正常到岸价格为完税价格，出口货物以海关审定的离岸价格计征。"到岸价格包括货物价格，加上货物运抵中华人民共和国关境内输入地点起卸前的包装费、运费、保险费和其他劳务费用。我国进口关税设最惠国税率、协定税率、特惠税率、普通税率、关税配额税率。

（2）出口退税制度。

出口退税制度是指国家对出口商品在国内所征的各生产环节累计间接税（如增值税、消费税等）实行退还的政策。实行退税的目的是采用国际上普遍接受的方式，逐步消除国内外两个价格体系的差异，缓解由此带来的对出口商品结构的扭曲，以端正企业的出口动机，从而扩大制成品出口，优化出口商品结构。

2．外汇管理制度

外汇管理是一国政府对外汇的收支、结算、买卖和使用所采取的限制性措施。其主要目的是为了集中使用该国的外汇，防止外汇投机，限制资本的流出和流入，稳定货币汇率，改善和平衡国际收支。

结汇制是指企业将外汇收入按当日汇价卖给外汇指定银行，银行收取外汇，兑换人民币的制度。实行结汇制是为了实现人民币经常项目下有条件可兑换，保证充足的外汇来源，满足国家用汇的需要。

售汇制是指用汇企业需要使用外汇时，持有效凭证到外汇指定银行用人民币兑换，银行收取人民币，售给用汇企业外汇的制度。

自2005年7月21日起，我国开始实行以市场供求为基础、参考一篮子货币进行调节、有管理的浮动汇率制度。人民币汇率不再盯住单一美元，形成更富弹性的人民币汇率机制。

3．出口信贷制度

我国出口信贷政策的基本内容是：积极支持有信誉的国有进出口企业发展有效益、有市场的进出口业务；支持国有大中型企业、企业集团的发展；支持外贸企业推行代理制；严禁对盲目竞争、没有效益、挪用银行资金的企业贷款；支持国家重点建设企业技术进步；支持机电产品、成套设备出口；支持高利税、高创收、高销售额的外商投资企业；支持效益好、产品结构合理的国家级经济技术开发区。

中国进出口银行和中国银行是我国提供出口信贷的主渠道。另外，我国一些国有商业银行、区域性商业银行及其他金融机构，经国家外汇管理局批准，也可以对进出口企业发放一定数量的外汇贷款及人民币贷款。

（四）按国际贸易通行规则规范外贸行政管理

1. 海关管理

我国海关管理的主要任务是货运监管和查缉走私，是国家管理对外贸易的重要手段之一。

（1）货运监管。

货运监管是指海关对进出我国国境的所有货物和运输工具执行监督管理。我国的配额管理、进出口许可管理、进出口商品检验管理、外汇管理措施的贯彻落实，都离不开海关在口岸对进出口货物、物品和运输工具的实际监督管理。海关对一般进出口货物的监管制度包括货物的申报、查验、征税和放行。

（2）查缉走私。

查缉走私是海关的基本职责，也是维护国家主权和利益、保障改革和开放健康发展的重要手段。走私是一种逃避国家对国际贸易的管理、非法牟取暴利的严重经济犯罪活动。

2. 进出口商品管理

（1）出口商品管理。

我国出口商品管理主要是依据1992年12月29日对外经济贸易部发布并于1993年1月1日起执行的《出口商品管理暂行方法》进行的。采取少数商品由国家管理、大部分商品放开经营的措施。国家管理的出口商品包括实行计划配额、主动配额、被动配额、许可证管理的商品。

（2）进口商品管理。

按照国务院关于外贸体制改革决定的精神，参照国际通行做法，商务部（原对外经济贸易部）和国家有关部门多次对进口配额、许可证管理办法进行调整。

3. 进出口商品检验管理

进出口商品检验管理就是对进出口商品的质量、重量、数量和包装等严格按照合同和标准规定进行检验和管理。国家质检总局主管全国进出口商品检验工作。国家质检总局在省、自治区、直辖市以及进出口商品的口岸、集散地设立的进出口商品检验局及其分支机构，管理所负责地区的进出口商品检验工作。我国进出口商品检验工作主要有三项任务：法定检验、监督管理和对外贸易公证鉴定。

4. 进出口外汇管理

根据《中华人民共和国外汇管理条例》的规定，国家对经常性国际支付和转移不予限制，经常性国际收支主要指国际收支平衡表中"经常项目"项下的国际收支，包括贸易收支、劳务收支、单方面转移等。经常项目项下的外汇管理主要包括对境内机构、个人、驻华机构和来华人员的管理。1991年1月1日，中国开始实行出口收汇核销制度；1994年1月1日开始，又实行了进口付汇核销制度。

13

5. 进出口商品原产地管理

出口货物原产地证书的签发由国家质检总局设在地方的商检机构和贸促会及其分会负责。原产地证书一般可分为一般原产地证、普惠制原产地证、专用（配额）产地证、地区经济集团协定产地证等。我国签发的原产地证书分为三种：普惠制原产地证、一般原产地证、纺织品配额原产地证。

我国把进口货物原产地标准划分为进口货物的"完全获得或生产"和"实质性加工或制造"。

二、练习题

（一）名词解释

1. 对外贸易宏观管理　　　2. 出口退税制度　　　3. 出口配额管理

4. 出口许可证管理

（二）单项选择题

1. （　　）适用原产于世贸组织成员的进口货物，或原产于与我国签订有双边贸易协定的国家或地区的进口货物。

    A. 最惠国税率　　　　　　　　　　B. 协定税率

    C. 特惠税率　　　　　　　　　　　D. 普惠制税率

    E. 普通税率

2. （　　）适用原产于与我国参加的含有关税优惠条款的区域性贸易协定的有关缔约方的进口货物。

    A. 最惠国税率　　　　　　　　　　B. 协定税率

    C. 特惠税率　　　　　　　　　　　D. 普惠制税率

    E. 普通税率

3. （　　）适用原产于与我国签订有特殊优惠关税协定的国家或地区的进口货物。

    A. 最惠国税率　　　　　　　　　　B. 协定税率

    C. 特惠税率　　　　　　　　　　　D. 普惠制税率

    E. 普通税率

4. 由于进口国对某种商品的进口实行数量限制，并通过政府间多、双边贸易协定谈判，要求出口国控制出口数量，从而出口国对这类出口实施数量限制，称作（　　）。

    A. 被动配额管理　　　　　　　　　B. 主动配额管理

    C. 计划配额管理　　　　　　　　　D. 关税配额管理

5. 国家为了保证出口符合国民经济计划的要求，对部分重要出口商品实行的出口配额，称作（　　）。

    A. 被动配额管理　　　　　　　　　B. 主动配额管理

    C. 计划配额管理　　　　　　　　　D. 关税配额管理

6. （　　）主管全国进出口商品检验工作。

    A. 中国国际贸易促进委员会　　　　B. 对外贸易经济合作部

C. 国家质检总局   D. 海关总署

（三）多项选择题

1. 我国对外开放政策的主要内容是（　　　）。

    A. 大力发展对外贸易，特别是扩大进口贸易

    B. 积极引进先进技术和设备，特别是有助于企业技术改造的适用先进技术

    C. 积极有效地利用外资

    D. 积极开展对外承包工程和劳务合作

    E. 发展对外经济技术援助和多种形式的互利合作

    F. 设立经济特区和开放沿海城市，设立经济技术开发区和保税区，开放沿江、沿边和内地省会城市，大力发展外向型经济

2. 我国对外开放政策的最主要内容是（　　　）。

    A. 发展对外贸易

    B. 积极开展对外承包工程和劳务合作

    C. 利用国外资金

    D. 引进先进技术和设备

3. 我国的对外贸易宏观管理体系包括（　　　）。

    A. 完善外贸立法管理

    B. 加强外贸行政管理

    C. 充分发挥经济杠杆的调节作用

    D. 按国际贸易通行规则规范外贸行政管理

4. 我国的进口税则税率栏目包括（　　　）。

    A. 最惠国税率   B. 协定税率

    C. 特惠税率   D. 普惠制税率

    E. 普通税率

5. 实行出口退税的意义表现在（　　　）。

    A. 出口退税是依据出口商品零税率原则所采取的一项限制出口贸易的措施

    B. 出口退税是依据出口商品零税率原则所采取的一项鼓励出口贸易的措施

    C. 出口退税是对出口货物的一种非歧视性赋税政策

    D. 出口退税是维护国内外产品公平竞争的有效手段

6. 我国出口配额管理可分为（　　　）。

    A. 被动配额管理   B. 主动配额管理

    C. 计划配额管理   D. 关税配额管理

7. 海关对货物进出口实施强制行政管理主要包括（　　　）。

    A. 货运监管   B. 法定检验

    C. 进出口鉴定业务   D. 查禁走私

8. 我国商检机构的主要任务是（　　　）。

    A. 监督管理   B. 法定检验

    C. 提供检验鉴定业务   D. 查禁走私

9. 我国签发的原产地证书分为（　　　）。

A. 地区经济集团协定产地证 　　　B. 普惠制原产地证

C. 一般原产地证 　　　D. 纺织品配额原产地证

（四）判断题

1. 我国对外贸易宏观管理改革和调整的目标是转变外贸宏观管理职能，建立以法律手段为基础、以经济调节手段为辅、以行政手段为主的对外贸易宏观管理体系。（　　）

2. 在强化经济调节手段方面，国家主要通过进一步改进和完善税收、汇率、信贷、价格等方面的机制，更好地发挥经济杠杆在对外贸易活动中的调控作用。（　　）

3. 国家从 1994 年开始对部分出口商品配额实行有偿与无偿招标分配，即出口企业通过自主投标、竞标，有偿取得和使用中标配额。（　　）

4. 我国由国务院设立出口商品配额招标委员会，统一管理出口商品配额招标工作，并确定招标商品范围。（　　）

5. 我国出口商品配额招标应遵循"效益、公正、公开、公平竞争"的原则。（　　）

三、练习题参考答案

（一）名词解释

1. 对外贸易宏观管理是以国家法律、规章和方针政策为依据，从国家宏观经济利益和对内、对外政策的需要出发，对进出口贸易进行领导、控制和调节。

2. 出口退税制度是指国家对出口商品在国内所征的各生产环节累计间接税（如增值税、消费税等）实行退还的政策。

3. 所谓配额，是指在国际贸易过程中，一些国家为了维护本国的利益，对一些敏感性商品的出口实行数量限制。我国出口配额管理分为计划配额、主动配额和被动配额三种情况。

4. 出口许可证管理就是国家规定的某些商品的出口，必须从国家指定的机关领取许可证，没有许可证的一律不准出口。我国实行出口许可证管理的出口商品包括实行计划配额、主动配额和一般许可证管理的商品。

（二）单项选择题

1. A 　　　2. B 　　　3. C 　　　4. A 　　　5. C 　　　6. C

（三）多项选择题

1. BCDEF 　　2. ACD 　　3. ACD 　　4. ABCE 　　5. BCD 　　6. ABC

7. AD 　　8. ABC 　　9. BCD

（四）判断题

1. × 　　　2. √ 　　　3. √ 　　　4. × 　　　5. √

第二编　国际金融

第五章　外汇与外汇汇率

一、重难点分析

（一）外汇的概念和主要形态

外汇（Foreign Exchange）是国际金融最基本、最重要的概念。外汇的概念有动态和静态之分，动态的外汇是指国际汇兑，国际汇兑就是指将一国的货币兑换为另一国的货币，以清偿国际债务的金融活动。静态的外汇是指外币（Foreign Currency）及以外币所表示的用以进行国际结算的支付凭证和信用凭证。具体内容包括外币、存放在国外银行的外币存款、以外币表示的汇票、本票、支票等支付凭证，以及随时可以在国外兑现的外国政府国库券、债券、股票等有价证券，如我国在美国的留学生所购买的美国政府发行的美元国库券。

（二）外汇的种类

1. 根据货币兑换的限制程度不同，可分为自由兑换外汇和记账外汇

自由兑换外汇或称自由外汇，是指可以自由兑换成任何一种外国货币，或者是可以向第三国办理支付的外汇。在国际商务活动中，最常用的可自由兑换外汇主要包括美元、欧元、英镑、日元、瑞士法郎、加拿大元、澳大利亚元、港元、新加坡元等。在国际贸易中，用可自由兑换的货币结算的进出口贸易叫做现汇贸易。

记账外汇也叫协定外汇，是指签有双边或多边清算协定的成员国之间由于进出口贸易引起的债权和债务不用现汇逐笔结算，而通过当事国的中央银行账户相互抵消所使用的外汇。在国际贸易中，用记账外汇清算结算的进出口贸易叫做记账外汇贸易。

2. 根据外汇的来源与用途不同，可分为贸易外汇与非贸易外汇

贸易外汇是指一国进出口贸易所收入或支出的外汇以及与进出口贸易有关的从属费用外汇，如样品费、宣传费和推销费等。贸易外汇是一国外汇收支的主要项目。

非贸易外汇是指进出口贸易以外所收入或支出的一切外汇，包括侨汇、旅游、港口、航空、铁路、海运、邮电、海关、保险、银行、对外工程承包等方面收入和支出的外汇。非贸易外汇是一国外汇收支的重要组成部分。

3. 根据外汇汇率的走势不同，可分为硬币和软币

硬币是指币值坚挺、汇率趋升的外汇。如果一个国家的经济情况较好，国际收支为顺差，黄金和外汇储备较多，则其货币在国际金融市场上就坚挺，汇率趋升。

软币是指币值疲软、汇率趋跌的外汇。软币和硬币并不是一成不变的，只是在某一段时期内趋软或趋硬。

（三）国际结算中常用的几种外币

1. 美元

美元是美国1792年创立的本位货币单位，美元的货币单位名称是"元"，辅币单位名称是"分"，1美元等于100美分。美元是当今世界的主要国际货币，据统计，在当代世界商品与劳务贸易、国际银行贷款、各国中央银行外汇储备中，使用美元的比重均在60%左右。

2. 欧元

欧元是欧洲联盟的统一货币。1999年1月1日，根据欧洲联盟的有关条约和欧洲货币一体化的时间表，欧元在欧洲联盟的15个成员国中的11个国家正式启动。2002年7月1日，欧元成为欧元区的唯一法定货币，各国的货币不再具有交换价值，彻底退出流通领域。各国中央银行在外汇储备中增加欧元，使欧元在全球货币储备结构中所占的份额大大增加。目前，欧元成为仅次于美元的重要结算货币。

3. 日元

日元是日本创立于1871年5月1日的本位货币单位，日元的货币单位名称为"元"，辅币单位名称为"钱"，1日元等于100钱。20世纪80年代以来，日本经济实力越来越强，无论是在海外的直接和间接投资方面还是在日元国际化和东京成为国际金融中心方面都取得令人瞩目的进展。日元已成为国际贸易结算的主要货币之一，它作为国际储备货币的地位呈上升趋势。

4. 英镑

英镑是英国的本位货币单位，英镑的货币单位名称为"镑"，辅币单位名称为"新便士"，1英镑等于100新便士。我国在对外贸易中，对英国及一些过去属于英镑区的第三世界国家，仍有一部分使用英镑计价、结算和支付。

（四）汇率及其标价法

1. 外汇汇率的概念

外汇汇率（Foreign Exchange Rate）是指一国的货币折算成另一国（或地区）的货币的比率、比价或价格，即两国货币的比价。

2. 外汇汇率的标价方法

根据作为标准的货币不同，汇率的标价方法可以分为直接标价法和间接标价法。

（1）直接标价法是指用一定单位（1或者100）的外国货币作为标准，折算成若干单位的本国货币的标价方法。即以外国货币为标准来计算应付多少本国货币，因此也叫做应付标价法。在直接标价法下，外币是基准货币，本币是标价货币。目前，我国和世界上绝大多数国家都采用这种标价方法。

在直接标价法下，外汇的数额固定不变，汇率的升跌都随本币数额变化而变动。如果本币数额变大，说明单位外币兑换的本币增加，即外币升值，本币贬值；反之，说明单位外币兑换的本币减少，即外币贬值，本币升值。

（2）间接标价法是指用一定单位（1或者100）的本国货币作为标准，折合成若干单位的外国货币的标价方法。即以本国货币为标准来计算应收多少外国货币，因此也叫做应收标价法。在间接标价法下，本币是基准货币，外币是标价货币。英国、美国等少数国家采用这种标价法。

在间接标价法下，本币的数额固定不变，汇率的升跌都随外币数额变化而变动。如果外币数额变大，说明单位本币兑换的外币增加，即本币升值，外币贬值；反之，说明单位本币兑换的外币减少，即本币贬值，外币升值。

3. 外汇汇率的种类

（1）根据银行买卖外汇价格的不同，可划分为买入汇率、卖出汇率、中间汇率和现钞汇率。

买入汇率又称买入价，是指银行购买外汇时所使用的汇率。卖出汇率又称卖出价，是指银行卖出外汇时所使用的汇率。中间汇率又称中间价，是买卖汇率的算术平均数。现钞汇率又称现钞价，是指银行买卖外币现钞的价格。

（2）根据外汇管制程度的不同，可划分为官方汇率和市场汇率。

官方汇率又称官价或法定汇率，是指一国货币当局规定并予以公布的汇率。市场汇率是指外汇市场上进行外汇买卖的实际汇率，它随市场的外汇供求关系而自由浮动。

（3）根据汇兑方式的不同，可划分为电汇汇率、信汇汇率和票汇汇率。

电汇汇率是指以电报解付方式买卖外汇时所使用的汇率。一般外汇市场上所公布的汇率，多为银行的电汇汇率。信汇汇率是指用信函方式买卖外汇时所使用的汇率。银行卖出外汇后，通过信函通知国外分支行或代理行将款项解付给收款人。由于这种付款方式所需的邮程较长，银行可以利用顾客的汇款资金，因此信汇汇率比电汇汇率低。票汇汇率是指银行买卖外汇汇票、支票和其他票据时所使用的汇率。

（4）根据外汇市场开、收盘时间的不同，可划分为开盘汇率和收盘汇率。

开盘汇率是指每个营业日外汇市场第一笔交易的汇率。收盘汇率是指每个营业日外汇市场最后一笔交易的汇率。

（5）根据外汇买卖交割期限的不同，可划分为即期汇率和远期汇率。

即期汇率也叫现汇汇率，是指在外汇市场上，买卖双方成交后，原则上在两个营业日内办理交割所使用的汇率。电汇汇率、信汇汇率和票汇汇率都属于即期汇率的范围。远期汇率也叫期汇汇率，是指在外汇市场上，买卖双方事先约定的，据以在未来的一定时期进行外汇交割所使用的汇率。交割的期限一般为一个月至六个月，最长的达一年，期满后还可展期。即期汇率是制定远期汇率的基础。

（6）根据适用于不同来源和用途，可划分为单一汇率和复汇率。

单一汇率是指一国货币对某种外国货币只有一种汇率，该国的各种对外经济交易的收支都按照这一汇率进行结算。大部分国家都使用单一汇率。复汇率是指一国货币对某种外国货币有两种或两种以上汇率，不同的汇率用于不同的国际经贸活动。

（五）在纸币流通情况下，影响各国汇率变动的主要因素

1. 一国的财政经济生产状况

一国的财政经济生产状况和通货膨胀状况是决定该国货币汇率变动的最基本因素。一国的经济状况较好，就业率较高，通货膨胀率较低，物价平稳，则其货币的汇率较稳定且趋涨；反之，则其货币的汇率可能变化较大，并且趋于下降。一般来说，代表经济生产状况的指标有经济生产增长率、就业率、通货膨胀率、按月平均的国民生产总值和固定资产生产订单等。

2. 一国的国际收支状况

一国的国际收支状况良好与否，是影响该国货币汇率变动的直接因素。一般来说，一国的国际收支状况较好，即国际收支持续顺差，外汇收入增加，则其货币的汇率较稳定，并且趋于上涨；反之，则其货币的汇率可能变化较大，并且趋于下降。如 20 世纪 80 年代中后期，美国一直处于长期的国际贸易逆差状况，美元汇率不断下跌。

3. 一国的利率水平

近年来，一国的利率水平对该国货币汇率变动有重大的影响。利率作为国家金融市场上的"价格"，其变动会影响国际短期资本的输出和输入。通常，一国的利率水平相对于别国较高，就会刺激外国资本的输入，减少本国资本的输出，市场上的外币将供大于求，则该国货币汇率将趋向上涨；反之，则该国货币汇率可能趋于下降。

4. 一国政府的政治经济政策

一国货币、金融、外贸、外汇、财政、税收等政策的改变，各国中央银行对外汇市场的干预，都会影响该国货币汇率的变动。一国政府的政治经济政策不能从根本上改变汇率的长期走势，但在短期内可能产生巨大的影响。中央银行对外汇市场的直接干预主要表现在动用外汇平准基金直接在外汇市场上进行外汇买卖。如 1995 年 4 月，美国政府为了缓和墨西哥的金融危机，动用了 200 亿美元的外汇平准基金，导致外汇市场爆发进一步的美元危机。

5. 心理预期因素

如同市场上任何一种商品，如果人们预期某种商品会升值，争先恐后地购买，会导致该商品供不应求，从而价格上升，外汇市场也会受到人们心理预期的一定影响。汇兑心理学认为，外汇汇率是外汇供求双方对货币主观心理评价的集中体现，如果人们对某种货币评价较高，信心较强，争先恐后地买入，则该种货币必然升值。美国发生"9·11"事件后，人们一度对美元丧失信心，导致美元狂跌。

（六）汇率变动对一国经济的影响

1. 汇率变动对国内经济的影响

通常，汇率变动首先是引起国内物价的变动，进而影响整个国民经济的各个部门。一国的货币汇率的变动会影响一国进出口商品的国内价格，若本币贬值，外币升值，则国内以本币表示的进口商品的价格必然上升，外币的购买力也有所提高，国外进口商就会增加对本国出口商品的需求，因此出口商品的国内价格可能上涨，这样就可能提高国内的整体物价水平，进而导致通货膨胀。反之，若外币贬值，本币升值，则可能降低国内的物价水平。

2．汇率变动对国际收支的影响

（1）汇率变动对一国贸易收支的影响。

如果本币汇率下降，即本币贬值，外币升值，会扩大该国的出口、减少进口，增加外汇收入。因为本币贬值会降低本国产品在国际市场上的价格，诱发国外居民增加对本国产品的需求，减少本国居民对外国产品的需求。

（2）汇率变动对一国非贸易收支的影响。

如果本币汇率下降，即本币贬值，外币升值，会增加该国的旅游等外汇收入。因为本币贬值后，外币的购买力相对提高，该国的商品、交通、导游和住宿等相对较便宜，可以改善旅游和其他劳务收支的状况。

（3）汇率变动对一国资本流动的影响。

一般来说，汇率稳定有利于资本输出和输入的正常进行，保证投资者能够获得稳定的利润收入，筹资者可以减少外汇风险，能以合理的价格筹集所需要的资本。反之，若汇率变动频繁，会影响国际资本的正常流动，同时给投机者以可乘之机，进行外汇的投机活动，使国际金融市场动荡不安。如果本币贬值，外币升值，会引起资金外流或资本外逃；如果本币升值，外币贬值，会使外国资本大量流入，进而引起国内通货膨胀。

3．制约汇率变动发生作用的基本条件

（1）一国对外开放的程度。

汇率作用的大小与该国对外开放程度成正比，通常用对外贸易依存度来进行对比。对外贸易依存度是指一国的对外贸易总值在国民生产总值中所占的比重。

（2）一国商品品种的丰富程度。

汇率变动对商品生产多样化的国家影响程度较小；反之，对商品生产单一的国家影响程度较大。

（3）一国与国际金融市场的联系程度。

汇率作用的大小跟一国与国际金融市场的联系程度成正比，如国际金融中心所在的国家美国、英国和日本等受汇率变动的影响相对较大。东南亚金融危机的一个重要原因也是因为东南亚过早开放了资本市场，实行货币完全可兑换，导致货币政策失效，同时对上市公司的审查不够严格，从而加大了风险。

（4）一国货币的可兑换性。

一般来说，一国的货币可自由兑换，在国际结算中使用者较多，影响较大；反之，影响较小。通常，美元、欧元、日元、英镑等国际最常用的货币汇率变动产生的影响会较大，而目前不能自由兑换的货币汇率变动产生的影响较小。

（七）汇率制度

汇率制度是指一国的货币当局对本国汇率变动的基本方式所作的规定。按照汇率变动的幅度不同可分为两种类型：固定汇率制度和浮动汇率制度。

1．固定汇率制度

固定汇率制度是指两国货币的比价基本固定，并把汇率波动的界限规定在一定幅度之内的一种汇率制度。金本位制度是典型的固定汇率制度，"二战"后的固定汇率制度也称作"布雷顿森林体系"。

2. 浮动汇率制度

浮动汇率制度是指一国货币对外国货币的比价不固定，也不规定汇率浮动的幅度，汇率随着外汇市场的供求变化而自由波动的一种汇率制度。外汇市场上外汇供求数量的多少是决定汇率涨跌的主要因素。一国外汇市场上，外汇供过于求时，外汇汇率就会下跌；反之，外汇供不应求时，外汇汇率就会上涨。

浮动汇率的有利之处表现在：①在浮动汇率制度下，汇率随外汇市场的供求变化自由浮动，在一定程度上国际收支可自动达到均衡状态；②可以避免外汇储备的大量流失和国际游资的冲击；③可以增强一国货币政策和外汇政策的自主性；④政府无须储备更多的黄金外汇，可以使更多的外汇资本用于本国经济的发展；⑤可以促进自由贸易，提高资源配置的效率。

浮动汇率的不利之处表现在：①汇率动荡不定，给国际贸易和投资带来较大的风险；②使一国更可能诱发通货膨胀；③汇率自由波动未必能隔绝外国经济对本国经济的影响；④汇率波动频繁、剧烈，助长了外汇市场上的投机活动。

（八）浮动汇率的类型

根据分类标准的不同，从政府是否干预市场来划分，浮动汇率可分为自由浮动汇率与管理浮动汇率两种；从实行浮动汇率制的国家是否组成集团来划分，浮动汇率又可分为单独浮动汇率与联合浮动汇率两种。

二、练习题

（一）名词解释

1. 外汇　　　　　　　　2. 外汇汇率　　　　　　　3. 直接标价法
4. 间接标价法　　　　　5. 买入价　　　　　　　　6. 浮动汇率制度

（二）单项选择题

1. 货币当局对外汇市场不进行干预，听任汇率随外汇市场的供求变化而自由升跌的汇率制度是（　　　）。
　　A. 钉住浮动制度　　　　　　　　B. 清洁浮动制度
　　C. 肮脏浮动制度　　　　　　　　D. 联合浮动制度
2. 伦敦外汇市场上，若 1 英镑 = 1.784 5 ~ 1.786 5 美元，则（　　　）是卖出价。
　　A. 1.784 5　　　　　　　　　　B. 1.786 5
　　C. 1.784 5 ~ 1.786 5　　　　　　D. 无法确定
3. 若其他条件不变，国际收支持续逆差的国家的货币会（　　　）。
　　A. 上升　　　　　　　　　　　　B. 下跌
　　C. 无法确定　　　　　　　　　　D. 先跌后升
4. 一国货币升值对该国外贸的作用是（　　　）。
　　A. 有利进口　　　　　　　　　　B. 有利出口
　　C. 有利出口，不利进口　　　　　D. 有利进口，不利出口

5. 香港现行的汇率制度属于（   ）。

    A. 联合浮动制度   B. 单独浮动制度

    C. 钉住汇率制度   D. 自由浮动制度

6. 管理浮动也称为（   ）。

    A. 单独浮动   B. 清洁浮动

    C. 肮脏浮动   D. 联合浮动

7. 在间接标价法下，汇率的上升反映了（   ）。

    A. 外币币值的上升   B. 本币币值的上升

    C. 外币币值的不变   D. 无法确定

8. 在直接标价法下，外汇贬值表现为（   ）。

    A. 外币数量的增加   B. 本币数量的增加

    C. 外币数量的减少   D. 本币数量的减少

9. 一般情况下，一国货币贬值后，该国出口商品以外币表示的价格可能（   ）。

    A. 上升   B. 不变

    C. 下跌   D. 先跌后升

10. 若要将出口商品的人民币报价折算为外币报价，应选用（   ）。

    A. 买入价   B. 卖出价

    C. 现钞买入价   D. 现钞卖出价

11. 银行在外汇牌价表中公布的现钞价一般是（   ）。

    A. 现钞买入价   B. 现钞买卖中间价

    C. 现钞卖出价   D. 无法确定

12. 出口商将外汇卖给银行时应该用（   ）进行折算。

    A. 买入价   B. 卖出价

    C. 中间价   D. 无法确定

13. "布雷顿森林体系"解体后，世界各国普遍（   ）。

    A. 放弃固定汇率制度，开始实行浮动汇率制度

    B. 放弃浮动汇率制度，开始实行固定汇率制度

    C. 放弃管理浮动制度，开始实行自由浮动制度

    D. 放弃自由浮动制度，开始实行管理浮动制度

14. 在固定汇率制度下，当外国货币价格下降，出现低于汇率波动的下限时，则该国政府应该（   ）。

    A. 提高贴现率   B. 降低贴现率

    C. 不予干涉   D. 无法干涉

15. 在固定汇率制度下，如果一国的国际收支出现（   ），则该国可以通过在外汇市场上购进外国货币、增加本国的外汇储备的方法来控制外汇汇率的下跌。

    A. 顺差   B. 逆差

    C. 平衡   D. 不平衡

16. 外汇是指（   ）。

    A. 外币和外币有价证券   B. 外币和外币支付凭证

C. 外币和外币支付凭证与信用凭证　　D. 外国的货币

（三）多项选择题

1. 汇率标价的方法可分为（　　）。
   A. 直接标价法　　　　　　　　　　B. 普通标价法
   C. 间接标价法　　　　　　　　　　D. 特殊标价法
2. 按照外汇管制的松严程度划分，汇率可分为（　　）。
   A. 官定汇率　　　　　　　　　　　B. 市场汇率
   C. 单一汇率　　　　　　　　　　　D. 复汇率
3. 按照外汇资金的性质和用途划分，汇率可分为（　　）。
   A. 贸易汇率　　　　　　　　　　　B. 市场汇率
   C. 单一汇率　　　　　　　　　　　D. 金融汇率
4. 按照外汇交易的工具和收付时间划分，汇率可分为（　　）。
   A. 电汇汇率　　　　　　　　　　　B. 信汇汇率
   C. 票汇汇率　　　　　　　　　　　D. 远期汇率
5. 按照汇率适用的范围划分，汇率可分为（　　）。
   A. 银行间汇率　　　　　　　　　　B. 商业汇率
   C. 单一汇率　　　　　　　　　　　D. 复汇率
6. 从政府是否干预外汇市场来分类，浮动汇率可分为（　　）。
   A. 自由浮动汇率　　　　　　　　　B. 单独浮动汇率
   C. 联合浮动汇率　　　　　　　　　D. 管理浮动汇率
7. 按照各国汇率的浮动类型划分，浮动汇率可分为（　　）。
   A. 钉住浮动汇率　　　　　　　　　B. 单独浮动汇率
   C. 联合浮动汇率　　　　　　　　　D. 按一套指标调整汇率
8. 维持固定汇率制度的手段包括（　　）。
   A. 贴现政策　　　　　　　　　　　B. 动用外汇储备
   C. 直接管制　　　　　　　　　　　D. 间接管制

（四）判断题

1. 商业银行在卖出外汇时采用的汇率叫做卖出汇率。（　　）
2. 一般来说，西方国家经常参与交易的"大货币"的买卖差价较大，"小货币"的外汇买卖差价较小。（　　）
3. 目前，美国、英国、日本和德国均采用间接标价法。（　　）
4. 一般情况下，一国提高利率水平，将促使该国货币较以前升值。（　　）
5. 若其他条件不变，国际收支持续逆差的国家其货币汇率可能上升。（　　）
6. 我国一驻美机构所购买的美国政府发行的国库券是外汇。（　　）
7. 买入汇率是进口商买进外汇时所依据的汇率。（　　）
8. 中国、美国、法国和世界上大多数国家采用的是直接标价法。（　　）
9. "布雷顿森林体系"解体后，各国普遍放弃固定汇率制度，开始实行浮动汇率

制度。（　　）

10. 在浮动汇率制度下，各国货币之间的汇率基本稳定，因而有利于国际贸易的发展。（　　）

11. 欧洲各国均采用直接标价法。（　　）

12. 在进行国际的支付业务中，本国货币还是起主要作用的。（　　）

13. 通常，银行的现钞买入汇率要比电汇汇率高。（　　）

14. 在固定汇率制度下，当外国货币价格上涨，有超过汇率波动上限趋势时，政府可以提高贴现率。（　　）

15. 我国一驻英国机构所购买的英国政府发行的国库券是外汇。（　　）

16. 所有的外国货币都是外汇。（　　）

三、练习题参考答案

（一）名词解释

1. 外汇是指外币及用外币表示的用于国际结算的支付凭证和信用凭证。

2. 外汇汇率是用一国的货币折算成另一国的货币的比价或价格。

3. 直接标价法是指用一个或一百个单位的外国货币作为标准，折算成一定数额的本国货币。

4. 间接标价法是指用一个或一百个单位的本国货币作为标准，折算成一定数额的外国货币。

5. 买入价是银行买入外汇时使用的汇率。

6. 浮动汇率制度是指政府对汇率不加固定，也不规定上下波动的界限，听任外汇市场根据外汇的供求情况，自行决定本国货币对外国货币的汇率。

（二）单项选择题

1. B	2. A	3. B	4. D	5. C	6. C
7. B	8. D	9. C	10. A	11. A	12. A
13. A	14. B	15. A	16. C		

（三）多项选择题

1. AC	2. AB	3. AD	4. ABCD	5. CD	6. AD
7. ABCD	8. ABC				

（四）判断题

1. √	2. ×	3. ×	4. √	5. ×	6. √
7. ×	8. ×	9. √	10. ×	11. ×	12. ×
13. ×	14. √	15. √	16. ×		

第六章　外汇业务和外币折算

一、重难点分析

（一）外汇市场

外汇市场是指由经营外汇业务的银行、各种金融机构以及个人进行外汇买卖、调剂外汇供求的交易场所。"多头"是指商业银行买进的外汇大于卖出的外汇。"空头"是指商业银行卖出的外汇大于买进的外汇。

买卖平衡原则：出现"多头"卖出多余部分的外汇；出现"空头"买进短缺部分的外汇。

（二）外汇业务

1. 即期外汇业务

（1）概念：外汇交易双方按照当天的汇率成交，并在两个营业日内办理交割的外汇业务。

（2）类型：电汇、信汇、票汇。电汇汇率最高，并已成为外汇市场的基本汇率。

2. 远期外汇交易

（1）概念：外汇买卖双方成交时，双方先约定买卖外汇的币种、数额、汇率和将来交割的日期，到规定的日期，再按合同的规定，卖方付汇，买方付款。

（2）作用：

①进出口贸易可以避免汇率风险；

②进出口商易于核算成本和收益。

（3）远期汇率：

①远期差价：远期汇率和即期汇率的差额。

②升水、贴水和平价。

③远期汇率与利率关系：其他条件不变，两种货币之间利息率较高的货币，其远期汇率为贴水；利息率较低的货币，其远期汇率为升水；远期汇率与即期汇率之间的差异，取决于两种货币的利率差异，并大致和利率的差异保持平衡。

④远期汇率升水、贴水与利率差和即期汇率的计算公式：

升水（或贴水）的具体数字 = 即期汇率 × 两地利率差 × 月数/12

升水（或贴水）的具体数字折年率 = 升水（或贴水）的具体数字 × 12 × 即期汇率 × 月数

（4）远期汇率的标价方法：

①直接报出远期汇率的全部数字。

②报出远期汇率和即期汇率差异的点数。计算原则为：如果第一栏点数大于第二栏点数，远期实际汇率等于相应的即期汇率减去远期点数；反之，则相加。即前大后小用减法，前小后大用加法。

3．掉期业务

掉期业务是指在买进或卖出即期外汇的同时，卖出或买进相同金额的同一货币的远期外汇。

4．套汇交易

（1）概念：套汇交易是指利用不同外汇市场的汇率差异，在汇率低的市场买进，在汇率高的市场卖出，利用贱买贵卖套取利润。

（2）类型：①两点（角）套汇；②三角套汇；③套利。

5．外汇期货

外汇期货是指在有形的外汇市场上，外汇买卖双方以公开喊价的方式成交后，通过结算所以中介、保证金制度为保障，以标准合同为基础，承诺在未来某一日或某一时期内按固定价格购买或出卖远期外汇的外汇交易。

（三）汇率折算与进出口报价

1．即期汇率下的外币—本币折算与报价

（1）"外币—本币"折"本币—外币"：倒数计算。

（2）"外币—本币买入／卖出"折"本币—外币买入／卖出"：交叉倒数计算。

（3）套算汇率：确定一种基础货币进行折算。

①两个已知汇率的基础货币相同，而标价货币不同；

②两个已知汇率的标价货币相同，而基础货币不同；

③两个已知汇率的基础货币和标价货币都不同，但两个汇率都涉及同一种货币。

2．即期汇率表是确定进口报价可接受水平的主要依据

（1）将同一商品的不同货币的进口报价，按人民币汇价折算成人民币进行比较。

（2）合理运用同一商品的不同货币的进口报价，按国际市场的即期汇率表统一折算进行比较。

3．汇率的买入价和卖出价

（1）本币折外币，用买入价。

（2）外币折本币，用卖出价。

（3）以一种货币折算为另一种外币，按国际外汇市场牌价计算。

4．远期汇率的折算与进出口报价

（1）外币/本币远期汇率折本币/外币远期汇率。

（2）汇率表中的远期贴水点数，可作为延期收款的报价标准。

（3）汇率表中的远期贴水年率，可作为延期收款的报价标准。

二、练习题

(一)名词解释

1. 外汇市场　　　　　2. 空头　　　　　　3. 多头
4. 即期外汇交易　　　5. 远期外汇交易　　6. 套汇交易

(二)单项选择题

1. 已知苏黎世外汇市场某日的牌价为 1 美元 = 1.136 0 ~ 1.139 0 瑞士法郎,则该市场上的瑞士法郎电汇美元的汇率为 (　　)。

    A. 0.878 0 ~ 0.880 3　　　　　　B. 0.878 0 ~ 0.883 0

    C. 0.883 0 ~ 0.878 0　　　　　　D. 0.880 3 ~ 0.878 0

2. 即期外汇业务中汇率最高的是 (　　)。

    A. 电汇汇率　　　　　　　　　　B. 信汇汇率

    C. 票汇汇率　　　　　　　　　　D. 市场汇率

3. 一般情况下,利率高的国家的货币其远期汇率表现为 (　　)。

    A. 贴水　　　　　　　　　　　　B. 升水

    C. 先贴水,后升水　　　　　　　D. 无法确定

4. 在间接标价法下,升水时远期汇率等于即期汇率 (　　)。

    A. 加升水点数　　　　　　　　　B. 减升水点数

    C. 乘升水点数　　　　　　　　　D. 除升水点数

5. 伦敦外汇市场上,即期汇率为 1 英镑兑换 1.584 6 美元,90 天远期汇率为 1 英镑兑换 1.593 3 美元,表明美元的远期汇率为 (　　)。

    A. 升水　　　　　　　　　　　　B. 平价

    C. 贴水　　　　　　　　　　　　D. 无法确定

6. 如果出口商品的底价为人民币价,改报外币价时,应用 (　　) 折算。

    A. 买入价　　　　　　　　　　　B. 中间价

    C. 卖出价　　　　　　　　　　　D. 现钞买入价

7. 本币折算成外币时,应用 (　　) 计算;外币折算成本币时,应用 (　　) 计算。

    A. 买入价,卖出价　　　　　　　B. 中间价,卖出价

    C. 卖出价,买入价　　　　　　　D. 买入价,中间价

8. 银行进行外汇交易一般都遵循 (　　) 的基本原则。

    A. 贱买贵卖　　　　　　　　　　B. 买卖平衡

    C. 薄利多销　　　　　　　　　　D. 物美价廉

9. 在其他条件不变的情况下,利率低的国家货币的远期汇率可能 (　　),利率高的国家货币的远期汇率可能 (　　)。

    A. 贴水,升水　　　　　　　　　B. 不变,升水

    C. 升水,贴水　　　　　　　　　D. 贴水,不变

10. 在短期资本投资中,或是在资金调拨中,若将一种货币调换成另一种货币,为避免

外汇风险，常常采用（   ）。

    A. 套汇业务   B. 择期外汇业务

    C. 掉期业务   D. 投机业务

11. 纽约外汇市场某日汇率为 1 美元 = 1.545 5 ~ 1.548 5 马克，三个月远期差价为 64 ~ 65，则三个月远期马克的实际汇率的买入价与卖出价为（   ）。

    A. 1.551 9 ~ 1.555 0   B. 1.539 1 ~ 1.542 0

    C. 0.645 8 ~ 0.647 0   D. 0.652 2 ~ 0.676 5

12. 已知 1 英镑 = 1.785 5 ~ 1.786 5 加元，1 英镑 = 1.432 0 ~ 1.433 0 美元，则 1 美元 = （   ）加元。

    A. 1.246 0 ~ 1.247 6   B. 1.247 6 ~ 1.246 0

    C. 1.246 9 ~ 1.246 7   D. 1.246 7 ~ 1.246 9

（三）多项选择题

1. 外汇市场主要由（   ）构成。

    A. 外汇银行   B. 外汇经纪人

    C. 中央银行   D. 顾客

2. 按照外汇市场的组织形态划分，外汇市场可分为（   ）。

    A. 抽象市场   B. 官方市场

    C. 黑市   D. 有形市场

3. 按照外汇市场是否受到控制划分，外汇市场可分为（   ）。

    A. 自由外汇市场   B. 官方外汇市场

    C. 官方控制的自由外汇市场   D. 黑市

4. 外汇业务主要包括（   ）。

    A. 即期外汇交易   B. 远期外汇交易

    C. 外汇期货   D. 外币期权

5. 即期外汇交易可分为（   ）。

    A. 电汇   B. 信汇

    C. 票汇   D. 套汇

6. 根据套汇方式的不同，套汇交易可分为（   ）。

    A. 票汇   B. 直接套汇

    C. 间接套汇   D. 套利

（四）判断题

1. 外汇经纪人代客户接洽外汇买卖，旨在收取佣金，他们不承担任何外汇风险。（   ）

2. 外汇期货与远期外汇业务相似，大多数最后都要交割。（   ）

3. 中央银行不仅是外汇市场的成员，而且是外汇市场的实际操纵者。（   ）

4. 电汇的凭证是外汇银行开出的具有密押的电报付款委托书。（   ）

5. 信汇凭证是信汇委托书，内容与电汇委托书相同，一般采用密押而不用手

签。（　　）

6. 电汇和信汇的凭证均不能转让流通，而票汇的凭证除有限制转让者以外，经收款人背书后可以流通转让。（　　）

7. 世界上大部分的国家都采用升水、贴水和平价来表示远期汇率。（　　）

8. 我国某外贸公司因进口一批商品需向中国银行购买美元，当日中国银行的外汇牌价为 1 美元 = 6.835 0 ~ 6.836 0 元人民币，则公司计算时应以 1 美元 = 6.835 0 元人民币为准。（　　）

9. 银行外汇业务遵循买卖平衡的原则，若出现"空头"则及时补进同种外汇。（　　）

10. 在间接标价法下，升水时的远期汇率等于即期汇率加上升水数字。（　　）

11. 远期外汇业务一般不通过经纪人，不收取佣金，外汇期货与远期外汇不同，通过经纪人，收取佣金。（　　）

12. 某美国银行在外汇交易中出现日元"多头"，若日元汇率上升将使其蒙受外汇风险损失。（　　）

13. 一般情况下，一国提高国内的利率水平，其货币的远期汇率会升水。（　　）

（五）计算题

1. 已知巴黎外汇市场某日的外汇价格为 1 美元 = 4.882 5 法国法郎，求 1 法国法郎等于多少美元？

2. 已知香港外汇市场某日的外汇价格为 1 美元 = 7.782 5 ~ 7.794 0 港币，求 1 港币等于多少美元？

3. 香港某出口商接到西班牙进口商要求报港币和西班牙比塞塔（西班牙货币单位）两种货币的报价的询盘，已知香港市场港币对英镑的中间汇率为 1 英镑 = 12.224 9 港币，当天伦敦外汇市场英镑对比塞塔的中间汇率为 1 英镑 = 173.362 5 比塞塔。

问：若原港币报价为每件 20 港币，应报比塞塔价格是多少？

4. 已知美国纽约外汇市场某日汇率为 1 美元 = 0.632 6 ~ 0.641 0 英镑，1 美元 = 1.413 0 ~ 1.422 0 新加坡元，求英镑与新加坡元的汇率（以英镑为基础货币）。

5. 美国 A 公司向法国出口某种商品，每件报价为 400 美元，进口商要求以法国法郎报价，并以法国法郎付款，当时纽约外汇市场的汇率为 1 美元 = 5.881 5 ~ 5.903 5 法国法郎。

问：美国 A 公司应报价多少？

6. 香港外汇市场的报价为 1 美元 = 7.725 0 ~ 7.729 0 港币，纽约外汇市场的报价为 1 美元 = 7.755 0 ~ 7.758 5 港币。

问：如果以 100 万美元进行套汇，可以获利多少港元？

7. 我国某进出口公司从国外进口商品，出口商同时用美元和德国马克报价，分别为 50 万美元和 77.5 万德国马克，当天纽约外汇市场的美元对德国马克的汇率为 1 美元 = 1.624 5 德国马克。

问：我方是接受美元报价还是马克报价会比较有利，为什么？

8. 已知香港外汇市场即期汇率为 1 美元 = 7.760 0 ~ 7.790 0 港币，三个月美元汇率升水 200 ~ 300 点。

求：①三个月美元远期汇率是多少？

②如果香港某公司拟向泰国出口一批商品，原报价每台 1 万港币，泰商要求改报美元价，应报多少？

③若泰商要求延期三个月付款，港商应报多少美元？

9．我公司出口某种商品，人民币单价为 10 000 元/箱，现外商要求报美元价格，即期付款，当时，我国外汇交易中心的即期汇率为 1 美元 = 6.864 1 ～ 6.888 9 元人民币。

问：我方应报每箱多少美元？为什么？若折算错误，将受到哪些损失，损失为多少？

10．即期汇率为 1 美元 = 1.694 9 瑞士法郎，美元的年利率为 8%，瑞士法郎的年利率为 6%。

问：三个月远期升水为多少？实际远期汇率为多少？

三、练习题参考答案

（一）名词解释

1．外汇市场是指由经营外汇业务的银行、各种金融机构以及个人进行外汇买卖、调剂外汇供求的交易场所。

2．空头是指商业银行卖出的外汇大于买进的外汇。

3．多头是指商业银行买进的外汇大于卖出的外汇。

4．即期外汇交易是指外汇交易双方按照当天的汇率成交，并在两个营业日内办理交割的外汇业务。

5．远期外汇交易是指外汇买卖双方成交时，双方先约定买卖外汇的币种、数额、汇率和将来交割的日期，到规定的日期，再按合同的规定，卖方付汇，买方付款。

6．套汇交易是指利用不同外汇市场的汇率差异，在汇率低的市场买进，在汇率高的市场卖出，利用贱买贵卖，套取利润。

（二）单项选择题

1. A	2. A	3. A	4. B	5. C	6. A
7. A	8. B	9. C	10. C	11. A	12. A

（三）多项选择题

1. ABC　　2. AD　　3. ABCD　4. ABCD　5. ABC　　6. BCD

（四）判断题

1. √	2. ×	3. √	4. √	5. ×	6. √
7. √	8. ×	9. √	10. ×	11. √	12. ×	13. ×

（五）计算题

1．解：因为 1/4.882 5 = 0.204 8

所以 1 法国法郎 = 0.204 8 美元

2. 解：因为 $1/7.794\ 0 = 0.128\ 3$

$1/7.782\ 5 = 0.128\ 5$

所以 1 港币 $= 0.128\ 3 \sim 0.128\ 5$ 美元

3. 解：因为 1 英镑 $= 12.224\ 9$ 港币，$1/12.224\ 9 = 0.081\ 8$

所以 1 港币 $= 0.081\ 8$ 英镑

因为 1 英镑 $= 173.362\ 5$ 比塞塔，$0.081\ 8 \times 173.362\ 5 = 14.181\ 1$

所以 1 港币 $= 14.181\ 1$ 比塞塔，$20 \times 14.181\ 1 = 283.62$ 比塞塔

所以应报比塞塔价格是每件 283.62 比塞塔

4. 解：因为 1 美元 $= 0.632\ 6 \sim 0.641\ 0$ 英镑

$1/0.641\ 0 = 1.560\ 1$，$1/0.632\ 6 = 1.580\ 8$

所以 1 英镑 $= 1.560\ 1 \sim 1.580\ 8$ 美元

因为 1 美元 $= 1.413\ 0 \sim 1.422\ 0$ 新加坡元

$1.560\ 1 \times 1.413\ 0 = 2.204\ 4$

$1.580\ 8 \times 1.422\ 0 = 2.247\ 9$

所以 1 英镑 $= 2.204\ 4 \sim 2.247\ 9$ 新加坡元

5. 解：本币折外币，应该用买入价：$400 \times 5.903\ 5 = 236\ 1$

美国 A 公司应报价每件 236 1 法国法郎

6. 解：因为纽约外汇市场的美元价格高，所以先在纽约外汇市场卖美元买港币，即用 100 万美元买进 775.5 万港币（银行卖出价为 7.755 0），然后在香港外汇市场卖出 772.9 万港币、买回 100 万美元（银行卖出价为 7.729 0），则 775.5 万 $-$ 772.9 万 $=$ 2.6 万。

所以获利 2.6 万港币

7. 解：因为 1 美元 $= 1.624\ 5$ 德国马克，50 万 $\times 1.624\ 5 = 81.225$ 万德国马克

所以接受德国马克报价比较有利

8. 解：①$7.760\ 0 + 0.020\ 0 = 7.780\ 0$

$7.790\ 0 + 0.030\ 0 = 7.820\ 0$

三个月远期汇率为 1 美元 $= 7.780\ 0 \sim 7.820\ 0$ 港币

②本币折外币，应用买入价：$10\ 000/7.760\ 0 = 1\ 288$

所以应报每台 1 288 美元

③本币折外币，应用买入价：$10\ 000/7.780\ 0 = 1\ 285$

所以应报每台 1 285 美元

9. 本币折外币，应用买入价：$10\ 000/6.864\ 1 = 1\ 456.855\ 2$

所以我方报价应为 1 456.86 美元/箱

如果采用卖出价进行折算：

10 000/6. 888 9 = 1 451. 610 6，145 6. 86 – 145 1. 610 6 = 5. 259 4

我方每箱将损失约 5 美元

10. 根据公式：远期升水 = 即期汇率×两地利差×月份/12

三个月远期升水 = 1. 694 9 ×（8% – 6%）×3/12 = 0. 008 5，即三个月远期升水为 0. 008 5 瑞士法郎

实际远期汇率为：1 美元 = 1. 694 9 – 0. 008 5 = 1. 686 4 瑞士法郎

第七章　外汇风险管理

一、重难点分析

（一）外汇风险的概念与构成因素

外汇风险是指一个组织、经济实体或个人以外币计价的资产与负债，因外汇汇率变动而引起其价值上涨或下跌的可能。

外汇风险的构成因素及相互关系：外币、本币与时间；时间越长，风险越大。

外汇风险的类型：①交易风险：指由于外汇汇率波动而引起的应收资产与应付债务价值变化的风险；②会计风险：指由于汇率变化而引起的资产负债表中某些外汇项目金额变动的风险；③经济风险：指由于外汇汇率发生变动而引起国际企业未来收益变化的一种潜在的风险。

（二）外汇风险的管理方法

1. 妥善选择计价货币，做好计价货币组合

（1）妥善选择计价货币。

妥善选择计价货币的基本原则是"收硬付软"，在出口贸易中应选择汇率稳定且具有上浮趋势的货币即"硬币"作为计价货币；而在进口贸易中应选择汇率具有下浮趋势的货币即"软币"作为计价货币，以减缓外汇收支可能发生的价值波动损失。

（2）做好计价货币组合。

如果交易金额较大，交易双方难以在计价货币上达成一致意见，那么可以采用货币组合方式进行软硬搭配。

2. 预测汇率变化趋势，更改收付日期

国际商务企业在签约后应该关注汇率变化的趋势，必要时采用更改收付日期的方法减少外汇风险带来的损失。预测汇率变化趋势，更改收付日期是指根据预测计价货币的走势，提前或推迟收付有关款项以减少风险。

3. 订立货币保值条款，防范外汇风险

订立货币保值条款是指在国际经济交易中，交易双方经过协商同意在交易合同中签订条

款分摊未来潜在的外汇风险。

（1）外汇保值条款。

利用订立货币保值条款来防范外汇风险的基本原则是以"硬币"保值、"软币"支付。货币保值条款在实际操作时有三种类型：

①以"硬币"计价、"软币"支付。支付货款时，按照"硬币"与"软币"的比价折合成"软币"进行支付。

②计价与支付都用"软币"，但在合同中规定该"软币"与另一"硬币"的比价，如果支付货款时这一比价发生变化，则原货款将按比价变化的幅度进行调整。

③计价与支付都用"软币"，但在合同中规定该"软币"与另一"硬币"的比价，同时规定"软币"对"硬币"的贬值幅度，如果小于规定幅度，货款则不作调整；如果支付货款时，这一比价发生变化且超过规定幅度，则原货款将按比价变化的幅度进行调整。这种方法适用于关系良好的客户，有利于发展交易双方长期的经济往来。

（2）综合货币单位保值条款。

综合货币单位保值条款也称为"一篮子货币"保值条款，是指交易双方在签订合同时规定"一篮子货币"与计价支付货币的比价，在实际支付时，如果这一比价发生变动，则根据变动幅度对原货款金额进行相应调整。

（3）滑动价格保值条款。

滑动价格保值条款是指交易双方在合同中用专门的条款规定合同价格只是参考价，不是最终的成交价格，成交价格等到交货时再按照国际市场上的价格或成本费用的变动进行调整。在交货时间较长、金额较大的成套设备交易中，为避免汇率变动带来损失，通常双方协商在合同中加入滑动价格保值条款。

（4）物价指数保值条款。

物价指数保值条款是指以消费品的物价指数或双方同意的某种商品的物价指数进行保值，合同的价格仅为参考价格，成交时根据物价指数的变动情况再对货价进行调整。如果汇率变动与物价指数变动脱节，那么采用物价指数保值条款更能防范风险。

4. 选择适当的结算方式

在国际贸易中，常用的结算方式包括汇付、托收和信用证三大类型。对于出口商而言，完全使用商业信用的汇付方式风险最大，采用银行信用的信用证结算方式风险最小。结算方式按面临的风险从小到大的顺序排列为：即期信用证、远期信用证、付款交单、承兑交单、电汇、信汇和票汇。

5. 采用对销贸易避免外汇风险

对销贸易是指将出口货物与进口货物按照一定规则进行交换的贸易方式，最常见的对销贸易包括易货贸易、清算协定贸易和转手贸易。对销贸易的特点是不涉及实际的外汇支付，因此可以完全避免外汇风险。

6. 利用外汇交易防范外汇风险

利用外汇交易防范外汇风险的主要方法包括：①即期外汇交易法；②远期外汇交易法；③掉期业务合同法；④外币期权合同法；⑤外汇期货合同法；⑥择期外汇交易法。

7. 借款法与投资法

借款法是指具有远期外汇债权债务的国际商务企业向银行借入一笔外汇或本币资金，该借款的币种、数量和期限与企业的远期外汇债权债务相同，企业将外汇借款兑换成本币或将本币兑换成外汇，以避免外汇风险。

投资法是指具有远期外汇债权债务的国际商务企业将现有的外汇资金进行投资，投资期限与远期支付期限相同，到期需要支付时，将投资收回支付。

8．外汇风险保险法

外汇风险保险法是指一国的国际商务企业事先交纳一定的保险费给专门的外汇保险机构，当企业因汇率变动而蒙受损失时，可以得到保险机构补偿的一种方式。

二、练习题

（一）名词解释

1．外汇风险　　　　2．交易风险　　　　3．借款法　　　　4．投资法

（二）单项选择题

1．我外贸公司在出口时，按合同规定以美元计价，如果预测人民币对美元的汇率将下跌，应该（　　）。

    A．延期收取货款　　　　　　　　B．提前收取货款

    C．按合同原定时间收取货款　　　D．无法确定

2．借款—即期合同—投资法的方法是（　　）。

    A．BSI法　　　　　　　　　　　B．LSI法

    C．多种货币组合法　　　　　　　D．综合货币单位保值方法

3．提早收付—即期合同—投资法的方法是（　　）。

    A．BSI法　　　　　　　　　　　B．LSI法

    C．多种货币组合法　　　　　　　D．综合货币单位保值方法

4．某法国公司有一笔90天的美元应付款，若预测法国法郎对美元将下跌，为减少外汇风险损失，该公司应（　　）。

    A．提前结汇　　　　　　　　　　B．如期结汇

    C．推迟结汇　　　　　　　　　　D．无法确定

5．由于外汇汇率变动而引起的应收资产与应付债务价值变化的风险为（　　）。

    A．交易风险　　　　　　　　　　B．会计风险

    C．经济风险　　　　　　　　　　D．潜在风险

6．流入的外币与流出的外币币种相同、金额相同、时间相同，则（　　）。

    A．有时间风险　　　　　　　　　B．有价值风险

    C．无外汇风险　　　　　　　　　D．有外汇风险

7．在出口贸易中应选择（　　）作为计价货币，在进口贸易中应选择（　　）作为计价货币。

    A．硬币，软币　　　　　　　　　B．软币，硬币

    C．外币，本币　　　　　　　　　D．本币，外币

8．最符合安全、及时收汇原则的结算方式为（　　）。

    A. 托收   B. 即期 L／C

    C. 远期 L／C   D. 汇付

9. 公司三个月后有 100 万美元的应收货款，为防止外汇风险，该公司设法进口在三个月后支付约 760 万港币的货物，这种方法称为（　　　　）。

    A. 平衡法   B. 组对法

    C. 远期合同法   D. 投机法

10. 在同一时期内，创造一个与存在风险相同货币、相同金额、相同期限的资金反方向流动的防范外汇风险的方法，即（　　　　）。

    A. 远期合同法   B. 组对法

    C. 平衡法   D. 投资法

11. 投资法与借款法相似，可以消除（　　　　）。

    A. 时间风险   B. 价值风险

    C. 时间和价值风险   D. 外汇风险

12. 一国的出口商应该在计价外币（　　　）时采取提前收付法。

    A. 升值   B. 贬值

    C. 不变   D. 无法确定

13. 日本 A 公司在三个月后将从美国 B 公司获得一笔 100 万美元的应收货款，已知东京外汇市场的即期汇率为 1 美元 = 109.15 ~ 116.55 日元，三个月远期汇率为 1 美元 = 103.25 ~ 105.65 日元，该公司打算给予对方一定折扣收取货款，换成本币投资，这种方法为（　　　　）。

    A. 远期合同法   B. BSI 法

    C. LSI 法   D. 投资法

（三）多项选择题

1. 根据外汇风险作用于企业的途径划分，外汇风险可分为（　　　　）。

    A. 交易风险   B. 会计风险

    C. 经济风险   D. 时间风险

2. 外汇风险的构成要素主要包括（　　　）。

    A. 经营方式   B. 外币

    C. 本币   D. 时间

3. 采取保值措施，订好保值条款的方法包括（　　　　）。

    A. 外汇保值条款   B. 综合货币保值条款

    C. 物价指数保值条款   D. 滑动价格保值条款

（四）判断题

1. 在获悉人民币汇率将贬值时，如果合同规定以外币计价，则我出口公司应争取延期收款，进口公司应提前支付，以获得汇率变动的收益。（　　　）

2. 外汇银行为避免汇率变动的风险损失，在出现"空头"时应及时补进相同金额的同种外汇。（　　　）

3. 某美国公司 30 天后有一笔德国马克的应付货款，若预测美元对德国马克将下跌，该

公司可推迟支付，以减轻汇率变动的风险损失。（　　）

4．对出口商的结算方式来说，付有电报索汇条款的 L／C 比即期 L／C 更符合安全、及时收汇原则。（　　）

5．一般来说，结算方式中 D/P 的风险大于 D/A 的风险。（　　）

6．外汇风险的发生可能给企业带来额外的收益，也可能带来意外的损失。（　　）

7．由于汇率变化而引起资产负债表中某些外汇项目金额变动的风险称为经营风险。（　　）

8．出口收汇时，以"软币"计价、"硬币"支付，叫做外汇保值。（　　）

9．综合货币保值条款与外汇保值条款相似，都以"硬币"计价保值、"软币"支付。（　　）

10．出口商在合同计价外币汇率将下跌时采用拖延收款法，在计价外币汇率将上涨时采用提取收款法。（　　）

11．在进出口合同中使用综合货币单位计价，有分散外汇风险的作用。（　　）

12．一般来说，结算方式中的远期 L/C 最符合对外贸易的收汇原则。（　　）

三、练习题参考答案

（一）名词解释

1．外汇风险是指一个组织、经济实体或个人以外币计价的资产与负债，因外汇汇率变动而引起其价值上涨或下跌的可能。

2．交易风险是指由于外汇汇率波动而引起的应收资产与应付债务价值变化的风险。

3．借款法是指具有外汇收入的企业通过向银行借进一笔与其远期外汇收入相同金额、相同期限、相同货币的贷款，以达到融通资金防范外汇风险的目的。

4．投资法是指具有远期外汇债务的国际企业将现有的外汇资金进行投资，投资期限与远期支付的期限相同，到期需要支付时，将投资收回支付。

（二）单项选择题

1．A　　2．A　　3．B　　4．A　　5．A　　6．C

7．A　　8．B　　9．B　　10．C　　11．A　　12．B　　13．C

（三）多项选择题

1．ABC　　2．BCD　　3．ABCD

（四）判断题

1．√　　2．√　　3．×　　4．√　　5．×　　6．√

7．×　　8．×　　9．×　　10．×　　11．√　　12．×

第三编　国际商法

第八章　国际商法总论

一、重难点分析

（一）国际商法的概念和渊源

国际商法（International Business Law 或 International Commercial Law），是指调整国际商事交易和商事组织的各种关系的法律规范和惯例的总和。

国际商法的渊源主要有：①国际商事条约；②国际贸易惯例；③各国有关商事、贸易的国内法。

（二）两大法系

所谓法系，是指法学家为了比较各国法律体系之间的不同，按照各国法律体系的历史传统及其形式上的特征，对世界各国法律体系所作的分类。对世界各国法律制度和国际商法影响最大的是大陆法系和英美法系。

1. 大陆法系

大陆法系又称罗马法系、民法法系、成文法系或法典法系，它形成于西欧，以法国和德国为代表。大陆法系的一个特点是强调成文法的作用，结构上强调系统化、条理化、法典化和逻辑性。它所采取的方法是运用几个大的法律范畴把各种法律规则分门别类地归纳在一起。这种结构上的特点，在法学和立法上都有所反映。

2. 英美法系

英美法系（Anglo – American Law System）也称普通法系（Common Law System），它形成于英国，后来扩展到美国及过去曾受到英国殖民统治的国家和地区，主要包括加拿大、澳大利亚、新西兰、爱尔兰、马来西亚、新加坡、巴基斯坦，我国香港特别行政区也属于英美法系的范围。这一法系以英国和美国为代表，故称"英美法系"。判例法是英美法的主要渊源，判例法的基础是"先例约束力原则"，即法院在判决中所包括的判决理由必须得到遵循，换言之，它对作出判例的法院本身和下级法院日后处理同类案件均具有约束力。

二、练习题

（一）名词解释

1. 国际商法　　　　　　　　　　　2. 法系

（二）单项选择题

1. 国际商事法律关系是一种涉外民事关系，亦即其法律关系中的主体、客体、内容三个要素中至少有（　　）个要素与国外有联系。

    A. 1　　　　　　　　　　　　B. 2

    C. 3　　　　　　　　　　　　D. 0

2. 国际商法的表现形式主要有（　　）。

    A. 国际条约　　　　　　　　　B. 国际贸易惯例

    C. 国内法　　　　　　　　　　D. 国际条约和国际贸易惯例

3. 对世界各国法律制度和国际商法影响最大的是（　　）。

    A. 中华法系和英美法系　　　　B. 印度法系和大陆法系

    C. 中华法系和大陆法系　　　　D. 大陆法系和英美法系

4. （　　）是大陆法系的主要渊源。

    A. 成文法　　　　　　　　　　B. 普通法

    C. 判例法　　　　　　　　　　D. 衡平法

5. 不属于英美法系的国家是（　　）。

    A. 马来西亚　　　　　　　　　B. 新加坡

    C. 日本　　　　　　　　　　　D. 巴基斯坦

6. 不属于大陆法系的国家是（　　）。

    A. 法国　　　　　　　　　　　B. 英国

    C. 德国　　　　　　　　　　　D. 意大利

（三）判断题

1. 我国香港特别行政区属于中华法系。（　　）
2. 大陆法系的特点是强调成文法的作用，法律是大陆法系的主要渊源。（　　）
3. 英美法系从法的结构上看，分为普通法与衡平法两部分。（　　）

三、练习题参考答案

（一）名词解释

1. 国际商法是指调整国际商事交易和商事组织的各种关系的法律规范和惯例的总和。
2. 所谓法系，是指法学家为了比较各国法律体系之间的不同，按照各国法律体系的历史传统及其形式上的特征，对世界各国法律体系所作的分类。我国较为普遍的观点是把世界各国的法律制度按照历史传统及其法律的表现形式分为中华法系、印度法系、伊斯兰法系、大陆法系和英美法系。

（二）单项选择题

1. A   2. D   3. D   4. A   5. C   6. B

（三）判断题

1. ×   2. √   3. √

第九章　合同法

一、重难点分析

（一）合同的订立

合同，也称契约。《合同法》第二条规定："合同是平等主体的自然人、法人、其他组织之间设立、变更、终止民事权利义务关系的协议。"依此规定，凡平等主体之间设立、变更、终止民事权利义务关系的协议都是合同。

1. 订立合同应遵循的原则

合法是当事人在订立合同时必须坚持的一条基本原则。任何单位都不得利用合同进行违法犯罪活动，不能订立违反国家法律和政策的合同，不能订立损害国家利益和社会公共利益的合同。平等、自愿、公平是《合同法》规定的另一条基本原则。

2. 合同订立的程序

《合同法》第十三条规定："当事人订立合同，采取要约、承诺方式。"合同订立的一般程序可分为要约和承诺两个阶段。

（1）要约的概念和成立条件。

《国际货物销售合同公约》（以下简称《公约》）第十四条规定，凡向一个或一个以上的特定人提出的关于订立合同的建议，如果其内容十分确定，并且表明要约人有在其要约一旦得到承诺就将受其约束的意思，即构成要约。要约成立的条件是：①要约应向一个或一个以上的特定人提出。②其内容须包括足以决定合同成立的主要条款。要约含有合同的主要条款，相对方才可考虑是否接受。③要约人必须表明一经受要约人承诺，要约人即受该要约的约束。

（2）要约的效力。

《公约》第十五条规定，要约到达受要约人时生效。要约的法律效力表现为：①对要约人而言，要约一旦生效即对要约人有约束力。要约人在要约有效期间内不得随意变更或撤销要约。否则，给对方造成损失的，要约人负赔偿责任。②对受要约人而言，要约一旦生效即取得承诺的资格。要约生效后，受要约人有权在要约的有效期间内做出接受要约的承诺。但受要约人不负答复义务，受要约人逾期不答复的，失去承诺的资格，不承担责任。

要约发出后，遇有下列情形之一时不生效力或效力终止：①要约被撤销或被声明作废；

②要约被拒绝；③要约的有效期限届满；④受要约人对要约的内容作出实质性变更；⑤其他情形，如要约人丧失民事行为能力或死亡等。

（3）承诺的概念和成立条件。

《公约》第十八条规定，受要约人做出声明或以其他行为对一要约表示同意，即为承诺。承诺成立的条件：①是对要约作出的答复；②是受要约人向要约人作出的意思表示；③与要约的内容相一致；④是在要约的有效期限内作出；⑤具备相应的形式。

（4）承诺的效力。

承诺的效力是指承诺引起的法律后果，其表现是使合同成立，订立合同的阶段结束。《合同法》第二十五条规定，承诺生效时合同成立。承诺通知到达要约人时生效。在承诺被撤回或承诺迟到的情况下，承诺不发生效力。

（5）合同成立的方式。

合同成立可以有不同的方式，主要包括：①协议成立；②确认成立；③批准成立。

3．合同的内容和形式

合同的内容是指合同的各项条款，即合同中据以确定合同当事人权利和义务的内容。合同的内容包括主要条款和普通条款。

合同的形式是指合同的当事人达成协议的表现形式。我国合同的形式主要有下列三种：①普通书面形式；②特殊书面形式；③口头形式。

4．无效合同和可撤销合同

无效合同就是指虽经当事人订立，但不能产生有效的法律后果，不受国家法律保护的合同。无效合同主要有以下几种：①一方或双方当事人主体不合格的合同；②内容不合法的合同；③严重违反当事人一方意思的合同；④无效代理订立的合同。

可撤销合同是指由于法定原因享有撤销权的一方合同当事人请求撤销合同效力的合同。可撤销合同包括：①因重大误解订立的合同；②显失公平的合同。

（二）合同的履行

合同的履行是指合同双方当事人按照合同的规定完成各自承担的义务。《合同法》第六十条规定："当事人应当按照约定全面履行自己的义务。""当事人应当遵循诚实信用原则，根据合同的性质、目的和交易习惯履行通知、协助、保密等义务。"

（三）合同的担保

合同的担保是当事人确保合同履行的方式。依照我国担保法，合同担保的方式有保证、定金、抵押、质押、留置、违约金等六种方式。

（四）合同的变更

合同的变更是指依法成立的合同在尚未履行或者未履行完毕之前，由于一定法律事实的出现而使合同内容发生变化。合同的变更有广义和狭义两种理解。广义的合同变更是指合同法律关系的主体、客体和内容中任何一个方面的改变。狭义的合同变更只是指合同法律关系的客体和内容的改变。我国《合同法》规范的是狭义意义上的合同变更。

（五）合同的转让

合同的转让是指合同当事人一方依法将其享有的合同权利和义务全部或部分转让给第三方。合同的转让按照所转让的权利和义务情况的不同，可以分为债权转让、债务转移和债权债务一并转让三种情况。

（六）合同的终止

合同的终止是指当事人终止合同关系，使合同所确立的当事人之间的权利和义务关系消灭。根据《合同法》第九十一条规定，合同基于下列事由而终止：①债务已经按照约定履行；②合同解除；③债务相互抵消；④债务人依法将标的物提存；⑤债权人免除债务；⑥债权债务同归一人；⑦法律规定或者当事人约定终止的其他情形。同时，《合同法》规定，合同的权利和义务终止后，当事人应当遵循诚实信用原则，根据交易习惯履行通知、协助、保密等义务。

（七）违约责任的概念及其构成要件

违反合同是指合同当事人一方或双方不履行或者不完全履行合同。违反合同的责任是指合同当事人一方或双方不履行或者不完全履行合同的责任，也称违约责任。

违约责任的构成要件与违约责任的归责原则有密切的关系。按照过错责任原则，违约责任的产生必须以违约行为和违约当事人具有过错为构成要件。但现行《合同法》采用的违约责任归责原则是严格责任原则。《合同法》第一百零七条规定："当事人一方不履行合同义务或者履行合同义务不符合约定的，应当承担继续履行、采取补救措施或赔偿损失等违约责任。"可见，《合同法》所确认的违约责任的构成要件只有一个，即违约行为的存在。

（八）承担违约责任的方式

根据《合同法》有关规定，违约责任的承担方式主要有以下几种：①继续履行合同债务；②支付违约金；③赔偿损失；④支付迟延支付金额及其利息；⑤解除合同。

（九）违约责任的免除

《合同法》第一百一十七、一百一十八条规定，"因不可抗力不能履行合同的，根据不可抗力的影响，部分或者全部免除责任"。

不可抗力事件是指当事人在订立合同时不能预见、对其发生和后果不能避免并且不能克服的事件。不可抗力事件的成立必须具备下列三个条件：①该事件是当事人在订立合同时不能预见的；②该事件是在合同履行期间发生的；③该事件的发生和后果是不能避免、不能克服的。

因不可抗力事件不能履行合同的全部或者部分义务的当事人一方，遭遇不可抗力事件的当事人一方负有两个方面的义务：①应当将因不可抗力事件而不能履行合同的全部或者部分义务的情况及时通知另一方，以减轻可能给另一方造成的损失；②应当将其不能履行合同的全部或者部分义务的不可抗力事件的情况，在合理期间内提供有关证明。

二、练习题

（一）名词解释

1. 合同　　　　　2. 无效合同　　　　　3. 合同的担保
4. 合同的转让　　5. 合同的终止

（二）单项选择题

1. 承诺的效力在于（　　）。
   A. 合同成立　　　　　　　　B. 订立合同阶段开始
   C. 合同履行完毕　　　　　　D. 要约生效

2. 一般情况下，如果接到要约的一方不在规定的期限内答复，应视为对要约的（　　）。
   A. 接受　　　　　　　　　　B. 拒绝
   C. 违约　　　　　　　　　　D. 要约

3. 如果一方提议的内容不足以决定合同的主要条款，则该提议为（　　）。
   A. 要约　　　　　　　　　　B. 要约邀请
   C. 承诺　　　　　　　　　　D. 无效合同

4. 无效合同的双方都有过错，对返还财产后的损失赔偿，根据法律规定应各自承担相应责任，所谓"相应责任"是指（　　）。
   A. 平均分担损失　　　　　　B. 各自承担自己的损失
   C. 协商承担责任　　　　　　D. 按责任主次来分别承担责任

5. 无效合同，从（　　）时起，就没有法律约束力。
   A. 合同被确认无效　　　　　B. 一方提出异议
   C. 发现合同违法　　　　　　D. 订立合同

6. 违反国家利益和社会公共利益的合同，非故意一方已经从对方取得或约定取得的财产，应（　　）。
   A. 归人民法院所有　　　　　B. 归非故意一方所有
   C. 收归国库所有　　　　　　D. 返还对方

7. 行为人对合同内容有重大误解的合同属于（　　）。
   A. 无效合同　　　　　　　　B. 有效合同
   C. 可撤销合同　　　　　　　D. 未成立的合同

8. 当事人的意思表示不真实，属于（　　）。
   A. 无效合同　　　　　　　　B. 有效合同
   C. 可撤销合同　　　　　　　D. 可变更合同

9. 质押担保物在质押期间一般要转移它的（　　）。
   A. 所有权　　　　　　　　　B. 收益权
   C. 占有权　　　　　　　　　D. 使用权

10. 接受定金的一方不履行合同时（　　）。

A. 应返还定金   B. 应双倍返还定金

C. 定金应收归国有   D. 定金不返还

（三）多项选择题

1. 合同的主要条款有（　　　）。
     A. 价款或酬金   B. 标的
     C. 违约责任   D. 数量和质量

2. 合同可以采取（　　）。
     A. 普通书面形式   B. 口头形式
     C. 特殊书面形式   D. 默示形式

3. 在下列情况下，合同无效（　　）。
     A. 恶意串通   B. 重大误解
     C. 显失公平   D. 违反公共利益

4. 在下列情况下，要约不发生效力或效力终止（　　）。
     A. 要约被拒绝   B. 要约约期届满
     C. 要约被撤回   D. 要约被依法撤销

5. （　　）的合同，一方有权请求法院或仲裁机关予以撤销。
     A. 无行为能力的人实施   B. 以合法形式掩盖非法目的
     C. 行为人对行为内容有重大误解   D. 显失公平

6. 对无效合同引起的财产后果的处理，有以下几种方式（　　）。
     A. 返还财产   B. 赔偿损失
     C. 追缴财产收归国库所有   D. 自行协商解决

7. 根据担保法的规定，担保方式是（　　）。
     A. 提存   B. 留置
     C. 质押   D. 定金

8. 合同因（　　）而终止。
     A. 已按约定条件履行   B. 当事人双方协商解除
     C. 抵消   D. 提存或债权债务同归一人

9. 承担违约金责任的条件包括（　　）。
     A. 有一方当事人违约的客观存在
     B. 违约行为给对方造成了损失
     C. 违约行为和对方的损失之间有因果关系
     D. 违约方主观有过错

10. 法律规定，当事人一方因不可抗力不能履行合同的，只有在（　　）的情况下，才可以部分或全部免予违约责任。
     A. 及时向对方通知   B. 取得有关主管机关的证明
     C. 经对方当事人同意   D. 经上级机关批准

（四）判断题

1. 合同应当采用书面形式，采用口头形式无效。（　　）

2. 承诺迟到则不发生效力，合同也就不能成立。（　　）

3. 合同中债务人一方将合同义务转让给第三人，须经债权人同意。（　　）

4. 凡由我国法律、法规规定应由国家批准的合同，双方当事人签字后，合同实质上并没成立，只有经批准后，合同才成立。（　　）

5. 保证人只能是合同当事人以外的第三人。（　　）

6. 定金是合同当事人一方以保证合同履行为目的，于合同未履行前，给付对方一定数额的金钱。（　　）

7. 合同的终止就是合同的解除。（　　）

8. 留置形式的担保可适用一切形式的经济合同，只要对方不履行合同义务，当事人一方即可变卖扣留的财产。（　　）

9. 当事人一方因不可抗力而不能履行合同时，应及时告知对方，否则要就扩大的损失承担责任。（　　）

10. 合同适用的是过错责任原则，即在发生违约事实的情况下，要由有过错的一方承担违约责任。（　　）

（五）案例分析题

1. 红星贸易公司经盘查库存有一万吨优质煤，遂向白云厂发函询问其是否愿意以每吨900元的价格购买优质煤，数量不限，并可代办托运，限在五天内答复。白云厂当时正急需优质煤，在收函当天即回电称愿意以每吨900元的价格购两千吨优质煤，一个月内派车来装货。半个月后，白云厂租的专列驶进红星贸易公司货场，白云厂的业务员带着汇票准备签约、提货、结算一起完成。正在此时，红星贸易公司经理陈某发现货场只有一千吨优质煤，尚缺一千吨，若和白云厂签约购两千吨，肯定不能交付，即使不负逾期交付的责任，也须承担专列滞留的赔偿责任。加上市面优质煤的价格已涨至每吨一千元，如果按原约定签约，以每吨900元的价格卖出，要少赚很多。红星贸易公司遂以原要约是指代办托运，并无规定受要约方派专列来提货，现在白云厂派专列来，单方面变更要约条件，视为其没有接受原要约，提出了反要约，不构成承诺，自己可以不承认，拒绝白云厂签约提货的要求。白云厂反复请求对方履行要约义务，但都无效，遂向法院起诉，要求红星贸易公司交付两千吨优质煤和赔偿专列滞留损失五万元。

2. 李某投资办了一间大米加工厂，请供电局电工何师傅装了一条专用的动力电路。李某按供电局的收费标准交了费，何师傅因未得到额外好处，故对李心存不满。一个月后，何的儿子何强找到李某，要求加工五吨大米。李某见是电工儿子，知道不能得罪，提出按正常价的一半收费，何强很满意。谁知又过了一个月不到，何强又拉来了五百吨大米要求加工，并且说：“上次你给我定的价很好，还按上次那个价！”李某说：“上次是优惠价，这次你拉来那么多，我还按上次那价，就要亏本了。”何强说：“你怎么会亏本！要没有我爹给你装电线，你这厂能开？”并进而威胁说：“全县缺电的地方多的是，你真要不知好歹，我叫我爹把你的电给断了。”李某见状，只好忍气吞声，为其加工大米，并按正常价的一半收费。之后，当地干部得知此事，鼓励李某向法院起诉。李某也担心何强以后还来找事，便将何强起诉到县法院。

3. 广州百货采购供应站（以下简称百货站）和广东省百货公司（以下简称百货公司）

于某年 11 月签订了一份经济合同，合同规定，某年 12 月由百货站指定仓库，百货公司自提货物。在合同规定的提货期限内，百货站多次向对方催提货物，但迟迟不见百货公司来仓库提货，而在百货公司延期提货期间，适逢国家调整物价，即将该类商品价格调低 25%。因此，百货公司要求按新价格执行，其理由是国家调整物价属于不可抗力，购方不承担该项责任。百货站则认为该合同本该早已执行，在当时并未调整物价，因而不同意按新价格执行。双方协议不成，起诉到广州市中级人民法院。

4. 某年 1 月 15 日，M 省粮油食品公司与 N 市粮油贸易中心签订了一份总量为 2 000 吨的大米购销合同。合同规定，3 月中旬交货。M 省粮油食品公司于 3 月 1 日将 2 000 吨大米运至 N 市。N 市粮油贸易中心以供方提前交货为由，不予验货，拒绝付款。M 省粮油食品公司只有等待时日。不巧，3 月 2 日竟然下起绵绵春雨，空气湿度最小为 85%，最大达到 98%，2 000 吨大米的质量受到严重的威胁。M 省粮油食品公司一边采取应急措施，一边派人前往 N 市粮油贸易中心说明情况，要求提前交货，再次遭到对方拒绝。M 省粮油食品公司没有办法，一直等到 3 月 11 日再去找 N 市粮油贸易中心，要求按合同规定及早收货。N 市粮油贸易中心派质量检查员前去检查大米质量，发现已有 20% 的大米腐烂变质，甚至还有继续腐烂变质的迹象。N 市粮油贸易中心以大米质量不符合合同规定的质量要求为由，又一次拒绝收货付款。到 3 月 12 日，天气进一步恶化，大米质量受到更大的威胁。到 3 月 24 日，大部分大米已腐烂变质，其价值不能抵付加工整理费而宣布报废。至此，M 省粮油食品公司直接经济损失达 480 万元。M 省粮油食品公司要求 N 市粮油贸易中心赔偿经济损失遭到拒绝，于 4 月 10 日向国家工商行政管理局申请仲裁，要求保护其合法权益，责令 N 市粮油贸易中心赔偿其经济损失。

三、练习题参考答案

（一）名词解释

1. 合同是指平等主体的自然人、法人、其他组织之间设立、变更、终止民事权利义务关系的协议。

2. 无效合同就是指虽经当事人订立，但不能产生有效的法律后果，不受国家法律保护的合同。

3. 合同的担保是当事人确保合同履行的方式。依照我国担保法规定，合同担保的方式有保证、定金、抵押、质押、留置等五种方式。

4. 合同的转让是指合同当事人一方依法将其享有的合同权利和义务全部或部分转让给第三人。

5. 合同的终止是指当事人终止合同关系，使合同所确立的当事人之间的权利和义务关系消灭。

（二）单项选择题

1. A   2. B   3. B   4. D   5. D

6. C   7. C   8. A   9. C   10. B

（三）多项选择题

1. ABCD	2. ABC	3. AD	4. ABCD	5. CD
6. ABC	7. BCD	8. ABCD	9. AD	10. AB

（四）判断题

1. ×	2. √	3. √	4. √	5. √
6. √	7. ×	8. ×	9. √	10. √

（五）案例分析题

1. 本案中白云厂同意要约的价格条件，依据要约所述数量不限要求购买两千吨优质煤，与要约数量、质量条件也不相悖。合同的履行方式是指一次交付还是分期分批交付，是铁路运输还是空运、水运等。在买卖合同中，是代办托运还是需方自提，并不是合同履行方式的主要内涵，对于合同的成立并没有必然的影响。故此行为可视为不属于具体的权利和义务条款，且要约人在要约中只是说"可代办托运"，并不是必须代办托运，故受要约人作此变更就不属于反要约的行为，而是一种配合要约人履约的行为。何况红星贸易公司收到白云厂的这份回电后，并未及时表示反对，直到白云厂来提货时才以此电报构成反要约，拒绝履行合同。因此，在本案中白云厂的承诺有效，合同已经成立，并以白云厂承诺的内容为内容，红星贸易公司应当依约履行并承担赔偿责任。

2. 按照《合同法》有关规定，严重违反当事人一方意思的合同是无效合同。严重违反当事人一方意思有以下几种情况：因采用胁迫手段签订的合同；因乘人之危签订的合同；因采用欺诈手段签订的合同；明知自己没有履行能力，仍与他人签订的无实际履行能力的自始不能履行的合同。本案中，被告何强采用胁迫的手段与原告发生的合同关系是无效的。《合同法》还规定，无效合同或者被撤销合同自始没有法律约束力。合同部分无效，不影响其他部分效力的，其他部分仍然有效。另外，合同无效或被撤销后，因该合同取得的财产，应当予以返还；不能返还或者没有必要返还的，应当折价补偿。有过错的一方应当赔偿对方因此所受到的损失；双方都有过错的，应当各自承担相应的责任。从本案来看，可由原告李某自己决定是否请求变更或撤销。如果李某请求撤销，则合同自始无效；如果李某请求变更，则合同有效，请求变更原不合理的加工费，增加原少付的一半，人民法院也应准许。这也符合公平原则。

3. 就一般情况而言，国家调整物价属于不可抗力事件，购货方不必承担由此所增加的额外负担。因此，遇国家调整物价，不管调高调低一律按新价格执行。但本案不适用按新价格执行的情况。原因在于：在本合同规定的履行期限内，国家并没有调整物价，而是百货公司延期提货期间遇国家调整物价。在这种情况下，有关的法律规定是：遇调高物价时，按新价格执行；遇调低物价时，按原价格执行。据此，本案应该按原价格执行。

4. 合同一旦依法成立，就对双方当事人具有法律约束力。任何一方当事人不得擅自变更或解除合同。但在合同的具体履行过程中，需要当事人各方善意的谅解和合作的态度。本案中，M省粮油食品公司已于3月2日将合同规定的2 000吨大米运抵N市。虽然要到3月11日才到合同履行期限，N市粮油贸易中心如果仓库条件许可，提前将货收下也是完全可以的，最多就是向对方说明3月2日至3月10日的储藏费要由M省粮油食品公司承担（未到合同规定的交货期的储藏费用）。即使不予这样的良好合作，那么到了 3 月 11 日，N 市粮油贸易中心就不应该不给予合作而不予收货付款。虽然这时"已有 20% 的大米腐烂变质，甚至还有继续腐烂变质的迹象"，但是 N 市粮油贸易中心对合格的那部分大米负有收货的义务。因此，应该收货而没有收货，从而造成了很大的经济损失，N 市粮油贸易中心对此负有不可推卸的责任。

第十章　国际货物买卖合同法

一、重难点分析

（一）国际货物买卖合同的概念及内容

国际货物买卖是以合同为依据而进行的。然而，对国际货物买卖的定义，各国的解释不尽相同。按照我国已核准加入的《1980 年国际货物买卖合同公约》的规定，一般把营业地处于不同国家的当事人之间所签订的货物买卖合同称为国际货物买卖合同。

国际货物买卖合同一般包括三个部分：约首、正文和约尾。

（二）国际货物买卖合同的成立

在我国对外贸易业务中，签订贸易合同一般需要经过询盘、发盘、还盘、接受和签订合同等程序。在这些程序中，发盘和接受是必不可少的。

1. 询盘

询盘是指买卖双方中的一方为出售或购买某商品而向对方发出的探询买卖该商品及有关交易条件的一种表示，有时也把它称为"询价"。

2. 发盘

发盘，法律上称之为"要约"。它是指买卖双方中的一方向对方提出各项交易条件，并愿意按这些条件与对方订立合同达成交易的一种表示。发盘可以由卖方提出，也可以由买方提出。构成一项具有法律效力的发盘必须具备以下两个条件：①发盘应向一个或一个以上特定的人提出；②发盘的内容必须十分确定。

所谓"发盘的内容必须十分确定"，就是指发盘中所列的交易条件必须是拟将订立合同的主要条件，以便一旦为对方接受就足以成立一项有效合同，不至于由于欠缺某项重要条件而影响合同的有效成立。在实际业务中，特别是向非《公约》成员国的当事人发盘时，通常都应强调在发盘中必须明确规定商品的品质、数量、包装、价格、交货和支付等六项主要交易条件。

3. 接受

接受，法律上称之为"承诺"。它是指受盘人声明或以其他行为表示无条件地同意发盘的内容，并愿意按这些条件与对方达成交易的表示。构成一项具有法律效力的接受必须具备以下条件：①接受必须由发盘的受盘人作出；②接受必须表示出来；③接受必须与发盘相符；④接受必须在发盘的有效期限内送达发盘人。根据《公约》的规定，接受是可以撤回的，但撤回的通知必须于接受通知到达发盘人之前或同时被送达受盘人。

二、练习题

（一）名词解释

1. 国际货物买卖　　　　　　　2. 国际贸易惯例

（二）单项选择题

1. 在国际货物买卖中，对货物运输保险（　　）。

    A. 必须投保　　　　　　　　B. 由买方投保

    C. 由卖方投保　　　　　　　D. 可以投保

2. 在我国对外贸易业务中，对发盘人有约束力的是（　　）。

    A. 邀盘　　　　　　　　　　B. 询盘

    C. 实盘　　　　　　　　　　D. 虚盘

3. （　　）不是构成一项具有法律效力的接受的必备条件。

    A. 必须由知道发盘的人作出　B. 必须表示出来

    C. 必须与发盘相符　　　　　D. 须在发盘有效期内送达发盘人

4. 在两个《联合国国际货物销售合同公约》缔约国的当事人之间订立的下列合同中，（　　）才适用于该《公约》。

    A. 飞机买卖合同　　　　　　B. 粮食买卖合同

    C. 电力买卖合同　　　　　　D. 咨询服务合同

5. 必须由卖方负责保险费的国际贸易术语是（　　）。

    A. FOB　　　　　　　　　　B. CFR

    C. CIF　　　　　　　　　　D. FBA

6. 不需卖方租船或订舱的国际货物术语是（　　）。

    A. FOB　　　　　　　　　　B. CFR

    C. CIF　　　　　　　　　　D. FBA

7. 国际货物买卖合同的标的是（　　）。

    A. 有形动产　　　　　　　　B. 不动产

    C. 股票　　　　　　　　　　D. 债券

8. （　　）不是签订国际货物买卖合同时所应具备的"四性"要求。

    A. 合法性　　　　　　　　　B. 简洁性

    C. 明确性　　　　　　　　　D. 准确性

9. 国际货物买卖合同必须经过（　　）才能合法订立。

    A. 询盘和发盘　　　　　　　B. 发盘和还盘

    C. 询盘和接受　　　　　　　D. 发盘和接受

10. （　　）不是发盘效力终止的条件。

    A. 在有效期内未被接受　　　B. 在有效期内市场行情发生变化

    C. 被受盘人拒绝　　　　　　D. 经受盘人还盘

（三）多项选择题

1. 国际货物买卖合同一般包括（　　）等部分。
   A. 目录　　　　　　　　　　B. 约首
   C. 正文　　　　　　　　　　D. 约尾

2. 下列项中（　　）是国际货物买卖合同的基本条款。
   A. 数量条款　　　　　　　　B. 品质、价格条款
   C. 包装、装运条款　　　　　D. 检验与索赔条款

3. 在国际货物中，常用的表示商品品质的方法有（　　）。
   A. 以样品为依据　　　　　　B. 以规格、等级或标准为依据
   C. 以品牌或商标为依据　　　D. 以说明书为依据

4. 在我国对外贸易业务中，签订贸易合同时（　　）程序是必不可少的。
   A. 询盘　　　　　　　　　　B. 发盘
   C. 还盘　　　　　　　　　　D. 接受

5. 在下列各项中，（　　）不适用于《联合国国际货物销售合同公约》。
   A. 以拍卖方式进行的买卖　　B. 船舶的买卖
   C. 来件装配合同　　　　　　D. 来料加工合同

6. 国际货物惯例具有（　　）特点。
   A. 经长期实践形成普遍性　　B. 明确的内容
   C. 能自动适用　　　　　　　D. 允许当事人修改或补充

（四）判断题

1. 国际货物买卖是指国家与国家之间的货物买卖。（　　）
2. 国际货物买卖合同订约各方当事人可以是法人，也可以是自然人。（　　）
3. 国际货物买卖合同的标的可以是动产，也可以是不动产。（　　）
4. 国际货物买卖合同中约定的货物数量都是确定的。（　　）
5. 国际货物买卖合同中约定的货物价格都要用美元计价。（　　）
6. 发盘一经发出，即不可撤回。（　　）
7. 发盘应向一个或一个以上特定的人提出。（　　）
8. 接受可以对发盘进行适当的修改。（　　）
9. 还盘实质上是受盘人对原发盘人作出的一项新的发盘。（　　）
10. 某国国内立法也可以是国际货物买卖合同法的表现形式。（　　）

（五）案例分析题

1. 2005 年 3 月 2 日，中国浙江某进出口公司向马来西亚某公司预订一批原材料，电文称："兹发价：5 万吨一级木材，每吨单价为 2 000 美元 CIF 吉隆坡，装运期 4/5 月，即期信用证支付；须以货物尚未售出为准。" 3 月 8 日，接马来西亚回电："你 3 月 2 日电接受。" 此时，因国际市场木材涨价，原发价的价格明显对出口公司不利，因此，出口公司与日本一公司签订木材买卖合同，按国际市场价售出木材。

问：（1）浙江某进出口公司是否违约？

（2）为什么？

2. 2002 年，山东省某进出口公司电告巴基斯坦一客户，电文为："兹发价：500 台琴岛—利勃海尔冰箱 BYD 21 型，每台单价 285 美元 CIF 卡拉奇，装运期 8/9 月，即期信用证支付；限 7 月 10 日前复到有效。"7 月 6 日，接巴方客户回电："你 7 月 2 日电接受，进口许可证正在申领中，一旦获证即开出信用证。"此时，正值国内冰箱因原料涨价而相应提价，原发价的价格明显对出口公司不利，出口公司拒绝向巴方交货。

问：（1）出口公司是否违约？

（2）为什么？

3. 我国江西某公司与泰国某公司就售卖烟花爆竹事宜达成协议，总价为 30 万元，12 月 5 日前交货。卖方实际交付的是伪劣烟花爆竹，价值仅 10 万元。买方认为卖方违反合同，要求减价。

问：（1）买方要求减价是否有效？

（2）为什么？

（3）应减价多少？

4. 我国某自行车总厂从德国进口一批钢管，双方订约前，中方业务员告诉卖主（负责人），这批钢管是供轧制自行车轮头用的，卖主按合同规定交货，中方对钢管进行轧制，发现弯曲后出现裂痕，不能制造自行车轮头。

问：（1）该案如何处理？

（2）为什么？

5. 我国某进出口公司向英国公司发价，出售兰麻制品一批，发价限对方接受于 5 月底前复到有效，5 月 10 日我公司接该英国公司电传称，"你 5 月 8 日电悉，报价太高无法接受，请考虑降低价格，再行商议"。半个月后，兰麻制品的市价明显趋涨。5 月 26 日，该英国公司再次发来电传："你 5 月 8 日电接受，请速寄销售确认书，以便会签后开证。"此时，我公司也已获悉兰麻制品行市看好，遂以高价卖给他人。

问：（1）我公司是否违约？

（2）为什么？

三、练习题参考答案

（一）名词解释

1. 国际货物买卖是指不同国家的企业、其他经济组织或个人之间货物的购入和售出。

2. 国际贸易惯例是指在长期的国际贸易实践中逐渐形成的一些通用的习惯做法和通例。

（二）单项选择题

1. D	2. C.	3. A	4. B	5. C
6. A	7. A	8. B	9. D	10. B

（三）多项选择题

1. BCD　　2. ABCD　　3. ABCD　　4. BD　　5. ABCD　　6. ABD

（四）判断题

1. ×　　2. √　　3. ×　　4. ×　　5. ×

6. ×　　7. √　　8. ×　　9. √　　10. √

（五）案例分析题

1. 答：（1）浙江某出口公司没有违约。

（2）因为出口公司发出的发价是"虚盘"，附有保留条件，出口公司发出"虚盘"时并无受其约束的意思，而"虚盘"不是公约意义上的发价，只是一项发价邀请，即使"虚盘"已被对方"接受"，我国出口公司仍然可以不予确认，不受约束，不与对方订立合同。

2. 答：（1）出口公司没有违约。

（2）出口公司与巴基斯坦的受约人之间不存在合同关系。因为7月6日巴基斯坦公司的复电是一个对出口公司要约作了附加条件的承诺，该附加条件属款项支付方式的实质性变更构成对出口公司要约的拒绝，故双方之间合同还不成立。

3. 答：（1）买方要求减价有效。

（2）因为《国际货物买卖合同公约》规定，如果卖方所交的货物与合同不符，不论买方是否已经支付货款，买方都可以要求减低价格。

（3）减价按实际交付的货物在交货时的价值与符合合同的货物在当时的价值之间的差价计算。应减价：30万元 – 10万元 = 20万元。

4. 答：（1）卖方违反了对货物的品质担保的特定用途担保义务。按《公约》规定买方有权解释合同，并要求赔偿损失，或要求卖方交付具备该特定用途的符合合同规定的钢材。

（2）中方和德国都是《国际货物买卖合同公约》的缔约国，故自动适用公约的规定。《公约》规定卖方应承担货物具有买方所要求的特定用途的担保义务，除非买方表明他并不依赖卖方的技能或判断力。该案中，中方在签约前已经告之对方所购货物的特定用途，加上卖主是铜厂负责人，凭他的技能和判断力，完全应知道轧制自行车该用何种钢材，故卖方违反了法律规定的品质担保的默示条件。

5.（1）我公司没有违约。

（2）合同不成立。因为英国公司5月10日电传是对我方5月8日电传的拒绝，故5月8日我方发价因被拒绝而失效；5月26日该英国公司的电传构成新发价，对此，我方公司未予承诺，故合同不成立。

第十一章 公司法

一、重难点分析

（一）公司的概念和种类

我国《公司法》第二条规定："本法所称公司是指依照本法在中国境内设立的有限责任公司和股份有限公司。"

公司的种类繁多，依据不同的标准可以有不同的分类：①按股东对公司所负责任的形式分类，公司可分为有限责任公司、股份有限公司和无限责任公司；②按公司的控制关系和组织系统分类，公司可分为母公司与子公司、总公司与分公司；③按公司股份是否自由转让及股票是否上市分类，公司可分为上市公司和不上市公司。

（二）《公司法》的概念和特征

《公司法》是规范、调整公司的设立、组织、行为、解散、清算及其他各种法律关系的法律规范。《公司法》具有以下特征：①《公司法》是确立公司法律地位和资格的组织法；②《公司法》是规范公司经营活动的行为法；③《公司法》是以强制性规范为主的法律；④《公司法》是一种成文法；⑤《公司法》是具有国际性因素的国内法。

（三）有限责任公司的概念和设立条件

有限责任公司是指由1个以上50个以下的股东出资设立，股东以其出资额为限对公司承担责任，公司以其全部资产对公司债务承担责任的企业法人。

有限责任公司设立的5个条件：①法定股东人数为50人以下；②股东出资达到法定资本最低限额：人民币3万元；③股东共同制定章程；④有公司名称、建立符合有限责任公司要求的组织机构；⑤有固定的生产经营场所和必要的生产经营条件。

（四）有限责任公司的组织机构

1. 股东会

股东会由公司的全体股东组成，是公司的权力机构，决定公司的重大事项。根据《公司法》第三十八条规定，有限责任公司股东会有下列职权：①决定公司的经营方针和投资计划；②选举和更换董事、监事，决定有关董事、监事的报酬事项；③审议批准董事会的报告；④审议批准监事会或监事的报告；⑤审议批准公司的年度财务预算方案、决算方案；⑥审议批准公司的利润分配方案和弥补亏损方案；⑦对公司增加或者减少注册资本作出决议；⑧对发行公司债券作出决议；⑨对公司合并、分立、变更公司形式、解散和清算等事项作出决议；⑩修改公司章程；⑪公司章程规定的其他职权。

2. 董事会

董事会是依法设立的由公司的全体董事参加的法定常设业务机关，是公司的决策机构。董事会对股东会负责，具有并行使下列职权：①负责召集股东会，并向股东会报告工作；②执行股东会的决议；③制订公司的经营计划和投资方案；④制订公司的年度财务预算方案、决算方案；⑤制订公司的利润分配方案、弥补亏损方案；⑥制订公司增加或者减少注册资本的方案；⑦制订公司合并、分立、变更公司形式及解散的方案；⑧决定公司内部管理机构的设置；⑨决定聘任或解聘公司经理，根据经理的提名聘任或解聘公司副经理、财务负责人，决定其报酬；⑩制定公司的基本管理制度；⑪公司章程规定的其他职权。

3. 经理

经理由董事会聘任、对董事会负责，主持公司的日常经营管理工作。其职权为：①主持公司的生产经营管理工作，组织实施董事会决议；②组织实施公司年度经营计划或投资方案；③拟订公司内部管理机构设置方案；④拟定公司的基本管理制度；⑤制定公司的具体规章；⑥提请聘任或解聘公司副经理、财务负责人；⑦决定聘任或解聘除应由董事会聘任或解聘以外的管理人员；⑧公司章程和董事会授予的其他职权。

4. 监事会

监事会是公司的内部监督机构，行使对经营管理者的监督权。我国《公司法》规定，经营规模较大的有限责任公司，设立监事会，股东人数较少和经营规模较小的，可以只设1~2名监事，不设监事会。监事会成员不得少于3人，由股东代表和适当比例的公司职工代表组成。监事任期每届3年，可以连选连任。

（五）股份有限公司的概念与法律特征

股份有限公司是指将全部资本分为等额股份，股东以其所持股份为限对公司承担责任，公司以其全部资产对公司的债务承担责任的企业法人。

股份有限公司与其他企业法人相比，具有以下法律特征：①股东人数的广泛性；②股东责任的有限性；③股份的等额性；④公司经营的公开性；⑤资本募集的公开性。

（六）股份有限公司的设立

根据我国《公司法》规定，设立股份有限公司应当具备下列6项条件：①发起人符合法定人数。发起人至少应为5人，其中必须有过半数的发起人在中国境内有住所；国有企业改建为股份有限公司的，发起人可少于5人，但应当采取募集设立方式。②发起人认缴和社会公开募集的股本达到法定资本最低限额。股份有限公司注册资本的最低限额为人民币1 000万元，在公司存续期间，公司资本不得随意更改，如需增减，必须严格按法定程序进行。③股份发行、筹办事项符合法律规定。④发起人制定公司章程，并经创立大会通过。⑤有公司名称，建立符合股份有限公司要求的组织机构。⑥有固定的生产经营场所和必要的生产经营条件。

（七）股份有限公司的组织机构

1. 股东大会

股东大会是公司的最高权力机关，公司的一切重大事项都必须由股东大会作出决议。股东大会的形式分为年会和临时会两种。年会也称普通股东会，是指依照法律规定每年必须至少召集一次的全体股东会议；临时会也称特别股东会，是指依据需要由董事、监事或拥有一定比例以上的股份的股东依实际情况临时召集的不定期的全体股东会议。股东大会会议的召集人应为董事长。

2. 董事会

董事会是公司的常设机关和业务执行机关。董事会的组成人员由股东大会选举产生，必须向股东大会负责。我国《公司法》规定，董事会会议的召集人应为董事长。董事会的决议应有 1/2 以上的董事出席，并经全体董事的过半数通过。

3. 监事会

监事会是股份有限公司必设的监察机关。我国《公司法》规定，监事会成员不得少于 3 人，由股东代表和适当比例的公司职工代表组成。监事的任期每届为 3 年，任期届满，连选可以连任。

4. 经理

经理是股份有限公司对内负责日常经营管理、对外代表公司的代理人。我国《公司法》规定，经理由董事会聘任。经理的任职条件适用有关董事任职条件的规定。经董事会决定，董事会成员可以兼任经理，但监事不得兼任经理。

二、练习题

（一）名词解释

1. 公司
2. 有限责任公司
3. 股份有限公司
4. 外商投资企业

（二）单项选择题

1. 有限责任公司是由（　　）人的股东共同出资设立的。

    A. 1～10
    B. 2～30

    C. 2～40
    D. 1～50

2. 董事会是公司的（　　）机构。

    A. 权力
    B. 决策

    C. 监督
    D. 经营管理

3. 有限责任公司，法定注册资本最低限额为（　　）。

    A. 3 万元
    B. 20 万元

    C. 30 万元
    D. 10 万元

4. 有限责任公司全体股东的货币出资不得低于公司注册资本的（　　）。

    A. 10%
    B. 15%

    C. 30%
    D. 25%

5. 有限责任公司董事任期不得超过（　　）年，但可以连选连任。

    A. 2
    B. 3

    C. 4
    D. 5

6. 股份有限公司监事会成员不得少于（　　）人，每届（　　）年，可以连选连任。

    A. 2，2　　　　　　　　　　　　B. 2，3

    C. 3，2　　　　　　　　　　　　D. 3，3

7. 股份有限公司的注册资本最低为人民币（　　）元。

    A. 500 万　　　　　　　　　　　B. 2 000 万

    C. 3 000 万　　　　　　　　　　D. 5 000 万

8. 下列具有独立的法人资格的是（　　）。

    A. 公司　　　　　　　　　　　　B. 个人企业

    C. 家庭　　　　　　　　　　　　D. 独资经营企业

9. 股份有限公司的最高权力机关是（　　）。

    A. 董事会　　　　　　　　　　　B. 监事会

    C. 股东大会　　　　　　　　　　D. 经理

10. 狭义的公司资本（　　）。

    A. 包括公司的自有资本和借贷资本

    B. 仅指公司的借贷资本

    C. 仅指公司的自有资本

    D. 包括公司的一切资本

（三）多项选择题

1. 有限责任公司股东的职权有（　　）。

    A. 选举和更换由股东代表出任的董事

    B. 审议批准公司的利润分配方案

    C. 对公司合并、分立、变更公司形式等作出决议

    D. 对发行公司债券作出决议

2. 发起人创办公司可采取的形式是（　　）。

    A. 发起设立　　　　　　　　　　B. 募集设立

    C. 借贷设立　　　　　　　　　　D. 合伙设立

3. 有限责任公司股东可以用（　　）作为出资。

    A. 货币　　　　　　　　　　　　B. 工业产权

    C. 土地使用权　　　　　　　　　D. 非专利技术

4. 有限责任公司的董事会职权有（　　）。

    A. 修改公司章程

    B. 对公司增减注册资本作出决议

    C. 聘任或解聘公司经理

    D. 制定公司基本管理制度

5. 国有独资公司的经营范围包括（　　）。

    A. 邮政　　　　　　　　　　　　B. 电信

    C. 军工　　　　　　　　　　　　D. 烟草

6. 公司的法律特征包括（　　）。

　　A. 公司是法人

　　B. 公司拥有自己的财产

　　C. 公司以自己的名义起诉、应诉

　　D. 公司的存续一般不受股东变化的影响

7. 公司的章程包括的内容有（　　）。

　　A. 公司的名称

　　B. 公司的目的与经营范围

　　C. 公司的注册所在地

　　D. 公司资本的总额及每股的金额

8. 股份有限公司股东大会的权限主要包括（　　）。

　　A. 选任和解聘董事

　　B. 决定红利的分派

　　C. 变更公司的章程

　　D. 增加或减少公司的资本

9. 股份有限公司的组织机构主要有（　　）。

　　A. 股东大会　　　　　　　　B. 董事会

　　C. 监事会　　　　　　　　　D. 职员

10. 合营企业下列事项必须由出席董事会会议的董事一致通过方能作出决议的是(　　)。

　　A. 合营企业注册资本的增加、转让

　　B. 合营企业章程的修改

　　C. 合营企业的终止、解散

　　D. 合营企业与其他经济组织的合并

（四）判断题

1. 我国《公司法》规定，发起人认购的股份不得少于公司股份总数的25%。（　　）

2. 股份有限公司股东可以依法自由转让出资，不需经股东大会批准。（　　）

3. 股份有限公司董事会的决议应有1/2以上的董事出席，并经全体董事通过。（　　）

4. 我国《公司法》规定，有限责任公司经2/3以上董事提议可以召开董事会议。（　　）

5. 股份有限公司董事会成员为3~20人，董事应由股东大会选举产生。（　　）

6. 股份有限公司申请股票上市必须具备的条件之一是公司开业时间在3年以上，最近3年连续赢利。（　　）

7. 外商投资企业必须遵守东道国的法律、法规。（　　）

8. 在中国境内设立的外商投资企业是中国法人，受中国法律管辖。（　　）

9. 合营企业的形式为股份有限公司。（　　）

10. 注册资本和投资总额是两个相同的概念。（　　）

（五）案例分析题

1. 某汽车配件厂为一外商乔治在中国投资建立的一家独资企业。乔治在 1990 年 5 月取得了汽车配件厂用地的土地使用权证，使用期限与企业年限相同，均为 30 年。1994 年 3 月，乔治的汽车配件厂因管理不佳，负债累累，濒临倒闭。乔治便计划捞一笔后逃跑避债。3 月底，乔治到香港恰遇过去的一个熟人 A，A 谈起他有一朋友 B 想在中国内地投资办厂，向乔治了解投资办厂的情况，并询问有无好的投资场所。乔治见机会来了，便说其正好有一汽车配件厂打算出让，该厂厂址交通便利，只因其要移居加拿大，所以忍痛出让。B 实地察看了后表示同意。双方遂在香港签订了转让合同。B 以 150 万元港币买下了乔治在中国内地的汽车配件厂。乔治负责将现有的债权债务了结。双方签订合同后，乔治即去了结了债权债务，最后除了厂房外，已无任何实际财产可剩，只有土地使用权了，B 觉得吃了亏，乔治说因该厂厂址地理位置好，其土地增值快，绝对吃不了亏，况且还有 26 年的土地使用权留给他，就这 26 年的土地使用权就值 150 万元港币了。B 想也可以，便听信了乔治。B 将 150 万元港币中的 30 万元港币给了乔治，待 B 到工商局过户批准后，再付 120 万元港币。乔治拿了 30 万元港币后即逃之夭夭。而这边 B 却遭到审批机关的拒绝，认为协议无效。B 不服，申请了复议。

问：工商行政管理局为什么拒绝了 B 的申请？

2. 1994 年 9 月，某房地产开发有限公司与其他 6 家企业共同筹划设立了一股份有限公司。注册资本总额确定为 1 200 万元，7 家发起企业认购其中 500 万元的股份，其余部分向社会公开募集。由于发起人作为投资的厂房需要装修，因此有发起人共同协商成立该股份有限公司筹建处，由筹建处向某装潢公司购进了一批价款 70 万元的装修材料。筹建处即将该材料及办公用品投入厂房的装修。但由于在规定的募股期限内，发起人未能募足股本，公司无法成立。装潢公司即向该股份有限公司的 7 家发起企业索取 70 万元货款，但 7 家发起企业以种种理由相互推诿，拒付货款。装潢公司遂以 7 家发起企业为被告向法院提起诉讼。

问：（1）装潢公司与股份有限公司筹建处签订的合同是否有效？为什么？

（2）本案应当如何处理？

三、练习题参考答案

（一）名词解释

1. 公司是指依照《公司法》在中国境内设立的有限责任公司和股份有限公司。

2. 有限责任公司是指由 1 个以上 50 个以下的股东出资设立，股东以其出资额为限对公司承担责任，公司以其全部资产对公司债务承担责任的企业法人。

3. 股份有限公司是指将全部资本分为等额股份，股东以其所持股份为限对公司承担责任，公司以其全部资产对公司的债务承担责任的企业法人。

4. 外商投资企业是指依照中华人民共和国法律的规定，在中国境内设立的由中国投资者和外国投资者共同投资或者仅由外国投资者投资的企业。

（二）单项选择题

1. D	2. B	3. A	4. C	5. B
6. D	7. A	8. A	9. C	10. C

（三）多项选择题

1. ABCD	2. AB	3. ABCD	4. CD	5. ABCD
6. ABCD	7. ABCD	8. ABCD	9. ABC	10. ABCD

（四）判断题

1. ×	2. √	3. ×	4. ×	5. ×
6. √	7. √	8. √	9. ×	10. ×

（五）案例分析题

1. 答：根据外商投资企业法的有关规定，外商投资企业的资本全部由外商投入，因此与中方以土地使用权出资的中外合资、中外合作企业不同。在外商独资企业中，外商要取得企业用地，必须到当地的土地管理部门办理土地使用手续，领取土地使用证书，或者通过其他合法方式取得土地使用权。但是，法律规定，外商独资企业在经营期限内，若未经报准，不得买卖、转让其持有的土地使用权，否则其转让是无效的。在本案中，乔治了结了债权债务的行为可以说是终止其独资企业的经营。独资企业的终止，根据法律规定，乔治应向审批机关提交终止申请书，报审批机关批准，同时成立清算委员会清算独资企业的债权债务，在审批机关批准后，该企业即为终止。同时，应到工商行政管理机关办理注销登记手续，缴销营业执照，退还土地使用证书。但如果这样办，乔治则一分钱也捞不到了，于是便采用欺骗的手段与 B 签了实际上的土地使用权转让合同，因为乔治的其他财产已所剩无几了，骗取了 30 万元港币的定金一跑了之，乔治也知道此种行为是违法的。B 申请过户之所以被工商局拒绝，就是因为事先未获得有关机关的批准。而且有关独资企业合并、分立、转让等重大事项的变更自然要经审批机关批准，然而事实上其并没有去报经批准。因此，其转让无效，因为乔治无权私自转让土地使用权。B 若要获得土地使用权，须重新办理申请手续，交纳土地使用费。B 的损失只能找乔治去要了，如果还可以找到乔治的话。土地使用权是一项特殊的财产权利，不是随便可以转让的，对 B 来说，这是花钱买教训。

2. 答：（1）装潢公司与股份有限公司筹建处签订的合同合法有效。公司的设立是一个过程，在公司依法注册登记之前，不具有法人资格，也没有权利能力和行为能力，但筹建中的公司又需对外发生一定的法律关系，因此，一般由公司的发起人代替将成立的公司实施必要的法律行为。在本案中，筹建处实质上是 7 家发起企业的代理人，可以以筹建中的公司名义对外签订合同。

（2）在本案中，由于发行的股份超过募股截止期限尚未募足，因此股份有限公司不能成立。对此，7 家企业作为公司发起人应对公司筹建过程中与装潢公司发生的债权债务承担连带责任，7 家企业应向装潢公司支付货款 70 万元。

第十二章　产品责任法

一、重难点分析

（一）产品责任法的基本含义

随着现代工业生产的发展，许多新产品投入市场，造成消费者受到伤害的案件不断增多，产品责任法就是在这样的情况下逐步形成和发展起来的。产品责任法的主旨是加强生产者的责任，保护消费者的利益。

（二）产品责任的国际立法

1.《斯特拉斯堡公约》

《斯特拉斯堡公约》是《欧洲共同体关于造成人身伤害与死亡的产品责任的欧洲公约》的简称，它由欧洲共同体理事会拟订并在 1976 年的理事会会议上获得通过，于 1977 年 1 月 27 日在斯特拉斯堡签署，故简称《斯特拉斯堡公约》。

2.《产品责任指令》

《产品责任指令》是《关于缺陷产品责任的指令》的简称，欧洲共同体理事会于 1985 年 7 月 25 日通过了一项《关于缺陷产品责任的指令》，目前，英国、意大利、德国等国已通过立法将该指令纳入本国的国内法。

3.《海牙公约》

为了统一各国关于产品责任的法律冲突，海牙国际私法会议于 1973 年 10 月 2 日通过了一项《关于产品责任的法律适用公约》（《海牙公约》），该公约已于 1978 年 10 月 1 日生效，共有 22 条。

（三）美国的产品责任法

美国的产品责任法主要是州法，而不是联邦法。美国商务部在 1979 年 1 月提出了一项《统一产品责任法（草案）》，但至今尚未被绝大多数州采纳。

1. 产品责任的归责理论

美国产品责任以下列几种法学理论为归责依据：①合同关系责任说；②疏忽说；③违反担保说；④严格责任说。凡由于使用有缺陷的产品遭受损害向法院起诉要求赔偿损失的，必须根据上述四种理由之一，作为要求该产品的生产者或销售者承担责任的依据。

（1）合同关系责任。

所谓合同关系责任，是指生产者或销售者就其在产品的生产或销售中的疏忽行为，对于和他没有合同关系的第三人，一律不承担责任。在这种合同关系责任下，消费者的利益得不到保护，受害人的损失得不到补偿，缺陷产品的制造商或销售商得不到应有的制裁。

（2）疏忽责任。

所谓疏忽责任，是指产品的生产者或销售者有疏忽之处，致使产品有缺陷，而且由于这种缺陷使消费者的人身或财产遭到损害，对此，该产品的生产者和销售者应承担责任。但是，当原告以疏忽为理由向法院起诉要求被告赔偿其损失时，原告必须能够提供证据以证明：①被告没有做到"合理的注意"，即被告有疏忽之处；②产品的缺陷是由于被告的疏忽造成的；③原告的损失是由产品的缺陷造成的。如果由于原告自己的疏忽造成了损失，原告不能要求被告赔偿损失。疏忽在英美法中是一种侵权行为。

（3）违反担保责任。

所谓违反担保，是指产品存在某种缺陷或瑕疵，卖方违反了对货物的明示或默示担保，例如违反了产品应具有商销性的默示担保，或违反了产品必须适合一般用途或特定用途的默示担保等。如果原告由于产品的缺陷遭受损害，原告可以违反担保为理由对被告起诉，要求其承担产品责任。

（4）严格责任。

所谓严格责任，是指只要产品有缺陷，对消费者或使用者造成人身伤害或财产损失，则无论是否存在合同关系或担保关系，也不论在制造或销售产品过程中是否有过失行为，制造商或销售商都应承担产品责任。对原告来说，以严格责任为依据对被告起诉是最为有利的，因为严格责任原则消除了以违反担保或以疏忽为理由提出损害赔偿时所遇到的种种困难。

2. 产品责任诉讼中被告的抗辩

在产品责任案件中，针对原告的产品责任诉讼，被告可以提出以下抗辩理由，以减轻或者解除自己的责任：①订立免责条款；②非正常使用产品；③原告自己的疏忽行为；④擅自改动产品；⑤带有不可避免的不安全因素；⑥自担风险；⑦特殊敏感性或过敏。

3. 产品责任诉讼中的损害赔偿和诉讼管辖

美国产品责任损害赔偿的项目包括补偿性赔偿和惩罚性赔偿两个方面。补偿性赔偿是指对受害人的所有损失，包括过去和将来的利益、痛苦的代价和实际开支等支付的一次性金钱赔偿，主要是赔偿受害人的实际损失，包括已经失去的和可望得到的损失，还包括对精神痛苦的赔偿。其项目包括：①人身伤害；②财产损失；③商业损失。惩罚性赔偿是指由于被告的故意或被告的疏忽大意，以致显现出故意无视他人权利而造成他人损害的赔偿。如果有过错的被告全然置公共政策于不顾，受害人可以要求法院给予惩罚性赔偿。

美国于1955年开始采用"长臂管辖"，即法院可以对不在本辖区内的被告（往往是外国的出口商或生产者）取得司法管辖权。

（四）我国的产品责任法

在我国，适用产品责任的法律是《产品质量法》，所以我国的产品责任法是按照《产品质量法》的一般提法来叙述的。

1. 产品质量法的概念

产品质量法是调整产品的生产者、销售者以及政府有关行政主管部门等主体之间，在产品质量的权利、义务、责任等方面的社会关系的法律规范。广义的产品质量法是指一切调整产品质量关系的法律规范的总称。狭义的产品质量法又称形式意义上的产品质量法，是指以"产品质量法"命名的专门调整产品质量关系的单行法律。

2. 产品质量法的调整对象

依据《产品质量法》的规定，我国产品质量法的调整对象是产品质量监督管理部门、生产者、销售者、用户、消费者在产品生产和销售活动中发生的社会关系。

3. 产品质量法的内容体系

（1）产品质量监督管理制度。

产品质量监督管理是指国家技术监督行政部门以及地方技术监督行政部门依据法定的行政权力，以实现国家职能为目的，对产品质量进行管理的活动。

（2）产品质量责任制度。

产品质量责任是指产品的生产者、销售者以及其他相关当事人对产品质量所应承担的义务，以及违反此种义务时应承担的法律责任。

4. 生产者、销售者的产品质量责任

根据《产品质量法》的规定，生产者、销售者的产品质量责任主要有作为的责任和不作为的责任。

5. 判定产品质量责任的依据

以何种标准作为生产者、销售者承担产品质量责任的依据，是产品质量法的核心问题，我国《产品质量法》所规定的判定产品质量责任的依据包括以下三项：

（1）违反默示担保。违反默示担保是指生产者、销售者违反国家法律、法规所规定的产品质量要求。法律、法规规定产品质量必须满足的条件，生产者、销售者不得以任何形式予以限制或排除。

（2）违反明示担保。违反明示担保是指生产者、销售者违反明示采用的产品质量标准以及以合同、产品说明、实物样品等方式表明的质量状况。明示担保是生产者、销售者自己对产品质量作出的保证和承诺，这种保证和承诺一般是以产品说明、标识、预告、样品、合同中的质量标准条款等方式作出，它既可以是对不特定的用户和消费者作出，也可以是对特定的用户和消费者作出。

（3）产品质量缺陷。产品质量缺陷是指生产者、销售者提供的产品存在危及他人人身、财产安全的不合理的危险或不符合有关标准，并造成了用户和消费者的人身伤害或财产损失。

6. 违反产品质量义务的民事责任

违反产品质量义务的民事责任也称产品质量民事责任，包括以下两个方面：

（1）违约责任。违约责任是指产品的生产者、销售者违反明示或默示担保的产品质量要求而依合同法原理应承担的瑕疵担保责任，通常为交付的产品不符合法律规定或合同约定的质量条件。

（2）侵权责任。侵权责任是指生产者、销售者因产品存在缺陷而造成他人人身、缺陷产品以外的其他财产损害时应当承担的赔偿责任。

产品质量侵权责任的归责原则。我国《产品质量法》针对生产者和销售者的产品质量侵权责任作了不同规定：①生产者的质量侵权责任实行无过错责任原则；②销售者的质量侵权责任实行过错推定原则。

7. 违反产品质量义务的行政责任和刑事责任

行政责任是指有关行政主管机关依法对生产者、销售者及直接责任者作出的处罚决定。刑事责任是指生产者、销售者违反法律规定的产品质量义务并触犯刑律构成犯罪时，由司法机关按照刑事法律的规定强制其承担的法律后果。

　　根据《产品质量法》的规定，因产品存在缺陷造成损害要求赔偿的诉讼时效期限为 2 年，自当事人知道或应当知道其权益受到损害时起计算。因产品存在缺陷造成损害要求赔偿的请求权，在造成损害的缺陷产品交付最初用户、消费者满 10 年丧失，但尚未超过明示的安全使用期的除外。

二、练习题

（一）名词解释

1. 产品缺陷　　　　2. 疏忽责任　　　　3. 违反担保　　　　4. 严格责任

（二）单项选择题

1. 产品制造商或销售商对货物性能、质量或所有权的声明或陈述是（　　）。
    A. 默示担保　　　　　　　　B. 明示担保
    C. 暗示担保　　　　　　　　D. 示明担保

2. 不是基于生产者或销售者的口头或书面表示，而是根据法律产生的一种担保责任的是（　　）。
    A. 默示担保　　　　　　　　B. 明示担保
    C. 暗示担保　　　　　　　　D. 示明担保

3. 疏忽在英美法中是一种（　　）行为。
    A. 违约　　　　　　　　　　B. 刑事
    C. 侵权　　　　　　　　　　D. 行政

4. 如果卖方违反担保义务，原则上只有（　　）才能对卖方起诉。
    A. 买方家属、亲友及其客人　　B. 过路的行人
    C. 买方　　　　　　　　　　D. 消委会

5. 美国现代产品责任法的产品责任归责原则，包括合同关系、疏忽、担保和严格责任四种类型，它们各自独立，同时并存，其中（　　）原则被广泛应用。
    A. 合同关系　　　　　　　　B. 疏忽
    C. 担保　　　　　　　　　　D. 严格责任

6. 我国《产品质量法》所规定的判定产品质量责任的依据包括三项，它们是（　　）。
    A. 违反严格责任、违反明示担保、违反默示担保
    B. 严格责任、疏忽、违反担保
    C. 违反明示担保、违反默示担保、产品质量缺陷
    D. 严格责任、产品缺陷、担保

7. 我国《产品质量法》针对生产者和销售者作了不同规定，生产者的质量侵权责任实行（　　）原则。
    A. 过错责任　　　　　　　　B. 无过错责任
    C. 过失责任　　　　　　　　D. 违反担保责任

8. 我国《产品质量法》针对生产者和销售者作了不同规定，销售者的质量侵权责任实行（　　）原则。

A．过错推定　　　　　　　　　B．无过错责任

C．过失责任　　　　　　　　　D．违反担保责任

9．根据我国《产品质量法》规定，因产品存在缺陷造成损害要求赔偿的诉讼时效期限为（　　）年，自当事人知道或应当知道其权益受到损害时起计算。

A．1　　　　　　　　　　　　B．2

C．3　　　　　　　　　　　　D．4

10．因产品存在缺陷造成人身、他人财产损害的，（　　）应当承担赔偿责任。

A．生产者　　　　　　　　　　B．经营者

C．销售者　　　　　　　　　　D．供货者

（三）多项选择题

1．产品"缺陷"的含义有（　　）。

A．产品违反有关法律规定的商业销售标准

B．产品具有不合理的危险

C．产品有潜在的缺陷

D．不真实的广告或没有提醒消费者注意

2．根据产品缺陷的特征，产品缺陷一般分为（　　）。

A．原料缺陷　　　　　　　　　B．设计缺陷

C．生产缺陷　　　　　　　　　D．警示缺陷

3．产品责任主体应包括（　　）。

A．天然产品的生产者

B．产品的供应者

C．成品或部件的制造商

D．在产品准备或销售等整个商业环节中的有关人员

4．美国产品责任的法学理论依据有（　　）。

A．违反担保说　　　　　　　　B．合同关系责任说

C．疏忽说　　　　　　　　　　D．严格责任说

5．美国的产品责任法规定，受害人可不受合同关系的约束，要求有责任的制造商赔偿损失应具备的条件是（　　）。

A．即使原告与被告没有合同关系，但如果有缺陷的物品对人的安全具有危险性，那么原告理应获得补偿

B．原告要证明与被告之间有合同关系

C．如果供应商在提供产品时明知产品有缺陷，但没有向使用人透露，供应商应当承担责任

D．原告要证明被告有过失

6．当原告以疏忽为理由要求被告赔偿损失时，原告必须能够提供的证据是（　　）。

A．有缺陷的商品对人的安全具有危险性

B．产品的缺陷是由于被告的疏忽造成的

C．原告的损失是由产品的缺陷造成的

D. 被告没有做到"合理的注意"

7. 以"事实本身说明问题"指控被告，原告仍须证明（　　）。

A. 损害并非因原告的行为所造成

B. 如果没有生产者的疏忽，损害不可能发生

C. 发生损害事故的产品曾在被告的绝对控制中

D. 被告没有做到"合理的注意"

8. 以违反商销性默示担保提起诉讼请求，原告须举证（　　）。

A. 缺陷与损害之间有因果关系

B. 产品在出厂时即有缺陷

C. 产品在生产时即有缺陷

D. 该缺陷违反了《统一商法典》中关于产品商销性的标准

9. 以违反适合专门用途的默示担保提起诉讼请求，原告须举证（　　）。

A. 产品在出厂时即有缺陷

B. 买方信赖卖方在选择产品方面的技能和技术、专门知识

C. 损害是由于产品未能符合特殊用途而引起的

D. 卖方已被告知或者有理由知道产品的使用意图

10. 严格责任原则中的"卖方"包括（　　）。

A. 直接订立合同的卖方

B. 为制造该项产品提供零部件的供应商

C. 批发商

D. 生产者

（四）判断题

1. 以疏忽为理由提起诉讼时，作为原告的一方就不仅限于买方，而且扩及其他有关的人，如买方的家属、亲友、来访者以至过路的行人或旁观者，只要他们是由于该产品的缺陷而受到损害，都可以对该产品的生产者和销售者提起疏忽责任之诉。（　　）

2. 所谓"事实本身说明问题"，是指事故发生的情况本身足以证明被告有疏忽行为。（　　）

3. "事实本身说明问题"理论是对疏忽原则的一种补救办法，其目的在于允许陪审团从案情发生的伤害推断出厂商的疏忽或缺陷。（　　）

4. 美国法院认为，电视商业节目、商业小册子、报纸以及其他销售说明物中的广告均不产生明示担保。（　　）

5. 商销性默示担保是指投放市场的产品应符合该产品之所以制造和销售的特殊目的。（　　）

6. 商销性默示担保在产品责任法中的重要性是不容低估的，只要买卖行为发生，卖方是商人，那么买方可以就缺陷产品所造成的损害，以违反担保为由，请求赔偿。（　　）

7. 违反担保之诉是根据疏忽提起的诉讼。（　　）

8. 在以违反担保为理由提起诉讼时，对原告的有利之处在于，他无须证明被告有疏忽，而只需证明产品确有缺陷，而且由于这种缺陷使他遭受损失，他就可以要求被告赔偿其损

失。（　　）

9. 如果使用者或消费者在拿到产品之后，因擅自改变了产品的性能而造成人身伤害或财产损失，他就也能要求生产者或销售者赔偿损失。（　　）

10. 药物的副作用，烟、酒类制品固有的危险，即使在严格责任之诉中，被告也可以以此提出抗辩，从而免除责任。（　　）

（五）案例分析题

1. 2009年6月9日，石某从某商品批发店购买了40箱啤酒，并且用卡车将啤酒拉回家中。当石某卸货至第36箱时，其中一瓶啤酒突然爆炸，致使石某右眼球受伤，后因医治无效，石某右眼失明。由于石某在运输和搬动啤酒的过程中没有任何过错，于是他向某商品批发店要求赔偿，但商店称啤酒瓶的爆炸可能是由于厂家生产时因质量不合格而致，自己并没有过错，因此要石某向厂家索赔，石某遂诉至法院。

问：（1）人民法院如何解决该项纠纷？

（2）石某能否直接向该出售啤酒的商品批发店请求赔偿？

2. 东风公司在月亮百货公司购买由太阳公司生产的"太阳"牌电暖器50台，分别放置在东风公司的50间办公室中作取暖用。其中一台电暖气在使用过程中突然发生爆炸，造成职工李明重伤，李明所在的办公室起火。

问：（1）本案的原告、被告各是谁？

（2）在本案中，电暖气爆炸所产生的损害包括哪些？它们所引起的损害赔偿责任是否完全相同？

（3）原告的诉讼请求包括哪些？法律依据又有哪些？

（4）被告的答辩理由可能有哪些？法律依据是什么？

3. 1998年，某无业人员陈某找到过去的朋友朱某合伙挣钱。朱某称：据悉，当地有个小电器厂，由于技术力量、产品质量均不佳，已停工数月，准备将厂承包出去。朱某欲承包下来，生产紧俏电器。陈某与朱某一拍即合，承包了该小电器厂。该电器厂是生产日光灯镇流器的。朱某和陈某将镇流器上的标牌全部标为上海镇流器厂出品，并冒用安全认证标志投入市场。该镇流器质量低劣，内部绝缘层过早老化，使得线圈容易击穿，造成漏电事故。某用户在使用镇流器时因线圈击穿酿成火灾。

问：（1）陈某、朱某的行为构成哪类违法行为？

（2）对产品质量认证标志的使用，法律是怎样规定的？

三、练习题参考答案

（一）名词解释

1. 产品缺陷是指产品未提供使用者有权期待的安全或具有不合理的危险性。缺陷必须在产品离开生产者或销售者控制以前，即投入流通以前就已存在。

2. 所谓疏忽责任，是指产品的生产者或销售者有疏忽之处，致使产品有缺陷，而且由于这种缺陷使消费者的人身或财产遭到损害，对此，该产品的生产者和销售者应承担责任。

3. 所谓违反担保，是指产品存在某种缺陷或瑕疵，卖方违反了对货物的明示或默示担保，例如违反了产品应具有商销性的默示担保，或违反了产品必须适合一般用途或特定用途的默示担保等。

4. 所谓严格责任（Strict Liability），是指只要产品有缺陷，对消费者或使用者造成人身伤害或财产损失，则无论是否存在合同关系或担保关系，也不论在制造或销售产品过程中是否有过失行为，制造商或销售商都应承担产品责任。

（二）单项选择题

1. B   2. A   3. C   4. C   5. D
6. C   7. B   8. A   9. B   10. A

（三）多项选择题

1. ABCD   2. BCD   3. ABCD   4. ABCD   5. ACD
6. BCD   7. ABC   8. ABD   9. BCD   10. ABCD

（四）判断题

1. √   2. √   3. √   4. ×   5. ×
6. √   7. ×   8. √   9. ×   10. √

（五）案例分析题

1. 答：（1）人民法院受理此案后，经过认真审理，查明石某眼睛受伤确系因啤酒质量不合格所致，而啤酒又是该商品批发店出售的，因此，石某的受伤与啤酒质量瑕疵有因果关系，石某在搬运过程中并没有过错，石某有受损害之事实。人民法院根据《中华人民共和国民法通则》第一百二十二条，《中华人民共和国产品质量法》第三十条、第三十一条，《中华人民共和国消费者权益保护法》第四十一条之规定作出以下判决：

①商品批发店承担民事赔偿责任，赔偿原告石某医疗费、生活补助费、误工补贴费、致人伤残费用共6 000元；

②本案判决自生效之日起10天内履行完毕，诉讼费用由被告商品批发店承担。

（2）我国《产品质量法》第三十一条规定："因产品存在缺陷造成人身、他人财产损害的，受害人可以向产品的生产者要求赔偿，也可以向产品的销售者要求赔偿。属于产品的生产者的责任，产品的销售者赔偿的，产品的销售者有权向产品的生产者追偿。属于产品的销售者的责任，产品的生产者赔偿的，产品的生产者有权向产品的销售者追偿。"《产品质量法》第三十一条规定的"产品存在缺陷"等指的就是产品的瑕疵。所谓瑕疵，国际上一般是指产品的"不合理危险"状态或者"缺乏应有安全"状态。

2. 答：（1）本案原告是东风公司，被告是月亮百货公司。

（2）在本案中，电暖气爆炸所产生的损害包括：造成职工李明重伤，李明所在的办公室起火。它们所引起的损害赔偿责任不同：一种是人身损害赔偿；另一种是财产损害赔偿。

（3）原告的诉讼请求包括：要求月亮百货公司赔偿李明的医疗费、生活补助费、误工补贴费、致人伤残费用等损失，并且赔偿由于爆炸造成的办公室起火的财产损失。法律依据是《中华人民共和国民法通则》第一百二十二条，《中华人民共和国产品质量法》第三十条、第三十一条,《中华人民共和国消费者权益保护法》第四十一条之规定。

（4）被告的答辩理由是：不可抗力。不可抗力是指损害的发生当事人双方无法预见，无法避免。但此案中的损失是产品的质量有瑕疵造成的，所谓瑕疵，国际上一般是指产品的"不合理危险"状态或者"缺乏应有安全"状态。所以不能适用不可抗力的抗辩理由。

3. 答：（1）在本案中，朱某和陈某合伙生产的日光灯镇流器属于假冒行为。根据《产品质量法》的规定，生产销售伪造或冒用认证标志等质量标志的行为以及伪造产品的产地，伪造或者冒用他人的厂名、厂址的均属于假冒行为。

（2）产品质量认证分安全认证和合格认证。实行安全认证的产品，必须符合《产品质量法》和《标准化法》的有关规定，只有通过审查、检验批准的产品，产品质量认证部门才批准认证，颁发认证证书，并允许在该产品上使用认证标志。朱某和陈某严重触犯法律，应受到法律制裁。

第四编 国际市场营销

第十三章 国际市场营销概述

一、重难点分析

（一）市场

1. 市场的概念

市场是指现实的和潜在的购买者，是由人构成的，有人的地方就有市场。对于一切既定的商品而言，市场包含三个要素：人口、购买力和购买欲望。用公式表示就是：

市场 = 人口 + 购买力 + 购买欲望

可见，作为市场，首先应有一定数量的人口，没有人口就谈不上市场，但仅仅有人口还不够，构成市场的人必须有购买欲望和购买能力。有购买欲望而无购买能力或有购买能力而无购买欲望都不能形成现实的市场，最多只能称为潜在的市场。

2. 市场的分类

（1）消费者市场：消费者市场是指为满足个人或家庭生活需要而购买商品或劳务的市场。其特点是：①消费者市场人多面广，消费需求具有分散性、复杂性和多变性；②每次购买的商品数量不多，购买次数频繁；③多数属非专家购买；④部分属冲动型购买；⑤购买力的流动性较大。

（2）生产者市场：生产者市场也叫产业市场，是指为满足生产上的需要而购买商品或劳务的市场。其特点是：①购买者地理分布相对集中，购买者较少，购买数量较大；②生产者市场需求属于派生需求（引伸需求）；③生产者市场需求属于理性需求；④生产者市场需求缺乏价格弹性；⑤生产者市场需求波动性较大；⑥生产者市场购买者一般属于专业化购买；⑦生产者市场产销关系较稳定；⑧生产者市场对技术服务要求高。

（二）市场营销

市场营销就是指在市场上经营销售的业务活动。市场营销的功能包括：①交换功能；②物流功能；③分等功能；④融资功能；⑤风险功能；⑥信息功能。

（三）市场营销观念

市场营销观念是指企业从事市场营销活动的基本指导思想或经营哲学。它属于意识形态的范畴，企业从事的任何营销活动都是在一定的营销观念指导下进行的。市场营销观念是随着商品经济的发展和市场供求关系的变化而发展变化的。在商品经济的发展过程中，市场营销观念也在不断地发生变化，其中最重要的变化是从"以产定销"到"以销定产"的转变。企业的演变，大体上经历了以下几个发展阶段：

1. 生产观念（Production Concept）

生产观念是指导企业营销活动最古老的观念。该观念认为，顾客可以接受任何买得到且买得起的产品，因此，企业的主要任务就是努力提高劳动生产率，扩大生产规模，降低产品成本。

2. 产品观念（Product Concept）

产品观念是一种与生产观念类似的经营思想。该观念认为，顾客喜欢质量优、性能好和有特色的产品，产品销售情况不好是因为产品质量不好。只要产品质量好，别具特色，就一定能够经营成功。因此，企业应持续地改进产品质量，不断制造出好的产品。"酒香不怕巷子深"是这种观念的形象说明。

3. 推销观念（Selling Concept）

推销观念认为，顾客不会主动购买企业的产品，而是要通过卖方的销售刺激才被诱导着采取购买行动。因此，企业只要对已经生产出来的产品进行大力推销，就能增加销量，获得利润。

4. 市场营销观念（Marketing Concept）

这是买方市场条件下以消费者为中心的营销观念。这种观念认为，实现企业目标的关键是切实掌握目标消费者的需要和愿望，并以消费者需求为中心集中企业的一切资源和力量，设计、生产适销对路的产品，安排适当的市场营销组合，采取比竞争者更有效的策略来满足消费者的需求，取得利润。贯彻营销观念有三个基本要求：①以客户需求为中心，努力满足客户需求；②进行整体营销活动，即综合运用产品、价格、渠道、促销等营销因素，同时使企业的营销、生产、财务、人事等部门协调一致，共同满足客户要求；③从长远看，通过满足客户需求来实现利润是企业最终目标。

5. 社会市场营销观念（Social Marketing Concept）

社会市场营销观念认为，企业不是孤立存在的，其生产和销售活动不仅对其客户产生影响，而且必然对广大社会产生一定的影响，因此，企业在从事生产和销售活动时，必须对包括其客户在内的广大社会采取负责的态度，企业在满足顾客需求的同时，应兼顾整个社会的利益。它要求企业生产和销售的产品不仅要满足目标客户的需要和欲望，而且要符合客户和社会的长远利益。

（四）企业介入国际市场营销的程度

由于各国企业参与国际竞争的历史和现有实力以及决策上的差异，目前，它们介入国际营销的程度是不同的，大致呈现五种情况：①不直接对外营销；②少量对外营销；③经常性对外营销；④国际营销；⑤全球性营销。

二、练习题

(一) 名词解释

1. 国际市场营销　　　　　　　2. 消费者市场
3. 市场营销观念　　　　　　　4. 市场营销组合

(二) 单项选择题

1. 下面对消费者市场特点的叙述错误的是（　　　）。
   A. 消费需求具有分散性、复杂性和多变性
   B. 每次购买的商品数量不多，购买次数频繁
   C. 多数属非专家购买
   D. 多数属理性购买

2. 消费者对其有特殊偏好、在购买时不计较其价格和购买地点方便与否的商品是（　　　）。
   A. 便利品　　　　　　　　　　B. 选购品
   C. 特殊品　　　　　　　　　　D. 工业品

3. 下面对生产者市场特点的叙述错误的是（　　　）。
   A. 购买者地理分布相对集中，购买者较少但购买量较大
   B. 属于派生需求（引伸需求）
   C. 属于理性需求
   D. 需求富有价格弹性

4. "酒香不怕巷子深"反映的营销观念是（　　　）。
   A. 生产观念　　　　　　　　　B. 产品观念
   C. 推销观念　　　　　　　　　D. 社会市场营销观念

(三) 多项选择题

1. 下面对消费者市场特点的叙述正确的是（　　　）。
   A. 消费需求具有分散性、复杂性和多变性
   B. 每次购买的商品数量不多，购买次数频繁
   C. 多数属专家购买
   D. 部分属冲动型购买
   E. 购买力的流动性较大

2. 以生产为中心的观念主要有（　　　）。
   A. 生产观念　　　　　　　　　B. 产品观念
   C. 推销观念　　　　　　　　　D. 市场营销观念
   E. 社会市场营销观念

3. 以顾客为中心的观念主要有（　　　）。
   A. 生产观念　　　　　　　　　B. 产品观念

    C. 推销观念   D. 市场营销观念

    E. 社会市场营销观念

（四）判断题

1. 生产观念与产品观念具有本质的区别。（   ）
2. 以市场营销观念作为企业营销活动的指导思想就要求企业放弃盈利目标。（   ）
3. 企业营销的外部环境只会给企业"制造麻烦"。（   ）
4. 大多数营销环境的因素都是企业可以控制的。（   ）
5. 企业要做好营销管理，只需设计好营销战略与策略就行了。（   ）

（五）案例分析题

    2004 年，安徽省邮政局看好通信类账单市场的广阔发展前景，借助中国移动通信集团公司承诺向所有"全球通"客户提供免费邮寄话费账单服务，作为其实施"服务先行"发展战略措施之一的契机，积极与安徽省移动公司进行合作，签订移动账单寄递服务协议，并从优化服务入手，创新服务手段，得到移动公司的认可，促使全省移动账单寄递量不断上升。仅半年就为移动公司寄递账单 5 期 113 万份，实现业务收入 62 万元，占全省邮政账单业务量的 34%。

    问：这个案例对你有何启示？

三、练习题参考答案

（一）名词解释

1. 国际市场营销是指在国际市场上经营销售的业务活动。
2. 消费者市场是指为满足个人或家庭生活需要而购买商品或劳务的市场。
3. 市场营销观念是买方市场条件下以消费者为中心的营销观念。该观念认为，实现企业目标的关键是切实掌握目标消费者的需要和愿望，并以消费者需求为中心集中企业的一切资源和力量，设计、生产适销对路的产品，安排适当的市场营销组合，采取比竞争者更有效的策略来满足消费者的需求，获取利润。
4. 市场营销组合是指企业针对确定的目标市场，综合运用各种可能的营销手段，组合成一个系统化的整体策略，以便达到企业的经营目标。

（二）单项选择题

1. D   2. C   3. D   4. B

（三）多项选择题

1. ABCD   2. ABC   3. BDE

（四）判断题

1. ×   2. ×   3. ×   4. ×   5. ×

（五）案例分析题

答：观念指导行动，有什么样的观念，就会采取什么样的行动。因此，营销观念的正确与否对企业的市场营销活动具有至关重要的作用。

第十四章 国际市场营销环境

一、重难点分析

（一）国际市场营销的宏观环境

企业的国际市场营销环境包括微观环境和宏观环境。微观环境主要包括企业本身的状况、供应者、中间商、竞争者、顾客和各种公众，它们影响着企业的经营水平、经营素质以及为目标市场服务的能力。微观环境又要受到宏观环境中各种因素的制约和影响。宏观环境是指那些给企业带来营销机会和环境威胁的主要社会力量和社会条件，包括社会文化环境、经济环境、政治法律环境、技术环境、物质自然环境和金融环境等。

（二）国际市场营销的微观环境

企业的微观营销环境主要由企业的供应商、营销中介机构、顾客、竞争对手、社会公众以及企业内部参与营销决策的各部门组成。

二、练习题

（一）名词解释

1. 市场营销环境　　　　　　　　　2. 市场定位的4Cs

（二）单项选择题

1. 影响国际营销的核心因素是（　　）。
    A. 社会文化环境　　　　　　　B. 经济环境
    C. 科技环境　　　　　　　　　D. 政治法律环境
2. 下面哪部分收入是消费需求变化中最活跃的因素（　　）。
    A. 国民收入　　　　　　　　　B. 人均国民收入
    C. 个人可支配收入　　　　　　D. 个人可任意支配收入
3. 决定市场规模和潜力的一个基本要素是（　　）。
    A. 人口总量　　　　　　　　　B. 人口增长率
    C. 人口分布状况　　　　　　　D. 人口年龄结构
4. 市场定位的4Cs不包括下面哪个因素（　　）。
    A. 客户　　　　　　　　　　　B. 销售渠道

C. 竞争   D. 环境

（三）多项选择题

1. 市场机会具有如下特点（   ）。
   A. 针对性   B. 利益性
   C. 时效性   D. 公开性
   E. 永恒性

2. 企业营销活动要适应环境，必须做到（   ）。
   A. 企业营销要符合现有的营销环境
   B. 企业要善于从环境中寻找营销机会
   C. 企业要根据环境的变化调整营销策略
   D. 企业要以静制动，以不变应万变
   E. 企业要随波逐流

3. 人口对市场规模大小的影响主要表现在（   ）。
   A. 人口总量是决定市场规模和潜力的一个基本要素
   B. 人口增长率是预测市场前景的一个重要指标
   C. 人口分布状况对产品需求、促销方式、分销渠道都产生不同的影响
   D. 人口年龄结构、性别结构影响着市场的需求结构
   E. 家庭结构影响着产品的设计和包装

4. 收入对市场规模的影响主要表现在（   ）。
   A. 消费者收入是衡量市场规模及其质量的重要指标
   B. 国民生产总值是衡量一个国家购买力的重要指标
   C. 人均国民收入和家庭收入在一定程度上决定商品需求的构成
   D. 个人可支配收入越高，其购买力越大
   E. 个人可任意支配收入是影响非生活必需品和劳务销售的主要因素

（四）判断题

1. 语言文字的不同对企业的营销活动几乎没有什么影响。（   ）
2. 宗教信仰对教徒的消费行为具有鼓励和限制作用。（   ）
3. 在国际市场营销中，文化没有对与错、好与坏之分，只有差异。（   ）
4. 一个国家的基础设施越好，市场的吸引力也就越大。（   ）
5. 在一定的条件下，一个国家的人口越多，市场就越大。（   ）
6. 一些生活必需品的需求总是与人口数量成正比。（   ）

（五）案例分析题

1. 比利时的人均收入大约是印度的34倍，但印度国民生产总值大约是比利时的2倍，印度卡车、水泥和钢铁消费量是比利时的3倍。

   问：（1）使用人均收入指标就上述产品比较两国市场的大小对不对？
       （2）使用国民生产总值指标能否说明问题？

2. 美国的汽车制造业一度在世界上占霸主地位，而日本的汽车工业则是 20 世纪 50 年代学习美国发展起来的，但是，时隔 20 年，日本汽车制造业突飞猛进，充斥世界各地，把美国的汽车工业冲击得一塌糊涂。为什么会出现如此戏剧性的变化呢？

美国的汽车注重舒适豪华，当然比较耗油。在 60 年代，美国经济呈现一派繁荣景象，再加上石油价格低廉，当然汽车业发展迅速。但是，日本汽车制造商通过市场调查得出如下结论：①即将要发生世界性的能源危机，石油价格会很快上涨，因此，耗油量大的轿车面临危机，必须改产耗油量小的轿车来适应能源奇缺的环境；②随着汽车数量的增多，马路上车流量增加，停车场的收费会提高，因此，只有造小型车才能适应拥挤的马路和停车场；③在工业发达国家一个家庭只有一部汽车不能满足需要，潜力巨大。于是，日本汽车制造商研究制造出了物美价廉的小型节油轿车。在 70 年代的世界石油危机中，日本车横扫欧美市场，市场占有率不断提高，而欧美各国生产的传统豪华型轿车却因耗油大、成本高而销路大受影响。

问：（1）日本轿车为什么会后来居上？
　　（2）美国汽车业的失败对我国有何启示？

三、练习题参考答案

（一）名词解释

1. 市场营销环境是指与企业营销活动有潜在关系的所有外部力量和相关因素的集合，它是影响企业生存和发展的各种外部条件。

2. 市场定位的 4Cs 是指企业在进行市场定位时必须考虑客户（Customers）、销售渠道（Channels）、竞争（Competition）和作为公司（Company）自身的特点等四个因素。

（二）单项选择题

1. A　　　　2. D　　　　3. A　　　　4. D

（三）多项选择题

1. ABCD　　2. ABC　　　3. ABCDE　　4. ABCDE

（四）判断题

1. ×　　2. √　　3. √　　4. √　　5. √　　6. √

（五）案例分析题

1. 答：（1）使用人均收入指标就上述产品比较两国市场的大小是不对的。

（2）使用国民生产总值指标可以说明问题，因为印度国民生产总值大约是比利时的 2 倍。

2. 答：（1）注重环境分析，及时采取应对措施。

（2）胜不骄败不馁，时常看看周围环境，利用机会，规避威胁。

第十五章 购买者行为分析

一、重难点分析

(一) 消费者和消费者行为

狭义的消费者,是指购买、使用各种消费品或服务的个人与家庭;广义的消费者,是指购买、使用各种产品与服务的个人或组织。本节主要从狭义的消费者角度讨论消费者行为。

消费者行为是指消费者为获取、使用、处置消费物品或服务所采取的各种行动,包括先于且决定这些行动的决策过程。

(二) 消费者市场的特点

1. 发展性

人们的需求是无止境的,永远不会停留在一个水平上。

2. 多层次性

尽管人们会同时存在多种多样的需要,但往往不可能同时得到满足,故而要按照个人的收入情况、支付能力和客观条件的可能,根据需要的轻重缓急,有序地逐步实现。

3. 分散性

消费者人数众多,分布可能遍及全球,每次购买量较少而购买频率很高。

4. 复杂多变性

消费者人数众多,个体差异性很大,对不同商品或同类商品不同品种、规格、性能、式样、服务、价格等方面会有多种多样的需求。

5. 替代性

消费品种类多、品牌多,而顾客的需求也多,往往要在有限购买力的约束下尽可能满足无限的需要,这就使得顾客在购买时往往会左顾右盼、东挑西拣,因而消费品间经常可以相互替代。

6. 可诱导性

消费者需求的产生,有些是本能的、生而有之的,但大部分是与外界的刺激诱导有关的。

(三) 消费者购买行为模式

1. "经济人" 模式

这种理论认为,购买者是"经济人","经济人"的决策行为追求合理和理智,购买者购买决策的作出是建立在一大堆理性的、清醒的经济计算的基础上的。

用经济学模式分析购买行为,注重产品的价格和性能因素,强调的是消费者购买的经济动机对购买行为的影响,要求商家注重产品的高性价比。

2. "心理学" 模式

这种理论认为，人的行为是由动机支配的，而动机是由需要引起的。所谓需要，就是客观刺激通过人体感官作用于人脑所引起的某种缺乏状态。动机引起行为，维持行为，并引导行为去满足某种需要。

消费者行为受消费动机支配，而动机又是由需要产生的。最有代表性的需要理论是马斯洛的需要层次论，马斯洛将人类需要按由低级到高级的顺序分成五个层次或五种基本类型：①生理需要；②安全需要；③归属和爱的需要；④自尊的需要；⑤自我实现的需要。

3. "整合" 模式

这一模式综合考虑了消费者在购买时所受到的各方面因素的制约，在认为人类是社会的人、遵从共同的大众文化的标准及形式的基础上，提出了人们的需求和行为既要受到内外刺激和社会群体的压力和影响，又充分受到个人需要的制约，最终的决策行为是这些因素综合作用的结果。

整合模式对营销人员的活动有重要的指导意义，要综合考虑营销刺激、消费者自身特点及其社会文化背景对购买决策的影响。

4. "7Os" 分析法

在具体分析研究消费者的购买行为时，经常采用 "7Os" 分析法，即购买者（Occupants）、购买对象（Objects）、购买目的（Objectives）、购买组织（Organizations）、购买时间（Occasions）、购买地点（Outlets）、购买行为（Operations）。

营销人员在研究消费者购买行为时，应对以上七个问题进行认真分析，以有效地制定自己的营销组合策略。

（四）影响消费者购买的主要因素分析

1. 文化因素

文化因素包括思想、道德、科学、哲学、艺术、宗教、价值观、审美观、信仰、风俗习惯等方面的内容。文化是人类欲望和行为最基本的决定因素，人类行为大部分是学习而来的，在社会中成长的儿童通过其家庭和其他主要机构的社会化过程学到了基本的一套价值、知觉、偏好和行为的整体观念。文化是一种社会现象，不同社会或国家的文化往往存在着较大的差异。社会文化通过各种方式和途径向社会成员传输着社会规范和价值准则，影响着社会成员的行为模式。大部分人尊重他们的文化，接受他们文化中共同的价值准则，遵循其中的道德规范和风俗习惯。所以，文化对消费者的需求与购买行为具有强烈而广泛的影响。

2. 社会因素

消费者的购买行为同样也受到一系列社会因素的影响，如消费者的参考群体、家庭和社会角色与地位。

3. 个人因素

消费者在购买决策中，也受到个人特征的影响，特别是受到其年龄所处的生命周期阶段、教育程度、职业、经济环境、生活方式、个性以及自我观念的影响。

4. 心理因素

消费者的购买行为也受到四种主要心理因素的影响，即动机、知觉、学习以及信念和态度。动机是一种需要，它能够及时引导人们去探求满足需要的目标。而知觉取决于物质刺激物的特征，同时还依赖于刺激物与周围环境的关系（形态观念）以及个人所处的状况。

5. 营销因素

消费者在购买时还受到企业营销组合策略的影响，主要包括产品定位、产品品牌、产品功能、产品包装、附加产品、产品定价、产品购买的方便性、产品促销策略、产品陈列、售后服务、营销工作人员形象和态度等方面。这些内容在以后的章节将一一分述，在此不再介绍。

（五）消费者购买决策过程

1. 购买决策的参与者

消费者消费虽然大多数是以一个家庭为单位，但参与购买决策的通常并非一个家庭的全体成员，许多时候是一个家庭的某个成员或某几个成员，而且由几个家庭成员组成的购买决策层，其各自扮演的角色亦是有区别的。人们在一项购买决策过程中可能充当以下角色：发起者、影响者、决策者、购买者、使用者。

2. 消费品的分类

以消费者的购买习惯为标准，消费品一般可分为三类，即便利品、选购品、奢侈品。

3. 购买行为的类型

消费者在购买商品时，会因商品价格、购买频率的不同而投入购买的程度不同。西方学者根据购买者在购买过程中参与者的介入程度和品牌间的差异程度，将消费者的购买行为分为四种类型：①复杂的购买行为；②减少失调感的购买行为；③广泛选择的购买行为；④习惯性的购买行为。

4. 购买决策过程

消费者的购买决策过程主要经历确认某种需要、搜寻可行方案、评估可行方案、制定采购决策和购后行为五个阶段。这个模式强调了购买过程早在实际购买发生之前就开始了，并且购买之后很久还会有持续影响。

（六）组织市场的概念、类型和特点

组织市场是指工商企业为从事生产、销售等业务活动以及政府部门和非营利团体为履行职责而购买产品和服务所构成的市场，它是以某种组织为购买单位的购买者所构成的法人市场。组织市场一般包括生产者市场、中间商市场、非营利团体市场三种类型。

组织市场有以下特点：①购买者的数量较少，购买者的规模较大；②购买者地理位置较集中；③派生需求；④需求弹性小；⑤需求波动大；⑥一手采购且决策复杂；⑦互惠合作。

（七）生产者市场

生产者市场又称工业品市场或生产资料市场，是指购买产品或服务用于制造其他产品或服务，然后销售或租赁给他人以获取利润的单位和个人。

生产者市场主要有以下特点：非最终消费产品、技术性强、批量采购。

生产者购买的产品，一般可分为原材料、主要设备、附属设备、零配件、半成品和消耗品。生产者购买的类型可分为三种：直接重购、修正重购和新购。

（八）中间商市场

（1）中间商市场是由那些购买货物并将其转卖或出租给他人以获取利润的所有组织和个人组成的。

（2）中间商市场的购买对象。中间商的经营对象与其确定的经营方向和产品战略有着直接的关系，而产品决策是中间商购买决策中最主要的内容，它决定中间商的市场地位。中间商进行产品决策时有以下四种选择：独家产品策略、专业产品策略、行业产品策略、广泛产品策略。

（3）中间商购买的类型。中间商市场的购买行为一般可分为以下四种类型：直接重购、修正交易条件重购、选择货源新购、完全新购。

（九）影响组织市场购买行为的主要因素

影响组织市场购买行为的因素主要有四个：环境因素、组织因素、人际因素和个人因素。

（1）环境因素。环境因素主要包括国际政治法律环境、经济环境、社会文化环境、科技环境及自然环境等方面。

（2）组织因素。影响组织市场购买行为的组织因素主要包括两个变量：一个是采购部门在组织中的地位，另一个是组织采购的发展趋势。

（3）人际因素。一般来说，组织市场的购买决策是由组织中各个部门和各个不同层次的人员组成的"采购中心"作出的。

（4）个人因素。组织市场的购买行为虽为理性活动，但参加采购决策的仍然是一个一个具体的人，而组织成员对同一个产品或服务的评价或评估标准并不相同，都不可避免地受其性别、年龄、收入、核心关注指标、专业经历、所受教育、职位和个人特性以及对风险态度的影响。

二、练习题

（一）名词解释

1. 消费者行为　　　　2. 需要　　　　3. 耐用品
4. 生产者市场　　　　5. 中间商市场

（二）单项选择题

1. 一个人经常表现出来的、比较稳定又带有一定倾向性的各种心理特征被称为（　　）。

    A. 兴趣爱好　　　　　　　　B. 能力

    C. 气质　　　　　　　　　　D. 个性

2. 消费者对其有特殊偏好并愿意花较多时间去购买的商品被称为（　　）。

    A. 便利品　　　　　　　　　B. 奢侈品

    C. 消耗品　　　　　　　　　D. 耐用品

3. 由购买产品或服务用于制造其他产品或服务，然后再销售或租赁给他人以获取利润的单位和个人组成的市场被称为（　　　）。

    A. 组织市场
        B. 生产者市场

    C. 中间商市场
        D. 非营利团体市场

4. 经过初步加工，以供生产者生产新产品的产品被称为（　　　）。

    A. 成品
        B. 半成品

    C. 原材料
        D. 机器设备

5. 下面对消费者信息来源渠道的叙述错误的是（　　　）。

    A. 个人来源，包括家庭、朋友、同事、熟人等

    B. 商业来源，包括广告、推销员、经销商、产品包装、展览等

    C. 公共来源，包括大众传播媒体的相关报道

    D. 以上说法都不正确

（三）多项选择题

1. 通常情况下，影响组织购买行为的主要因素有（　　　）。

    A. 环境因素
        B. 组织因素

    C. 人际因素
        D. 个人因素

    E. 非个人因素

2. 消费者市场具有如下特点（　　　）。

    A. 发展性
        B. 多层次性

    C. 可诱导性
        D. 复杂多变性

    E. 替代性

3. 西方学者根据购买者在购买过程中参与者的介入程度和品牌间的差异程度将消费者的购买行为分为四种类型，分别是（　　　）。

    A. 复杂的购买行为
        B. 减少失调感的购买行为

    C. 广泛选择的购买行为
        D. 习惯性的购买行为

    E. 幸福的购买行为

4. 人们在一项购买决策过程中可能充当如下角色（　　　）。

    A. 发起者
        B. 影响者

    C. 决策者
        D. 购买者

    E. 使用者

（四）判断题

1. 一个人同时可能存在多种需要，而每一种需要都会产生购买动机。（　　　）

2. 产品在被购买之后，营销人员的工作就已经结束。（　　　）

3. 生产者市场是一切市场的基础，是最终起决定作用的市场。（　　　）

4. 人的行为是由动机支配的，而动机是由需要引起的。（　　　）

5. 营销员必须识别目标顾客的参考群体，特别是参考群体的"意见带头人"。（　　　）

6. 消费者评价和选择商品一般会以产品的让渡价值作为衡量标准，消费者都期望获得

尽可能大的让渡价值。（　　）

7. 中间商市场较生产者市场对价格的敏感性强。（　　）

（五）案例分析题

1. 广州女人讲究实惠，崇尚及时享乐，也很懂得享受，举凡有什么衣食住行的新鲜玩意，她们奔走相约，第一时间去玩乐，大手笔地花钱，有多少花多少而不考虑储蓄起来未雨绸缪以备不时之需，所以，广州女人的银行存折里通常空空如也。

广州女人，最能体现广州人的精明。她们精打细算，不会将钱花在打扮上。所以广州女人务实、贤惠。走在西关街道上，你随处可见广州女人勤劳的身影，在大小商铺里她们往往是掌事人，雷厉风行，指挥若定，男人也只是她们的配角。广州女人在家庭里任劳任怨，大小事务一揽在身。

广州女人，温柔体贴。她们一般甘为内助，男人在外拼搏，她们则留守家中奉养老人、抚养孩子，为男人分忧。

广州女人，正有如广州市花红棉花那样，春暖花开之际，鲜艳美丽；寒风凛冽，傲然挺立，不屈不挠地存活下来。

问：（1）向广州女人推销时装是否可行？为什么？

　　（2）向广州女人推销什么产品比较好？

2. 日本日绵公司主要经营陶瓷器生意，在日本，他们经营的高级陶瓷器非常畅销。但在开拓美国市场时却遇到了挫折。日绵公司经过仔细的调查研究发现，过去专门销售陶瓷器的百货公司效率很低，运转速度慢，产品销量不大。于是，他们改用超级市场来销售，把陶瓷器摆到了纽约的各家超级市场里，占据了橱窗的醒目位置，销量也因此显著上升。

为了进一步扩大销量，该公司对美国大众习惯心理和消费行为进行了认真分析，制订了一套完整的销售计划：立足超级市场，化整为零，聚件成套。其具体做法是：

第一步，在超级市场推出四个一组的陶瓷咖啡杯，同时赠送购买者四个咖啡碟子；

第二步，当咖啡杯卖出相当数量的时候，以较高的价格开始出售糖罐，因为喝咖啡要加糖，所以买了咖啡杯，就要买糖罐；

第三步，当糖罐卖出相当数量的时候，再以更高的价格开始出售陶瓷调羹、托盘和碟子。

前后推出的这几种产品在花样、色泽、质地等方面完全一致，风格完全一样，购置全了可配成一套喝咖啡的精美用具。该计划使日绵公司大获成功，获得了丰厚的利润。

美国是个咖啡消费大国，推出咖啡陶瓷用具是选对了市场；美国人对日常用具很讲究配套和特色，该公司运用独到的销售法，先以低价和馈赠吸引美国顾客的购买，再以高价出售配套的糖罐、调羹等，利用美国人对日用品讲究配套的心理特点，分阶段地实施销售计划，使美国人欲罢不能，最终达到了扩大瓷器销量的目的。

问：（1）日本日绵公司是如何开拓美国市场的？

　　（2）日本日绵公司利用了美国人的什么消费心理？

　　（3）我们从日本日绵公司销售的成功中可以得到什么启示？

三、练习题参考答案

（一）名词解释

1. 消费者行为是指消费者为获取、使用、处置消费物品或服务所采取的各种行动，包括先于且决定这些行动的决策过程。

2. 需要是指客观刺激通过人体感官作用于人脑所引起的某种缺乏状态。

3. 耐用品是指能多次使用、寿命较长的商品，如电视机、电冰箱、音响、电脑等。

4. 生产者市场是指购买产品或服务用于制造其他产品或服务，然后销售或租赁给他人以获取利润的单位和个人。

5. 中间商市场是指购买产品用于转售或租赁以获取利润的单位和个人，包括批发商和零售商。

（二）单项选择题

1. D   2. B   3. B   4. B   5. D

（三）多项选择题

1. ABC   2. ABCDE   3. ABCD   4. ABCDE

（四）判断题

1. √   2. ×   3. ×   4. √   5. √

6. √   7. √

（五）案例分析题

1. 答：（1）一般来说不可行，因为广州女人讲究实惠，不愿将钱花在时装上，她们宁可购买换季服装；广州女人是贤内助，在家中奉养老人、抚养孩子，她们宁可穿着休闲服装。

（2）大致有这么几类：实惠的、与吃喝玩乐有关的、休闲的。

2. 答：（1）先是利用专门销售陶瓷器的百货公司；遇到挫折后进行市场调研，转而改用超级市场来销售，走出困境；为了扩大销售，通过对美国大众习惯心理和消费行为的认真分析，制订了一套独特的销售计划，获得成功。

（2）美国人对日常用具很讲究配套和特色。

（3）面对挫折不气馁，调查研究找原因；面对成绩不自满，独具匠心扩战果。

第十六章　国际市场细分、目标营销与市场定位

一、重难点分析

（一）国际市场细分

市场细分是指企业通过调查分析顾客的不同需求和欲望，依据某种标准将顾客划分为若干个顾客群。国际市场细分（International Market Segmentation）是市场细分概念在国际营销中的运用。国际市场细分具有宏观细分和微观细分两个方面的含义。

国际市场细分的原则：①可衡量性；②可进入性；③有实效性；④相对稳定性。

（二）国际市场细分的标准

1．国际市场宏观细分的标准

①地理位置；②经济标准；③文化标准。

2．国际市场微观细分的标准

（1）消费者市场的细分标准：①地理位置；②人口标准；③心理标准；④性格标准；⑤行为标准。

（2）生产者市场的细分标准：①用户要求；②用户规模；③地理位置。

（三）国际市场细分的方法

国际市场细分的方法可分为全球市场细分、国家市场细分和混合市场细分三种方法。

全球市场细分是指国际企业对于全球市场进行市场细分时，以个人社会经济背景、心理特征或行为特点作为首要的划分基础。

国家市场细分是指国际企业对于全球市场进行市场细分时，以地理位置（国家）作为首要的划分基础，接着在不同的国家市场内，以个人社会经济背景、心理变数或行为变数进行第二次市场细分的基础。

混合市场细分是兼采取全球市场细分以及国家市场细分的方法。

（四）国际市场细分的作用

（1）有利于企业发现新的市场机会。

（2）有利于企业制订适当的营销方案。

（3）有利于企业扬长避短，获得竞争优势。

（五）目标市场与目标营销

所谓目标市场（Target Market），是指企业所确定的作为自己经营对象的某些特定需要的顾客，也可以说是企业的服务对象或企业产品的销售市场。

所谓目标营销（Target Marketing），是指企业在市场细分的基础上，选择一个或若干个子市场作为目标市场，并制定相应的营销策略的过程。

（六）目标营销策略

1. 无差异性营销策略

无差异性营销策略，就是企业把一类产品的整体市场看作一个大的目标市场，用一种标准化的营销组合策略，努力吸引更多顾客。

无差异性营销策略的优点是能够有效降低成本，获得规模经济效益。其缺点是如果同类企业也采用这种策略时，必然会出现这样一种情形：一方面大市场上形成激烈竞争，另一方面细小市场的需求得不到满足，这种趋势被库恩（Kuehn）和戴（Day）称为"多数谬误"。

2. 差异性营销策略

差异性营销策略是指企业把一类产品的整体市场细分为若干个子市场，从中选择多数甚至全部子市场作为自己的目标市场，并为每个目标市场制订不同的市场营销组合方案。

差异性营销策略的优点是能满足不同消费者的不同要求，增加企业的竞争能力，扩大销售额，提高市场占有率。其缺点是由于产品和促销方式的差异化，增加了管理难度，提高了生产和销售费用。目前，只有力量雄厚的大公司采用这种策略。

3. 集中性营销策略

集中性营销策略就是在细分后的市场上，选择两个或少数几个细分市场作为目标市场，实行专业化生产和销售。

采用集中性市场策略，能集中优势力量，提供最佳服务，提高企业和产品的知名度；由于生产和营销的集中性，使企业经营成本降低。但采用该策略的企业也面临较大的经营风险，因为它的目标市场范围小，品种单一。

三种目标市场策略各有利弊。选择目标市场时，必须考虑企业面临的各种因素和条件，如企业规模和原料的供应、产品类似性、市场类似性、产品寿命周期、竞争的目标市场等。

（七）市场定位

所谓市场定位，就是确立企业及产品的整体形象在目标市场上或者说在目标顾客心目中的位置的过程。

在市场营销过程中，被企业采用的定位策略主要有两种：

1. 竞争定位法

即在现有竞争者某品种的同一位置或附近确定本企业产品的市场位置，努力争取占领市场与扩大销售额。采取这种定位决策，必须考虑以下条件：

（1）企业的生产技术、质量水平比竞争者强，能生产出比竞争者更好的产品。

（2）市场潜力和市场容量必须能够容纳两个或两个以上的竞争者。

（3）企业有足够的实力，当这类产品价格调整（降价）时，企业产品仍能适应。

具备上述条件的企业，则有可能在现有市场中争得一席之地，甚至击败竞争对手。

2. 补缺定位法

在分析现有产品市场定位中，如果发现有远离竞争的"空档"（这个"空档"，可能是需要高技术，也可能是需要大量投资等）还未被竞争者占领，企业可采取补缺的办法为本企业产品定位，使自己的产品具有市场优势，避免同行业的竞争威胁。采取这种市场定位决策，必须具备以下条件：

（1）开发此新产品，必须具有足够的市场容量，即有足够需求量的确定的消费者。

（2）企业开发补缺产品，必须具有生产技术，经济合理。

（3）企业开发的补缺产品与竞争品相比，必须具有明显的差异性。

二、练习题

（一）名词解释

1. 国际市场细分　　2. 目标市场　　3. 国家市场细分

4. 差异性营销策略　　5. 市场定位

（二）单项选择题

1. 下列消费者市场细分的依据中，属于依据人口变量的是（　　）。

    A. 生活方式　　　　　　　　B. 家庭规模

    C. 城市农村　　　　　　　　D. 个性

2. 按照收入水平来细分市场和选择目标市场，属于（　　）。

    A. 人口细分　　　　　　　　B. 心理细分

    C. 行为细分　　　　　　　　D. 地理细分

3. 对于资源有限的中小企业，或是初次进入新市场的大企业，适用（　　）。

    A. 无差异市场营销　　　　　　B. 差异市场营销

    C. 集中市场营销　　　　　　　D. 统一市场营销

4. 如果企业资源雄厚，可以考虑实行（　　）。

    A. 无差异市场营销　　　　　　B. 差异市场营销

    C. 集中市场营销　　　　　　　D. 统一市场营销

5. 对于同质产品或需求上共性较大的产品，一般宜实行（　　）。

    A. 无差异市场营销　　　　　　B. 差异市场营销

    C. 集中市场营销　　　　　　　D. 统一市场营销

6. 产品进入成熟期，竞争日益激烈时，应采用（　　）。

    A. 无差异市场营销　　　　　　B. 差异市场营销

    C. 集中市场营销　　　　　　　D. 统一市场营销

（三）多项选择题

1. 市场细分应坚持的原则有（　　）。

    A. 可衡量性　　　　　　　　B. 可进入性

    C. 有实效性　　　　　　　　D. 相对稳定性

    E. 可实践性

2. 企业在选择目标市场营销战略时，应考虑（　　）。

    A. 企业资源　　　　　　　　B. 产品同质性

C. 市场同质性   D. 产品生命周期

E. 竞争对手的战略

3. 企业在分别对各个细分市场进行分析评价时，需要了解它们的（　　　）。

A. 潜在需求   B. 竞争状况

C. 竞争趋势   D. 盈利的可能性

E. 数量

（四）判断题

1. 市场细分越细越好。（　　　）

2. 市场细分既不能过粗，又不能过细。（　　　）

3. 经市场细分后的目标市场，应该可以接近这些消费者以从事各种行销活动。（　　　）

4. 市场细分是为了选择目标市场，但不等于每个细分市场都是企业的目标市场。（　　　）

5. 理想的细分市场是同一个细分市场内消费者的行为极其类似，而不同的细分市场内消费者的行为完全不同。（　　　）

6. 适合自己的市场才是好市场。（　　　）

7. 并不是细分市场的销售量越大越好，这里的关键是销售量要同公司的实力相称。（　　　）

8. 市场定位不是对产品做什么，而是对潜在消费者的心做什么。（　　　）

9. 定位不是要如何去掌握消费者的心，而是要如何去开发和生产产品。（　　　）

10. 细分市场的销售量越大越好。（　　　）

（五）案例分析题

1. 1902年，J.C贝尼在美国怀俄明州创立了经营大众化商品的贝尼百货公司。到了20世纪50年代，贝尼公司已发展成为1 700多家分店的大型连锁百货公司，但营业利润出现了滑坡趋势。该公司通过调查发现：贝尼公司的百货商店里顾客虽然不少，但缺少一种兴旺的气氛；顾客中老年人居多，青年人很少，没有青年人活动，商店里的气氛自然"偏冷"；商品陈旧，经营方式缺乏时代感。

时任副总经理的柏泰思向公司递交了一份建议书，提出了独到的销售理论："现代社会中，由于个人收入的不断增加，人们对消费资金的使用不再局限于生活必需品，而是更多地着眼于那些能满足心理欲望的商品。因此，与其出售实用性的商品，不如以流行、奢侈类的商品来代替，应用创造性营销更具有重要意义。"经过一番讨论，柏泰思的经营方案正式付诸实施。

柏泰思坚持以青年为主要销售对象，贝尼公司的商品突出"美姿和流行"的特色，最先开发出了至今仍畅销世界的长丝袜和迷你裙。1963年，柏泰思还成功地创办了一家包罗万象的百货商场，里面除了经营流行衣料、家具、化妆品、家用电器等商品外，还有美容院、餐馆、电影院、游艺场等。这种丰富多彩的经营环境对消费者，特别是对于那些精力旺盛的青年消费者来说，具有极大的吸引力，贝尼公司的商店变得"热闹"了。

问：（1）贝尼公司采取了什么措施使商店里的气氛由"冷"变"热"了？

（2）贝尼公司在经营过程中采取的是什么营销策略？

2. TTK 公司是英国一著名化妆品公司，该公司近期开发出了一种适合东方女性需求特点的具有抗衰老功效的系列化妆品，并在多个国家获得了专利保护。营销部经理初步分析了亚洲各国和地区的情况，首选中国作为目标市场。为迅速掌握中国市场的情况，公司派人员来中国进行实地调研。调查显示，中国市场需求量大，购买力强，且没有同类产品竞争。在调查基础上又按年龄层次将中国女性化妆品市场划分为 15～18 岁、18～25 岁（婚前）、25～35 岁及 35 岁以上四个子市场，并选择了其中最大的一个子市场进行重点开发。

问：（1）该公司进行市场细分的细分变量主要是什么？其他可供选择的变量还有哪些？

（2）根据中国市场的特点，公司选择的最大子市场应该是哪个？为什么？

三、练习题参考答案

（一）名词解释

1. 国际市场细分是市场细分概念在国际营销中的运用。国际市场细分具有两个方面的含义：一是宏观细分，根据某种标准将整个世界划分为若干个子市场，每一个子市场具有基本相同的营销环境；二是微观细分，企业进入某一国外市场后，根据某种标准将其划分为若干个子市场。

2. 目标市场就是指企业所确定的作为自己经营对象的某些特定需要的顾客，也可以说是企业的服务对象或企业产品的销售市场。

3. 国家市场细分是指国际企业对于全球市场进行市场细分时，以地理位置（国家）作为首要的划分基础，接着在不同的国家市场内，以个人社会经济背景、心理变数或行为变数进行第二次市场细分的基础。

4. 差异性营销策略是指企业把一类产品的整体市场细分为若干个子市场，从中选择多数甚至全部子市场作为自己的目标市场，并为每个目标市场制订不同的市场营销组合方案。

5. 市场定位就是确立企业及产品的整体形象在目标市场上或者说在目标顾客心目中的位置的过程。

（二）单项选择题

1. B 　　2. A 　　3. C 　　4. B 　　5. A 　　6. B

（三）多项选择题

1. ABCD 　　2. ABCDE 　　3. ABCD

（四）判断题

1. × 　　2. √ 　　3. √ 　　4. √ 　　5. √

6. √ 　　7. √ 　　8. √ 　　9. × 　　10. ×

（五）案例分析题

1. 答：（1）调整目标市场，以青年为主要销售对象，针对青年人的特点开发产品，商品突出"美姿和流行"的特色。

（2）贝尼公司在经营过程中采取的是目标市场营销策略。实行该策略需要做好以下几步：①市场细分与评估；②目标市场选择；③市场定位。

2. 答：（1）该公司进行市场细分的细分变量主要是地理标准和人口标准里的年龄变量。其他可供选择的变量还有心理标准、性格标准和行为标准。

（2）根据中国市场的特点，公司选择的最大子市场应该是 35 岁以上的女性化妆品市场，因为这个年龄最怕衰老，而且购买力较强。

第十七章　国际产品策略

一、重难点分析

（一）整体产品的概念

从整体产品的概念出发，产品可分解为三个层次：核心产品、形式产品、附加产品。

1. 核心产品

这是产品最基本的层次，是顾客购买的核心内容，是购买者期望从产品中获得的基本利益和效用。

2. 形式产品

这是产品的基本形态，是核心产品的具体表现形式。

3. 附加产品

这是产品整体概念中的第四个层次，也是越来越受到企业重视的层次。它是产品带给顾客的附加利益，对产品提供安装、保证、信贷和售后服务等。

（二）标准化产品策略与个性化产品策略

1. 标准化产品策略

采用国际标准化产品策略，能够大幅度降低成本，取得规模经济，树立全球统一的品牌和形象。此外，还能够满足顾客流动性的需要，方便消费者使用，增加消费者对该产品的忠诚度。但标准化产品策略具有适应性差的缺点，难以满足世界各国（地区）人们不同的需求，从而失去市场机会。

2. 个性化产品策略

采用个性化产品策略，能够更好地满足不同国家（地区）的需求，增加产品的竞争力，但势必会带来成本的增加。

（三）产品修改策略

影响产品修改的因素包括：产品规格及度量衡制度、文化背景、消费者的需求、地理环境。

（四）有品牌和无品牌

无品牌具有降低营销费用的优点。由于没有品牌，厂商可以免除大量的促销和包装费用，不必在营销上花费大量成本。但是，无品牌策略容易导致价格上的激烈竞争。在没有品牌的情况下，消费者难以分辨品质，以至于价格在购买决策上扮演了更加重要的角色，于是价格上的竞争就更加激烈，厂商的利润因而减少。

（五）中间商品牌和制造商品牌

1. 中间商品牌

对生产者而言，使用国外中间商品牌有下列优点：营销成本较低，可迅速进入国外市场。但也有如下缺点：利润低，不能控制国外营销通道，中间商可任意更换供货商。

2. 制造商品牌

采取制造商品牌，对于制造商而言，可望获得较好的利润以及对国外营销通道的控制权，此时制造商已成为营销活动的主角，中间商只是配合制造商销售商品以获取佣金而已，大部分的销售利润已由制造商获取，这是生产者乐于采用自我品牌的原因。但是，制造商在采用自己的品牌时，需要在促销上花费大量资金，如果制造商对于国外市场不熟悉，可能会发生浪费巨额营销费用却无法进入国外市场的窘境。所以，对于财力不足的小公司和缺乏国际营销经验的公司而言，不敢贸然采用制造商品牌。

（六）个性品牌和家族品牌

个性品牌又称多种品牌，是指企业对不同的产品分别使用不同的品牌，以不同的品牌显示产品的不同特色和档次。家族品牌又称统一品牌，是指企业对各种产品都使用统一品牌。

（七）地区品牌和全球品牌

采取地区品牌，有利于相同产品在不同国家间进行市场区隔，避免水货的干扰，避免某些品牌名称翻译成当地语言时产生不良影响，但也有营销成本较高的缺点。

采用全球品牌，能降低营销成本，易于建立品牌形象。但缺点也不少，主要在于全球品牌名称翻译成当地语言时可能招致误解。此外，也不利于各国之间进行市场区分，还可能面临水货的困扰。

（八）产品生命周期

产品生命周期（Product Life Cycle，简称PLC）是一种拟人化的观念，把产品比喻成一个人的生命历程。依照产品销售量的多寡，产品生命周期可分为介绍期、成长期、成熟期及衰退期等四个阶段。在介绍期时，由于产品刚上市，销售量偏低，不但需要大量的广告以增强产品的知名度，而且还需要负担巨额的研发费用及生产成本，因此可能会发生亏损；进入成长期以后，因为竞争对手不多，而且需求逐渐上升，因此企业有丰厚的利润；在成熟期，由于销售量已经相当稳定，竞争者却相当多，故利润不高；进入衰退期时，消费者的需求已经减少，故利润微薄。

国际产品生命周期（International Product Life Cycle，简称IPLC）是指新产品进入国际市场的过程，可分成介绍期、成长期和成熟（标准化）期。

二、练习题

（一）名词解释

1. 营销组合   2. 产品   3. 产品生命周期

（二）单项选择题

1. （　　）是产品的最基本的层次，是顾客购买的核心内容，是购买者期望从产品中获得的基本利益和效用。

    A. 期望产品   B. 延伸产品

    C. 核心产品   D. 潜在产品

2. 每种产品实质上是为满足市场需要而提供的（　　）。

    A. 服务   B. 质量

    C. 效用   D. 功能

3. 在国际市场上，（　　）部分已成为企业竞争的主体战场。

    A. 期望产品   B. 附加产品

    C. 核心产品   D. 潜在产品

4. 消费者在习惯上不苛求其品质或不易分辨其品质的产品适宜采用（　　）策略。

    A. 有品牌   B. 无品牌

    C. 中间商品牌   D. 制造商品牌

5. 采用（　　）策略，有可能导致水货的困扰。

    A. 地区品牌   B. 全球品牌

    C. 个别品牌   D. 家族品牌

6. 销售量相当稳定，竞争者却相当多，利润不高的是（　　）。

    A. 幼稚期   B. 成长期

    C. 成熟期   D. 衰退期

7. 我国对商标的认定坚持（　　）原则。

    A. 注册在先   B. 使用优先辅以注册优先

    C. 使用在先   D. 注册优先辅以使用优先

8. 为了使包装成为激发顾客购买欲望的主要诱因，客观要求在包装设计中注重（　　）。

    A. 差异性   B. 安全性

    C. 便利性   D. 艺术性

9. 水货进口商主要经营的是（　　）产品。

    A. 地区性知名品牌   B. 高价

    C. 低价   D. 全球性知名品牌

（三）多项选择题

1. 整体产品概念的三个层次是指（　　）。

A. 核心产品　　　　　　　　B. 形式产品

C. 期望产品　　　　　　　　D. 附加产品

2. （　　）产品适宜采用标准化策略。

　　A. 资本密集的　　　　　　　B. 劳动密集的

　　C. 生命周期短的　　　　　　D. 对售后服务要求不高的

3. 采用个性品牌策略的优点在于（　　）。

　　A. 有利于争取市场占有率　　B. 有利于市场区隔

　　C. 分散风险　　　　　　　　D. 成本低

4. 国际品牌的意义在于（　　）。

　　A. 识别强化企业形象　　　　B. 建立顾客忠诚度

　　C. 树立全球统一品牌　　　　D. 取得法律保护

5. 对处于产品生命周期衰退阶段的产品，可供选择的营销策略是（　　）。

　　A. 集中策略　　　　　　　　B. 扩张策略

　　C. 维持策略　　　　　　　　D. 竞争策略

　　E. 榨取策略

6. 包装的营销作用主要表现在（　　）。

　　A. 增加美感　　　　　　　　B. 保护商品

　　C. 便于携带使用　　　　　　D. 促进销售

　　E. 增加消费者利益

7. 水货市场持续成长的原因在于（　　）。

　　A. 全球性品牌　　　　　　　B. 全球化标准包装

　　C. 产品价差大　　　　　　　D. 国外有稳定的货源

（四）判断题

1. 核心产品必须具有满足需求的基本效用或利益以及特定的形式。（　　）

2. 在国际市场上，附加产品部分已成为企业竞争的主体战场。（　　）

3. 相对于耐用生活消费品而言，非耐用生活消费品更需要个性化。（　　）

4. 财力不足的小公司和缺乏国际营销经验的公司，不宜采用制造商品牌。（　　）

5. 个性化产品策略具有适应性差的缺点，难以满足世界各国（地区）人们不同的需求，从而失去市场机会。（　　）

6. 采用个性品牌策略可以分散风险，但具有高成本的缺点。（　　）

7. 产品市场生命周期的长短，主要取决于企业的人才、资金、技术等实力。（　　）

8. 不同的产品种类，其产品生命周期曲线的形态亦不相同。（　　）

9. 生命周期很短的产品，宜采取标准化策略以利迅速回收所投入的成本。（　　）

10. 新产品处于导入期时，竞争形势并不严峻，而企业承担的市场风险却最大。（　　）

（五）案例分析题

1. 瑞士斯沃琪手表每年都推出两款有数量限制的时尚手表。只有斯沃琪俱乐部成员有权竞价购买它们。斯沃琪手表每次销售 4 万只，但收到的订单却有 10 万份以上，它只能以抽签的形式来挑选 4 万名幸运者购买该手表。

问：斯沃琪手表的成功给我们什么启示？

2. 欧洲各国的插头不统一，电压也不同。电气制造商飞利浦公司仅为了服务欧洲市场就必须制作 13 种电熨斗，原因在于欧洲没有相应的统一标准。电熨斗的两端装满适合各个国家的不同插头，有些插头有三个叉，有些有两个；有些叉是直的，有些是斜的；有些是圆的，有些是长方形的；有的厚，有的薄；有的带套；插头的面有圆形、方形、五边形和六边形；有些插头是孔状的，有些是凸出的；法国插头像钥匙孔，英国插头配有保险丝。

欧洲插头和插座的多种多样，部分是因为欧洲不同国家的电压和电波不同。但采用不同标准也有其他原因，例如，保护当地生产企业。由于缺乏统一的欧洲标准而产生的成本估计在 600 亿 ~ 800 亿美元之间，或相当于欧盟商品和服务产值的 3%。

问：飞利浦公司在欧洲市场上只能采用什么产品策略？它有什么优缺点？

3. 在 20 世纪 70 年代早期，法国巨型超市家乐福在其商店推出一系列"无品牌"商品。未注册产品是无品牌、包装简易、不太昂贵的普通商品，如细条实心面、面巾纸以及罐头桃子。它们提供标准质量或者较低质量的产品，其售价可能低于在全国范围内做广告的品牌产品的 20% ~ 40%，低于有专属标记品牌产品的 10% ~ 20%。这些产品之所以售价较低，是因为使用的产品配料质量较低，用于产品的标签和包装费用较少，以及产品的广告宣传费用压到了最低限度。

问：无品牌策略有什么优缺点？

三、练习题参考答案

（一）名词解释

1. 营销组合是指企业可以控制的各种营销因素的综合运用。

2. 产品是能够给购买者带来任何有形和无形利益的载体，是能满足购买者需求与欲望的物体与服务。

3. 产品生命周期是指一个产品从诞生进入市场直至衰亡，最终推出市场所持续的时间。

（二）单项选择题

| 1. C | 2. A | 3. B | 4. B | 5. B |
| 6. C | 7. A | 8. D | 9. D | |

（三）多项选择题

| 1. ABD | 2. AC | 3. ABC | 4. ABD | 5. ACE |
| 6. BCDE | 7. ABCD | | | |

（四）判断题

| 1. × | 2. √ | 3. √ | 4. √ | 5. × |
| 6. √ | 7. × | 8. √ | 9. √ | 10. √ |

（五）案例分析题

1. 答：斯沃琪手表的成功在于它不仅给人们提供了高质量、时尚的产品，还满足了顾客期望体现身份和地位的尊贵的心理。企业应该树立产品整体概念，这有助于企业抓住消费者的核心利益，把握自己的产品策略，从各个层面上全面满足他们的需求，尤其应在附加利益上多下工夫。

2. 答：在欧洲市场，飞利浦公司只能采用个性化产品策略，以适应各国的实际情况，但显然增加了不少成本。采用个性化产品策略，能够更好地满足不同国家（地区）的需求，增加产品的竞争力，但势必会带来成本的增加。

3. 答：家乐福在部分产品上采用了无品牌策略。无品牌商品具有降低营销费用的优点。由于没有品牌，厂商可以免除大量的促销和包装费用，不必在营销上花费大量成本。但是，无品牌策略容易导致价格上的激烈竞争。在没有品牌的情况下，消费者难以分辨品质，以至于价格在购买决策上扮演了更加重要的角色，于是价格上的竞争就更加激烈，厂商的利润因而减少。

第十八章　国际分销渠道策略

一、重难点分析

（一）国际分销渠道的建立

一般来说，渠道层次分为以下四级：

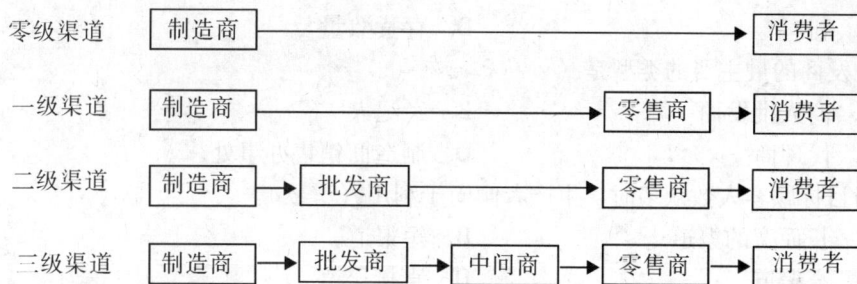

（二）国际分销渠道的选择

1. 影响企业选择国际分销渠道的因素

营销者在选择国际分销渠道时一般要考虑六个因素：成本（Cost）、资金（Capital）、控制（Control）、覆盖（Coverage）、特征（Character）和连续性（Continuity）。这六个因素被称为渠道决策的"6C"。

2. 国际分销渠道的长度

从国际分销渠道的长度来看，企业选择的渠道结构有直接分销渠道与间接分销渠道或长渠道与短渠道之分。国际分销渠道的长度是指产品或服务从生产者到最终用户或消费者所经过的渠道层次数。

3. 国际分销渠道的宽度

国际分销渠道的宽度是指渠道的各个层次中所使用的中间商数目。依据渠道的宽度，国际分销策略可以被区分为宽渠道策略与窄渠道策略。制造商在同一层次选择较多的同类型中间商（如批发商或零售商）分销其产品的策略，称为宽渠道策略；反之，则称为窄渠道策略。具体来说，国际营销企业在渠道宽度上可以有广泛分销策略、选择性分销策略和独家分销策略三种选择。

（三）国际分销渠道管理

国际分销渠道管理，从广义上讲包括制定渠道目标和选择渠道策略，选择、激励、评价、控制渠道成员以及渠道改进等。

二、练习题

（一）名词解释

1. 直接分销渠道　　　　2. 间接分销渠道　　　　3. 国际分销渠道管理

（二）单项选择题

1. 以大批量、低成本、低售价和微利多销的方式经营的连锁式零售企业是（　　）。

    A. 超级市场　　　　　　　　B. 方便商店

    C. 仓储商店　　　　　　　　D. 折扣商店

2. 企业在制定国际物质分销策略时需要在服务成本和（　　）之间寻求一个平衡点。

    A. 客户需求　　　　　　　　B. 服务水平

    C. 利润　　　　　　　　　　D. 存货数量

3. 批发商的最主要的类型是（　　）。

    A. 商人批发商　　　　　　　B. 经纪人

    C. 代理商　　　　　　　　　D. 制造商销售办事处

4. 当目标顾客人数众多时，生产者倾向于利用（　　）。

    A. 长而宽的渠道　　　　　　B. 短渠道

    C. 窄渠道　　　　　　　　　D. 直接渠道

5. 非标准化产品或单位价值高的产品一般采取（　　）。

    A. 直销　　　　　　　　　　B. 广泛分销

    C. 密集分销　　　　　　　　D. 自动售货

（三）多项选择题

1. （　　）是常见的几种出口商。

    A. 采购/订货行　　　　　　B. 国际贸易公司

    C. 出口子公司　　　　　　　D. 国际经纪人

2. 一般外销企业在销售渠道宽度上有（　　）等几种可供选择的策略。

　　A. 广泛分销策略　　　　　　　B. 差异性销售策略

　　C. 选择性分销策略　　　　　　D. 独家分销策略

　　E. 集中销售策略

3. 进口经销商包括（　　）。

　　A. 进口商　　　　　　　　　　B. 零售商

　　C. 经销商　　　　　　　　　　D. 代理商

4. 出口代理商的主要类型有（　　）。

　　A. 出口行　　　　　　　　　　B. 综合出口经理商

　　C. 制造商出口代理商　　　　　D. 国际经纪人

　　E. 国际贸易公司

5. 影响分销层次确定的因素有（　　）。

　　A. 国际市场容量　　　　　　　B. 进出口条件

　　C. 产品特点　　　　　　　　　D. 企业特性

　　E. 环境特性

（四）判断题

1. 零售业发展的规模化主要通过连锁经营的途径来实现。（　　）

2. 经纪人是从事购买或销售或两者兼备的洽商工作，并取得产品所有权的商业单位。（　　）

3. 佣金商对生产者委托代销的物品没有所有权。（　　）

4. 自己进货，并取得产品所有权后再出售的商业企业是经纪人或代理商。（　　）

5. 对于中小企业而言，开始从事国际市场营销时利用出口代理商是较为理想的市场进入方式。（　　）

6. 销售代理商实际上相当于生产企业的销售部门，负责生产企业的全部产品的销售。（　　）

7. 建立分销渠道的资本是渠道设计中的关键因素。（　　）

8. 渠道长度越长，渠道宽度越宽，企业对价格、促销、顾客服务等的控制就越弱。（　　）

（五）案例分析题

1. 1962 年，日本开放刀片市场，舒适公司和吉列公司等一起进入日本市场。此后，舒适公司将产品分销交给精工公司去做。精工公司从美国进口舒适刀片，然后卖给遍布全国的 150 000 个批发商。舒适刀片在日本的市场占有率达到了 60% 以上。与此同时，吉列公司则靠自己攻打日本市场，它没有像舒适公司那样选择一家日本的独立代理商，而主要通过销售人员销售刀片，结果惨败：在日本，吉列刀片的市场占有率一直徘徊在 10% 左右。

　　问：（1）舒适公司和吉列公司分别采用了什么销售策略？

　　　　（2）为什么吉列公司的销售不尽如人意？

2. 耐克公司在六种不同类型的商店中销售其生产的运动鞋和运动衣：①体育用品专卖

店，例如，高尔夫职业选手用品商店，在那儿耐克公司已经宣布了其准备生产一种新型运动鞋的计划；②大众体育用品商店，那里有许多不同样式的耐克产品；③百货商店，那里集中销售最新样式的耐克产品；④大型综合商场，那里仅销售折扣款式；⑤耐克产品零售商店，包括大城市中的耐克城，在那里有耐克公司生产的全部产品，但其重点是销售最新样式的耐克产品；⑥工厂的门市零售店，所销售的大部分是二手货和存货。同时，耐克公司限制销售其产品的商店的数量。例如，在佐治亚州牛顿县，它仅允许两间商店销售其所生产的产品。

问：（1）耐克公司的销售采用了什么分销策略？

（2）采用这种策略有什么优点？

三、练习题参考答案

（一）名词解释

1. 直接分销渠道是指产品在从生产者流向国外最终消费者或用户的过程中，不经过任何中间商，而由生产者将其产品直接销售给国内出口商、国外消费者或用户。

2. 间接分销渠道是指产品经由国外中间商销售给国际市场最终用户或消费者的一种分销形式。

3. 国际分销渠道管理从广义上讲包括制定渠道目标和选择渠道策略，选择、激励、评价、控制渠道成员以及渠道改进等。

（二）单项选择题

1. C　　　2. B　　　3. A　　　4. A　　　5. A

（三）多项选择题

1. AB　　2. ACD　　3. ABC　　4. BCD　　5. ABCDE

（四）判断题

1. √　　2. ×　　3. √　　4. ×　　5. √

6. √　　7. ×　　8. √

（五）案例分析题

1. 答：（1）舒适公司在日本市场选择了一家日本的独立代理商，采用广泛分销的策略；而吉列公司在日本市场通过自己的销售人员销售，采用独家经销的策略。

（2）吉列公司的产品销售不尽如人意主要还是分销策略的问题。刀片作为一种日常消费品，需求量大、面广，适宜采用广泛分销的策略。

2. 答：（1）耐克公司的运动衣和运动鞋的销售采用了选择性分销的策略，利用一家以上，但又不是让所有愿意经销的几个经销商来经营耐克的产品。

（2）采用选择性分销策略，公司不必在许多的销售点耗费自己的精力，能够和挑选出来的中间商建立良好的工作关系；能使生产者获得足够的市场覆盖面，与密集型分销相比优势在于较大的控制和较低的成本。

第十九章 国际定价策略

一、重难点分析

（一）影响国际定价的主要因素

1．定价目标

企业的定价目标主要有以下几种：①应对市场竞争（Survival）；②期利润最大化（Maximum Current Profit）；③最大销售成长（Maximum Sales Growth）；④产品质量最优化（Product – Quality）。

2．成本因素

国际营销与国内营销某些相同的成本项目对于两者的重要性而言可能差异很大，例如运费、保险费、包装费等在国际营销成本中占有较大比重。而另外一些成本项目则是国际营销所特有的，例如关税、中间商与运输成本、风险成本等。

3．市场需求

产品的最低价格取决于该产品的成本费用，而最高价格则取决于该产品的市场需求状况。

4．市场竞争结构

根据行业内企业数目、企业规模以及产品是否同质三个条件，国际市场竞争结构可以划分为下列四种情况：①完全竞争市场（Pure Competition）；②垄断竞争市场（Monopolistic Competition）；③寡头垄断竞争市场（Oligopolistic Competition）；④完全垄断市场（Pure Competition）。

5．政府的价格调控政策

东道国政府可以从很多方面影响企业的定价政策，如关税、税收、汇率、利息、竞争政策及行业发展规划等。一些国家为保护民族工业而订立的关税和其他限制政策使得进口商品成本增加很多。

本国政府对出口产品实行价格补贴，可以降低出口产品价格，增强产品国际竞争力。我国的出口产品退税制度也是为了增强出口产品竞争力所采用的一种价格补贴措施。

（二）国际营销定价方法

国际营销定价的基本方法与国内市场营销一样，也分为三大类，即以成本为导向的定价法，包括成本加成法、边际成本法、目标利润法、损益平衡法；以顾客为导向的定价法，包括理解价值法、区分需求法；以竞争为导向的定价法，包括随行就市法、投标定价法等。

（三）国际企业定价策略

1. 新产品定价策略

在常见的新产品定价策略中，有两种对立的策略，即撇脂定价策略和渗透定价策略。

2. 产品组合定价策略

当产品属于产品组合的一部分时，个别产品的定价需考虑产品组合的整体定价关系，从而使产品组合取得整体效益和最大利润。产品组合定价策略主要包括产品线定价、备选产品定价、必须附属产品定价、副产品定价、组合产品定价五种策略。

3. 折扣与让利策略（Discount and Allowance）

价格折扣与折让是指通常在基本定价之外，公司会给予买者一些特别价格，以鼓励顾客做出提早付款、大量采购或在淡季购买等对公司有利的行为。折扣与折让的价格调整策略包括五种：现金折扣、数量折扣、季节性折扣、功能性折扣、折让。

4. 差别定价策略

差别定价（Discriminatory Pricing）是指公司以不同的顾客类别、产品形式、销售地点、销售时间为基础所作的价格调整。公司以两种以上的价格出售同一种产品或服务，而价格本身并不一定反映成本上的差异。

差别定价策略包括顾客类型不同、产品形式不同、销售地点不同、销售时间不同四种形式。

5. 心理定价策略

心理定价（Psychological Pricing）是指依据消费者心理上对产品的知觉价值决定产品价值，销售者应考虑价格的心理因素而不应只考虑经济因素。只要消费者觉得值得就可以把价格定得很高。

6. 地区定价策略

企业在国际市场上销售产品，由于各国地理分布的差异而带来了成本费用的差异，企业需要对销售于不同地区的产品制定出差异价格。主要有五种地区定价法：FOB 出厂价定价法、固定运费定价法、区间定价法、基准点价格定价法、运费补贴定价法。

二、练习题

（一）名词解释

1. 成本导向定价法　　　2. 顾客导向定价法　　　3. 竞争导向定价法

（二）单项选择题

1. 企业出于对目标市场的国家政治形势和经济形势复杂多变等原因的考虑，往往在已知产品成本的基础上，为产品确定一个最高价格。此时企业采用的定价目标是（　　　）。

    A. 应对市场竞争　　　　　　　　B. 当期利润最大化

    C. 最大销售成长　　　　　　　　D. 产品质量最优化

2. 产品的最低价格取决于该产品的（　　　）。

    A. 市场需求状况　　　　　　　　B. 市场竞争结构

C. 成本费用　　　　　　　　　　　D. 关税

3. 产品的最高价格取决于该产品的（　　　）。

    A. 市场需求状况　　　　　　　　B. 市场竞争结构

    C. 成本费用　　　　　　　　　　D. 关税

4. 价格主要取决于市场供求状况的是（　　　）。

    A. 垄断竞争市场　　　　　　　　B. 完全竞争市场

    C. 寡头垄断竞争市场　　　　　　D. 完全垄断市场

5. 由（　　　）负责定价决策，公司总部既可对子公司的定价保持一定的控制，子公司又可有适当的自主权以保证其产品价格适应当地市场环境。

    A. 公司总部　　　　　　　　　　B. 东道国子公司

    C. 总部和子公司　　　　　　　　D. 以上三个都不对

（三）多项选择题

1. 在国际营销实践中，风险成本主要包括（　　　）。

    A. 运输风险　　　　　　　　　　B. 融资风险

    C. 汇率风险　　　　　　　　　　D. 通货膨胀

2. 影响国际市场价格的主要因素有（　　　）等。

    A. 成本要素　　　　　　　　　　B. 市场供求与竞争

    C. 关税　　　　　　　　　　　　D. 货币与汇率

    E. 通货膨胀

3. 企业的定价目标主要有（　　　）。

    A. 应对市场竞争　　　　　　　　B. 当期利润最大化

    C. 产品质量最优化　　　　　　　D. 成本最小化

4. 根据行业内企业数目，企业规模以及产品是否同质三个条件，国际市场竞争结构可以划分为（　　　）。

    A. 完全竞争市场　　　　　　　　B. 垄断竞争市场

    C. 寡头垄断竞争市场　　　　　　D. 完全垄断市场

5. 差别定价的主要形式包括（　　　）。

    A. 顾客差别定价　　　　　　　　B. 产品包装差别定价

    C. 产品部位差别定价　　　　　　D. 销售时间差别定价

    E. 产品形式差别定价

（四）判断题

1. 出口产品与内销产品都在国内生产，其成本是一样的。（　　　）

2. 声望定价策略能为企业带来丰厚的利润，并且风险比较大，对企业的质量要求比较高。（　　　）

3. 运输费用是构成出口价格的重要因素。（　　　）

4. 产品的最低价格取决于该产品的成本费用，而最高价格则取决于产品的市场需求状况。（　　　）

5. 在产品的最低价格和最高价格之间，企业能把产品价格定在哪种价位取决于市场需求状况。（　　）

6. 我国的出口产品退税制度是为了增强出口产品竞争力所采用的一种价格补贴措施。（　　）

7. 在营销组合中，价格是唯一产生销售收入的因素，其他因素则代表成本。（　　）

8. 一个有实力的跨国企业在进入一个富有潜力的海外市场时，大多会以获得较高的市场占有率为目标。（　　）

9. 市场价格敏感度低，需求弹性小的新产品适宜采用渗透定价策略。（　　）

10. 市场渗透定价法的缺点是投资回收期较长，且价格变化余地小。（　　）

（五）案例分析题

1. 一个分析师曾这样形容英特尔公司的定价政策："这个集成电路巨人每12个月就要推出一种新的、具有更高盈利的微处理器，并把旧的微处理器的价格定在更低的价位上以满足需求。"当英特尔公司推出一种新的计算机集成电路时，它的定价是1 000美元，这个价格使它刚好能占有市场的一定份额。这些新的集成电路能够增加高能级个人电脑和服务器的性能。如果顾客等不及，他们就会在价格较高时去购买。随着销售额的下降及竞争对手推出相似的集成电路对其构成威胁时，英特尔公司就会降低其产品的价格来吸引下一层次对价格敏感的顾客。最终价格跌落到最低水平，每个集成电路仅售200美元多一点，使该集成电路成为一个热线大众市场的处理器。通过这种方式，英特尔公司从各个不同的市场中获取了最大量的收入。

问：（1）英特尔公司采取的是什么定价策略？

（2）请说出英特尔公司采取这种定价策略成功的原因。

2. 梅塔格公司长期以来一直生产高质量的洗衣机，并且其价格比竞争对手的产品价格要高，其广告宣传的口号是"使用寿命最长久"。现在，梅塔格公司改变了其战略，虽然仍然从其产品的高质量中获利，但把重点放在创造新特点和利益上。该公司正试图将人们的购买周期从"等机器坏了再去购买"改变为"想要就买"。其目的是让购买者以高于正常价值的价格去购买梅塔格公司的具有杰出特征的电器，即使他们的旧机器仍然能用。为了吸引对价格敏感的消费者，梅塔格公司在其新广告中指出洗衣机是衣服的保养者，而这些衣服通常都是300~400美元一件的，因此，所用的洗衣机价格要更高些。例如，梅塔格公司的新的欧洲风格的洗衣机，其售价为800美元，是其他洗衣机成本的两倍。然而，该公司的营销人员宣传这种洗衣机省水、省电，而且因为它对衣服的磨损较小，可以延长衣服的使用寿命。

问：（1）梅塔格公司采用了什么定价方法？

（2）这种定价方法的指导思想是什么？

三、练习题参考答案

（一）名词解释

1. 成本导向定价法是指以成本加上一个标准的或固定的利润来决定产品价格的方法。

2. 顾客导向定价法是指按照顾客本身的特性及顾客对产品的感受价值而不是产品的成

本来决定产品价格的方法。

3. 竞争导向定价法是指以同行业竞争对手的价格作为企业定价基本依据的定价方法。

（二）单项选择题
1. B　　2. C　　3. A　　4. B　　5. C

（三）多项选择题
1. BCD　　2. ABCDE　　3. ABC　　4. ABCD　　5. ADE

（四）判断题
1. ×　　2. √　　3. √　　4. √　　5. ×
6. √　　7. √　　8. √　　9. ×　　10. √

（五）案例分析题
1. 答：（1）英特尔公司对新产品采用的是撇脂定价策略。

（2）成功原因：对于微处理器这种技术含量比较高的产品，顾客愿意出高价购买，并且短期内竞争者不容易进入市场，因此，公司首先在高端市场"撇取"高额利润。而当有竞争者进入市场及销量下降时，英特尔公司下调产品价格，转移目标市场。这样，英特尔公司能从不同的目标市场多次"撇取"高额利润。

2. 答：（1）梅塔格公司采用的是产品质量最优化的定价方法。

（2）质量领先者为弥补质量领先所带来的高额生产成本和研发费用，它的产品往往比处于第二位的产品售价高出许多，因此采用这种策略的企业要在生产和市场营销过程中始终贯彻产品质量最优化的指导思想，并以优质的服务超越众多商家之上。

第二十章　国际市场促销策略

一、重难点分析

（一）国际市场广告策略
1. 国际市场广告的特点
广告具有形式多样、信息量大且可群体传播、受众面广、渗透性强、可反复强化刺激的优点，但也有费用较高、制作较复杂、促销效应滞后的缺点。国际广告除具有国内广告的特点外，还有几个突出的特点，即决策的复杂化、实施的代理化、内容的本土化。

2. 国际市场广告的类型
按照广告的目的分类，可分为产品广告、品牌广告、企业广告、公益广告。按照广告使用的媒体分类，可分为视听广告、印刷广告、户外广告、POP 广告（Point of Purchase Advertising）、网络广告。

3. 国际市场广告的决策程序

企业在进行国际市场广告决策时，应着重依次考虑五个方面的内容，即"5M"决策：目标（Mission）、资金（Money）、信息（Message）、媒体（Media）、评测（Measurement）。

（二）国际市场营业推广策略

1. 国际市场营业推广的形式

在国际市场上，营业推广一般可分为三类：直接对消费者或用户的营业推广；直接对渠道商（出口商、进口商、国外中间商）的营业推广；鼓励国际市场推销人员的营业推广。

2. 国际市场营业推广的决策程序

企业的国际市场营业推广决策一般包括确定目标、选择工具、制订方案、实验方案、实施和控制方案、评价结果六个阶段。

3. 影响国际市场营业推广的因素

企业在国际市场采用营业推广这一促销手段时，应特别注意不同国家或地区对营业推广活动的限制、经销商等的合作态度以及当地市场的竞争程度等因素的影响。

（三）国际市场人员推销策略

国际市场人员推销的工作程序可划分成七个不同阶段：①寻找国际客户；②调查准备阶段；③接近目标顾客；④介绍说明产品；⑤排除客户异议；⑥促成交易行为；⑦跟进售后服务。

（四）国际市场公共关系策略

在国际市场促销活动中，企业应根据不同目标市场国的环境特点，结合自身的营销任务和促销目标，采取相应的具有针对性的公共关系策略。常用的公共关系策略主要有宣传性公共关系策略、交际性公共关系策略、服务性公共关系策略和社会性公共关系策略。

二、练习题

（一）名词解释

1. 国际促销　　　2. 国际促销组合策略　　　3. 国际公共关系

（二）单项选择题

1. 生产资料和技术性较强或购买决策复杂的产品的销售适合采用（　　）促销方式。

    A. 人员推销　　　　　　　　　B. 广告

    C. 公共关系　　　　　　　　　D. 营业推广

2. （　　）在促销时，往往广告和人员推销都用得较多。

    A. 低价消费品　　　　　　　　B. 高价消费品

    C. 低价工业品　　　　　　　　D. 高价工业品

3. 根据顾客的行业、规模、分销渠道的不同而分别配备推销人员的管理模式是（　　）。

    A. 区域结构式　　　　　　　　B. 产品结构式

    C. 顾客结构式　　　　　　　　　　D. 复合结构式

4. 促销的目的是引发刺激消费者产生（　　）。

    A. 购买行为　　　　　　　　　　　B. 购买兴趣

    C. 购买决定　　　　　　　　　　　D. 购买倾向

5. 对单位价值高、性能复杂、需要做示范的产品，通常采用（　　）策略。

    A. 广告　　　　　　　　　　　　　B. 公共关系

    C. 推式　　　　　　　　　　　　　D. 拉式

6. 人员推销的缺点主要表现为（　　）。

    A. 成本低，顾客量大　　　　　　　B. 成本高，顾客量大

    C. 成本低，顾客有限　　　　　　　D. 成本高，顾客有限

7. 企业广告又称（　　）。

    A. 商品广告　　　　　　　　　　　B. 商誉广告

    C. 广告主广告　　　　　　　　　　D. 媒介广告

8. 在产品生命周期的投入期，消费品的促销目标主要是宣传介绍产品、刺激购买欲望的产生，因而主要应采用（　　）促销方式。

    A. 广告　　　　　　　　　　　　　B. 人员推销

    C. 价格折扣　　　　　　　　　　　D. 销售促进

9. 企业在销售现场设置的橱窗广告、招牌广告、柜台广告、货架广告等称为（　　）。

    A. 户外广告　　　　　　　　　　　B. 视听广告

    C. POP 广告　　　　　　　　　　　D. 印刷广告

（三）多项选择题

1. （　　）属于户外广告。

    A. 商品目录　　　　　　　　　　　B. 招贴

    C. 交通广告　　　　　　　　　　　D. 报纸

    E. 广告牌

2. 产品投入期，促销组合应以（　　）为主。

    A. 人员推销　　　　　　　　　　　B. 广告

    C. 公共关系　　　　　　　　　　　D. 营业推广

3. 促销的具体方式包括（　　）。

    A. 市场细分　　　　　　　　　　　B. 人员推销

    C. 广告　　　　　　　　　　　　　D. 公共关系

    E. 营业推广

4. 促销组合策略的制定其影响因素较多，主要应考虑的因素有（　　）。

    A. 消费者状况　　　　　　　　　　B. 促销目的

    C. 产品类型　　　　　　　　　　　D. 产品生命周期

    E. 企业实力

5. 人员推销的基本形式包括（　　）。

    A. 上门推销　　　　　　　　　　　B. 柜台推销

    C. 会议推销   D. 洽谈推销

    E. 约见推销

6. 广告最常用的媒体包括（   ）。

    A. 报纸   B. 杂志

    C. 广播   D. 电影

    E. 电视

（四）判断题

1. 广告促销具有费用较高、制作较复杂、促销效应滞后的缺点。（   ）

2. 推销员除了要负责为企业推销产品外，还应该成为顾客的顾问。（   ）

3. 品牌广告的目的在于树立良好的品牌形象，对市场消费起到品牌导向的作用。（   ）

4. 广告促销的最终目标是为了树立产品形象。（   ）

5. 公共关系是一种信息沟通，是创造"人和"的艺术。（   ）

（五）案例分析题

1. 阿克（Akai）是一家日本的立体声设备和电视机的制造商，它在印度成为电视机的市场领导者。它对消费者的黑白电视机更换新的彩色电视机提供良好的折价。在其他时间，伴随着一台新的电视机的购买，它将提供一种免费手表，或计算器或收音机。这种经常的促销使阿克在印度成为一个非常流行的品牌，而像索尼这样的竞争者是不会用同样的方式竞争的。

    问：（1）阿克在印度的销售主要采用了什么策略？

    （2）采用这种策略有什么优缺点？

2. 在 1995 年，即 Windows95 首次进入市场以前，没有任何关于该产品的广告，但此时它已是人人皆知。华尔街杂志估计，在 6 月 1 日至 8 月 25 日之间，有近 3 000 条关于 Windows95 的新闻，共 6 852 篇报道，约 300 多万字。世界各地的微软人员共同宣传 600 英尺长的 Windows95 巨型横幅，在纽约的总部大楼也被粉刷成象征 Windows95 的红、黄、绿三色。微软公司使《伦敦时报》的日发行量达 150 万份。当 Windows95 最终在市场上开始销售时，成千上万的人竞相排队购买。在它上市一周内，单美国市场就有 10.8 亿美元的销售额，这对于一个仅售 90 美元的产品来说无论如何不能算差了。

    问：（1）微软公司对 Windows95 采用了什么促销策略？

    （2）这种策略有什么优点？

三、练习题参考答案

（一）名词解释

1. 国际促销是指企业通过人员推销或非人员推销的方式，向国际市场顾客传递产品或服务的存在及其性能、特征等信息，帮助消费者认识产品或服务所带来的利益，从而引发兴趣、激发购买欲望及产生购买行为，以培育顾客对品牌的购买忠诚度、实现扩大销售量或提高市场占有率的活动。

2. 国际促销组合策略是指将人员推销、广告、营业推广和公共关系方式有机搭配起来并综合运用以实现最佳促销效果的方法。

3. 国际公共关系是指企业在国际市场上通过持续不断的各种沟通手段，争取国际市场顾客和社会各界公众以及企业员工好感、支持与协作，建立企业良好形象的活动。

（二）单项选择题

1. A　　　　2. B　　　　3. C　　　　4. A　　　　5. C
6. D　　　　7. B　　　　8. A　　　　9. C

（三）多项选择题

1. BCE　　　2. BC　　　3. BCDE　　　4. BCDE　　　5. ABC　　　6. ABCE

（四）判断题

1. √　　　　2. √　　　　3. √　　　　4. ×　　　　5. √

（五）案例分析题

1. 答：（1）阿克在印度的销售主要采用了对消费者的营业推广策略，通过向消费者提供以旧换新和提供赠品的手段来促进销售。

（2）采用这种促销策略可以提高销量，带动销售。但是，如果一个品牌常靠价格来促销的话，消费者会认为它是便宜的品牌，通常只是在大减价的时候才购买，这会影响品牌形象。

2. 答：（1）微软公司在 Windows95 上市之前，采用了宣传性的公共关系促销策略。

（2）宣传性公共关系策略是指企业在目标市场国利用各种传播媒介和沟通方式进行对内对外信息传播，让各类公众充分了解组织、支持组织，进而形成有利于组织发展社会舆论、树立良好组织形象的公共关系方法。采用这种策略，公司无须为宣传媒体的空间和时间付费，但在公众知晓方面将产生巨大的影响力。

第五编　国际贸易实务

第二十一章　贸易术语与国际贸易惯例

一、重难点分析

（一）贸易术语的含义与作用

贸易术语（Trade Terms）是在长期的国际贸易实践中产生的，它是用来表示商品的价格构成，说明交货地点，确定风险、责任、费用划分等问题的专门用语。

贸易术语的作用主要有：①有利于买卖双方洽商交易和订立合同；②有利于买卖双方核算价格和成本；③有利于解决履约当中的争议。

（二）有关贸易术语的国际贸易惯例

（1）《1932年华沙—牛津规则》，该惯例由国际法协会制订，只对CIF一种价格术语进行了解释。

（2）《1941年美国对外贸易定义修订本》，该惯例由美国的9个商业团体共同制订，对6种贸易术语进行了解释，分别为：

①EX（Point of Origin）（产地交货）

②FOB（Free on Board）（在运输工具上交货）

③FAS（Free Alongsideship）（在运输工具旁边交货）

④CFR（Cost and Freight）（成本加运费）

⑤CIF（Cost，Insurance and Freight）（成本加保险费、运费）

⑥EX Dock（Named Port of Importation）（目的港码头交货）

（3）《2000年国际贸易术语解释通则》，简称《2000年通则》。在《2000年通则》中，国际商会根据卖方承担义务的不同，将13种贸易术语分为E、F、C、D四组。它们分别是：

E组：EXW；

F组：FAS、FOB、FCA；

C组：CFR、CIF、CPT、CIP；

D组：DAF、DES、DEQ、DDU、DDP。

	中文 含义	交货 地点	运输手 续办理	保险手 续办理	风险划 分界限	出口 手续	进口 手续	适用运 输方式	交货 性质
EXW	工厂交货	商品生产 或储存地	买方	买方	商品生产 或储存地	买方	买方	任何运 输方式	实际性交货
FAS	装运港 船边交货	装运港 船边	买方	买方	装运港船边	卖方	买方	海运及 内河航运	实际性交货
FOB	装运港 船上交货	装运港船上	买方	买方	货物在装运港 越过船舷	卖方	买方	海运及 内河航运	象征性交货
CFR	成本加运费	装运港船上	卖方	买方	货物在装运港 越过船舷	卖方	买方	海运及 内河航运	象征性交货
CIF	成本加 保险费、运费	装运港船上	卖方	卖方	货物在装运港 越过船舷	卖方	买方	海运及 内河航运	象征性交货
FCA	货交承运人	指定的 装运地点	买方	买方	货交承运人	卖方	买方	任何 运输方式	象征性交货
CPT	运费付至 目的地	指定的 装运地点	卖方	买方	货交承运人	卖方	买方	任何 运输方式	象征性交货
CIP	运费、保险费 付至目的地	指定的 装运地点	卖方	卖方	货交承运人	卖方	买方	任何 运输方式	象征性交货
DAF	边境交货	边境 指定地点	卖方	卖方	边境指定地点	卖方	买方	任何 运输方式	实际性交货
DES	目的港船 上交货	目的港船上	卖方	卖方	目的港船上	卖方	买方	海运及 内河航运	实际性交货
DEQ	目的港码 头交货	目的港码头	卖方	卖方	目的港码头	卖方	买方	海运及 内河航运	实际性交货
DDU	未完税交货	指定目的地	卖方	卖方	指定目的地	卖方	买方	任何 运输方式	实际性交货
DDP	完税后交货	指定目的地	卖方	卖方	指定目的地	卖方	卖方	任何 运输方式	实际性交货

（三）各种主要贸易术语的解释

1. 对 FOB 贸易术语的解释

FOB 即"Free on Board"的英文缩写，其中文含义为"装运港船上交货"。此术语是指卖方应在合同规定的装运港和规定的期限内，将货物交到买方指定的船上，并及时通知买方。

使用 FOB 应注意的问题：

（1）《1941 年美国对外贸易定义修订本》（下文称《定义》）和《2000 年国际贸易术语解释通则》两个惯例对 FOB 解释的区别如下：①交货地点不同。根据《2000 年通则》的解释，卖方交货的地点在纽约港的船上；而《定义》解释如果以 FOB 纽约成交，卖方交货的地点在纽约的某处某种运输工具上。②风险划分的界限不同。根据《2000 年通则》规定，买卖双方风险划分的界限以装运港的船舷为界；而《定义》解释，买卖双方风险划分的界限以船舱为界。③办理出口手续的费用由谁承担不同。根据《2000 年通则》规定，办理出口手续的费用由卖方负担；而《定义》规定，办理出口手续所产生的费用由买方负担。

（2）FOB 术语的变形：①FOB Liner Terms（FOB 班轮条件），该术语变形卖方不必承担装货费用；②FOB Under Takle（FOB 吊钩下交货），该术语变形卖方不必承担装货费用；③FOB Stowed（FOB 包括理舱），该术语变形卖方必须承担装货费用和理舱费用；④FOB Trimmed（FOB 包括平舱），该术语变形卖方必须承担装货费用和平舱费用；⑤FOB Stowed and Trimmed（FOB 包括平舱和理舱），该术语变形卖方必须承担装货、平舱和理舱费用。

2. 对 CFR 贸易术语的解释

CFR 即"Cost and Freight"的英文缩写，其中文含义为"成本加运费"。此术语是指卖方负责按通常的条件租船订舱，支付到目的港的运费，并在规定的装运港和装运期内将货物装上船，装船后及时通知买方。

使用 CFR 应注意的问题：

（1）卖方装船后，应及时向买方发出装船通知，以便买方办理投保手续。否则，卖方应承担货物在运输途中可能发生的风险与损失。

（2）CFR 术语的变形：①CFR Liner Terms（CFR 班轮条件），该术语变形卖方需要承担卸货费用；②CFR Landed（CFR 卸至岸上），该术语变形卖方需要承担卸货费用；③CFR Ex Tackle（CFR 吊钩下交货），该术语变形卖方需要承担卸货费用；④CFR Ex Ship's Hold（CFR 舱底交货），该术语变形卖方不需要承担卸货费用。

3. 对 CIF 贸易术语的解释

CIF 即"Cost, Insurance and Freight"的英文缩写，其中文含义为"成本加保险费、运费"。此术语是指卖方负责按通常的条件租船订舱，支付到目的港的运费，并在规定的装运港和装运期内将货物装上船，装船后及时通知买方。此外，卖方还要负责办理从装运港到目的港的海运货物保险，支付保险费。

使用 CIF 应注意的问题：

（1）CIF 合同属于装运合同。装运合同是指卖方在合同规定的期限内，在指定的装运港将货物交至运往指定目的港的船上，即完成了交货义务。对货物运输途中发生灭失或损坏的风险以及货物交运后发生的事件所产生的费用，卖方概不承担责任。

（2）卖方办理保险手续的问题。

①CIF 术语下由卖方办理投保手续，该手续属于代办性质，运输途中的风险仍由买方承担；

②保险金额和保险费的计算公式是：

投保金额 = CIF 总值 ×（1 + 10%）

保险费 = 投保金额 × 保险费率；

③买卖双方就投保险别应在合同中予以定明。若双方对保险的险别未给予定明时，根据《2000 年通则》的解释，卖方只有义务投保最低限度的险别。

（3）象征性交货的问题。象征性交货是指卖方只要按期在约定地点完成装运，并向买方提交合同规定的，包括物权凭证在内的有关单据，就算完成了交货义务，而无须保证到货。

象征性交货的特点是：卖方凭单交货，买方凭单付款，即只要卖方如期向买方提交合同规定的全套合格单据，即使货物在运输途中损坏或灭失，买方也必须履行付款义务。

（4）CIF 术语的变形：①CIF Liner Terms（CIF 班轮条件），该术语变形卖方必须承担卸货费用；②CIF Landed（CIF 卸至岸上），该术语变形卖方必须承担卸货费用包括驳运费；③CIF Ex Tackle（CIF 吊钩下交货），该术语变形卖方必须承担卸货费用；④CIF Ex Ship's Hold（CIF 舱底交货），该术语变形卖方不必承担卸货费用。

必须注意，FOB、CFR、CIF 贸易术语的变形只是为了解决装卸费用由何方负担的问题而产生的，并不改变买卖双方交货的地点和风险划分的界限。

4. 对 FCA、CPT、CIP 贸易术语的解释

FCA 即 "Free Carrier" 的英文缩写，其中文含义是 "货交承运人"。此术语是指卖方办理货物出口结关手续后，在指定的地点将货物交由买方指定的承运人照管，以履行其交货义务。

CPT 即 "Carriage Paid To" 的英文缩写，其中文含义为 "运费付至指定目的地"。此术语是指卖方应自费订立运输契约并支付将货物运至目的地的运费。在办理货物出口结关手续后，在指定的装运地点将货物交由承运人照管，以履行其交货义务。

CIP 即 "Carriage and Insurance Paid to" 的英文缩写，其中文含义为 "运费、保险费付至指定目的地"。此术语是指卖方应自费订立运输契约并支付将货物运至目的地的运费，负责办理保险手续并支付保险费。在办理货物出口结关手续后，在指定的装运地点将货物交由承运人照管，以履行其交货义务。

5. FOB、CFR、CIF 三种贸易术语的异同

FOB、CFR、CIF 三种贸易术语的相同点主要有：①交货地点都在装运港的船上；②风险转移都以装运港船舷为界；③运输方式都适于海运和内河航运；④进、出口清关手续都由买方、卖方各自办理；⑤按这些术语成交的合同均属于装运合同。

这三种贸易术语的不同点主要表现在买卖双方承担的责任及费用的不同。FOB 术语由买方负责租船订舱和支付运费；CFR 和 CIF 术语由卖方负责租船订舱和支付运费；CIF 术语下，卖方还应负责办理货运保险和支付保险费，由此可以看出三种术语的价格构成也不同，CIF 术语的价格最高，CFR 术语次之，FOB 术语最低。

6. CIF 与 DES 贸易术语的区别

（1）交货地点不同：CIF 术语的交货地点在装运港的船上，而 DES 的交货地点却在目的港的船上。

（2）风险划分界限不同：CIF 以装运港船舷为界，而 DES 以目的港船上为界。

（3）交货方式不同：CIF 是一种象征性交货，即凭单交货，而 DES 是实际性交货。

（4）合同类型不同：按 CIF 条件成交的合同属于装运合同，而按 DES 条件成交的合同属于到达合同。

（5）卖方义务不同：采用 CIF 术语时，卖方在装运港交货，由卖方办理的从装运港至目的港的运输和保险事项属于代办性质，卖方必须按照合同的规定或惯例办理，并提交合格的运输和保险单据；而采用 DES 术语时，卖方在目的港交货，所办理的从装运港至目的港的运输和保险事项是为自己的利益而办理的，他必须保证按时在目的港提交合格的货物，至于是否办理保险事项，则由卖方自行决定。

7. FOB、CFR、CIF 和 FCA、CPT、CIP 贸易术语的主要区别

（1）适用的运输方式不同：FOB、CFR、CIF 只适用于海洋运输和内河航运，其承运人一般是船公司，而 FCA、CPT、CIP 则适用于包括海运在内的各种运输方式以及多式联运方式，其承运人可以是船公司、航空公司或多式联运的联合运输经营人。

（2）风险转移的地点不同：FOB、CFR、CIF 三种贸易术语的风险转移点为装运港船舷，而 FCA、CPT、CIP 的风险则自货物交付承运人接管时转移。承运人接管货物的地点可以在其提供的运输工具上，也可以为约定的运输站或收货站。

（3）装卸费用的负担不同：采用租船运输时，FOB 条件下需要明确装货费用由何方负担，在 CFR、CIF 条件下要规定卸货费用由何方负担。而 FCA、CPT、CIP 术语同样采用租船运输时，由于装卸货费用通常已经包括在运费中，所以买卖双方一般不需要在合同中规定装卸货费用由何方负担。

（4）运输单据不同：按 FOB、CFR、CIF 术语成交，卖方应提供与海运有关的运输单据，而 FCA、CPT、CIP 术语，卖方向买方提供的运输单据视运输方式而定。

二、练习题

（一）名词解释

1. 贸易术语　　　　　2. CIF　　　　　3. 装运合同
4. 国际贸易惯例　　　5. 象征性交货

（二）单项选择题

1. 下列术语中卖方不负责办理出口手续及支付相关费用的是（　　）。
  A. FCA   B. FAS
  C. FOB   D. EXW
2. 象征性交货意指卖方的交货义务是（　　）。
  A. 不交货   B. 既交单又实际性交货
  C. 凭单交货   D. 实际性交货
3. CIF Ex Ship's Hold 属于（　　）。
  A. 内陆交货类   B. 装运港船上交货类
  C. 目的港交货类   D. 目的地交货类
4. 我方出口大宗商品，按 CIF 新加坡术语成交，合同规定采用租船运输，如我方不想负担卸货费用，我方应采用的贸易术语变形是（　　）。
  A. CIF Liner Terms Singapore   B. CIF Landed Singapore
  C. CIF Ex Ship's Hold Singapore D. CIF Ex Tackle Singapore
5. 在以 CIF 和 CFR 术语成交的条件下，货物运输保险分别由卖方和买方办理，运输途中货物灭失和损坏的风险（　　）。
  A. 前者由卖方承担，后者由买方承担 B. 均由卖方承担
  C. 均由买方承担   D. 前者由买方承担，后者由卖方承担
6. 按照《2000 年通则》的规定，以 FOB 贸易术语的变形 FOBST 成交，买卖双方风险的划分界限是（　　）。
  A. 货交承运人   B. 货物在装运港越过船舷

C. 货物在目的港卸货后   D. 装运港码头

7. 《1932年华沙—牛津规则》是国际法协会专门为解释（   ）合同而制定的。

     A. FOB   B. CFR

     C. CIF   D. FCA

8. CIF Ex Ship's Hold 与 DES 相比，买方承担的风险（   ）。

     A. 前者大   B. 两者相同

     C. 后者大   D. 买方不承担任何风险

9. 在交货地点上，《1941年美国对外贸易定义修订本》中对（   ）的解释与《2000年通则》中对 FOB 的解释相同。

     A. FOB Under Tackle   B. FOB

     C. FOB Vessel   D. FOB Liner Terms

10. 某外贸公司对外以 CFR 报价，如果该公司先将货物交到货站或使用滚装与集装箱运输时，应采用（   ）为宜。

     A. FCA   B. CIP

     C. CPT   D. DDP

（三）多项选择题

1. CIF 术语与 DES 术语的区别是（   ）。

     A. 适用的运输方式不同

     B. CIF 为凭单交货，DES 为凭实物交货

     C. 不但风险划分界限不同，而且费用划分也不同

     D. CIF 合同属于装运合同，DES 合同属于到达合同

2. 若买卖双方以 CFR 卸至岸上术语成交，以下答案正确的是（   ）。

     A. 卖方应承担货物运至目的港以前的一切风险

     B. 当货物卸至目的港，卖方的交货完毕

     C. 装运港的船舷是买卖双方风险划分的界限

     D. 卖方在装运港船上完成交货义务

3. 贸易术语的性质是（   ）。

     A. 表示交货条件   B. 表示成交价格的构成因素

     C. 表示付款条件   D. 表示运输条件

4. 有关贸易术语的国际贸易惯例有（   ）。

     A. 《2000年通则》   B. 《1932年华沙—牛津规则》

     C. 《1941年美国对外贸易定义修订本》   D. 《汉堡规则》

5. 在使用集装箱海运的出口贸易中，卖方采用 FCA 贸易术语比采用 FOB 贸易术语更为有利的具体表现是（   ）。

     A. 可以提前转移风险

     B. 可以提早取得运输单据

     C. 可以提早交单结汇，提高资金的周转率

     D. 可以减少卖方的风险责任

6. FOB、CFR、CIF 和 FCA、CPT、CIP 术语的主要区别是（　　　　）。

　　A. 适用的运输方式不同　　　　　　　B. 风险转移的地点不同

　　C. 装卸费用的负担不同　　　　　　　D. 运输单据不同

7. F 组贸易术语的共同特点是（　　　　）。

　　A. 风险划分点与费用划分点相分离

　　B. 卖方须按买卖合同规定的时间，在指定的装运地点将货物交至买方指定的承运人或装上买方指定的运输工具

　　C. 买方应自负费用订立运输契约

　　D. 签订的销售合同都是"装运合同"

8. 以下对于贸易术语变形说法正确的是（　　　　）。

　　A. 不改变费用的负担　　　　　　　　B. 不改变交货地点

　　C. 不改变风险划分的界限　　　　　　D. 不改变支付条件

9. 根据《2000 年通则》的解释，（　　　）是责任、费用划分点相分离的贸易术语。

　　A. CFR　　　　　　　　　　　　　　B. CIF

　　C. CPT　　　　　　　　　　　　　　D. CIP

10. FOB 贸易术语的变形是（　　　　）。

　　A. FOB 班轮条件　　　　　　　　　　B. FOB 包括平舱、理舱

　　C. FOB 包括理舱　　　　　　　　　　D. FOB 吊钩下交货

（四）判断题

1. 国际贸易惯例已得到各国的公认，因此，它对于买卖合同中的当事人都具有普遍的法律约束力。（　　　）

2. 买卖双方以 CIF 条件成交，若双方在洽商合同时未规定具体的险别，则卖方投保时，只有义务投保最低限度的险别。（　　　）

3. 按 CIF 贸易术语成交，只要货物已在运输途中灭失，即使出口方提供全套正确的货运单据，进口方也是有权拒收单据和拒付货款的。（　　　）

4. 以 FAS 术语成交，若装运港口吃水线浅使船舶不能靠岸，则货物从码头驳运到装运船只船边的一切风险及费用，应由买方负担。（　　　）

5. FOB 价格术语的变形是因装货费用的负担问题而产生的，而 CIF 价格术语的变形则是因卸货费用的负担问题而产生的。（　　　）

6. CFR Ex Ship's Hold Rotterdam 是指卖方必须把货运到鹿特丹，在舱底交货。（　　　）

7. 在 FOB 条件下，如合同未规定"装船通知"条款，卖方将货物装船后可不发装船通知，此做法不算违约。（　　　）

8. 按一般惯例，凡 FOB 后未加"理舱"或"平舱"字样，则由买方负担理舱或平舱的费用。（　　　）

9. 按《2000 年通则》的规定，以 C 组贸易术语成交签订的合同都属于装运合同。（　　　）

10. 我国从汉堡进口货物，如按 FOB 条件成交，须由我方派船到汉堡口岸接运货物；而按 CIF 条件成交，则由出口方洽租船舶将货物运往中国港口。可见，我方按 FOB 进口承

担的货物运输风险比按 CIF 进口承担的风险大。（　　　）

（五）案例分析题

1. 我某出口公司与外商按 CIF Landed London 条件成交出口一批货物，合同规定，商品的数量为 500 箱，以信用证方式付款，5 月份装运。买方按合同规定的开证时间将信用证开抵卖方。货物顺利装运完毕后，卖方在信用证规定的交单期内办好了议付手续并收回货款。不久，卖方收到买方寄来的货物在伦敦港的卸货费和进口报关费的收据，要求我方按收据金额将款项支付给买方。

问：我方是否需要支付这笔费用，为什么？

2. 我方以 FCA 贸易术语从意大利进口布料一批，双方约定最迟的装运期为 4 月 12 日，由于我方业务员的疏忽，导致意大利出口商在 4 月 15 日才将货物交给我方指定的承运人。当我方收到货物后，发现部分货物有水渍，据查是因为货交承运人前两天大雨淋湿所致。据此，我方向意大利出口商提出索赔，但遭到拒绝。

问：我方的索赔是否有理，为什么？

3. 我方与荷兰某客商以 CIF 条件成交一笔交易，合同规定以信用证为付款方式。卖方收到买方开来的信用证后，及时办理了装运手续，并制作好一整套结汇单据。在卖方准备到银行办理议付手续时，收到买方来电，得知载货船只在航海运输途中遭遇意外事故，大部分货物受损。据此，买方表示将等到具体货损情况确定以后，才同意银行向卖方支付货款。

问：（1）卖方可否及时收回货款，为什么？

（2）买方应如何处理此事？

4. 我方以 CFR 贸易术语与 B 国的 H 公司成交一批消毒碗柜的出口合同，合同规定装运时间为 4 月 15 日前。我方备妥货物，并于 4 月 8 日装船完毕。由于遇星期日休息，我公司的业务员未及时向买方发出装运通知，导致买方未能及时办理投保手续，而货物在 4 月 8 日晚因发生了火灾被火烧毁。

问：货物损失责任由谁承担，为什么？

5. 某进出口公司以 CIF 汉堡向英国某客商出售供应圣诞节的应节杏仁一批，由于该商品的季节性较强，买卖双方在合同中规定：买方须于 9 月底以前将信用证开抵卖方，卖方保证不迟于 12 月 5 日将货物运抵汉堡，否则，买方有权撤销合同。如卖方已结汇，卖方须将货款退还买方。

问：该合同是否还属于 CIF 合同，为什么？

6. 我某出口公司就钢材出口对外发盘，每公吨 2 500 美元 FOB 广州黄埔，现外商要求我方将价格改为 CIF 伦敦。

问：（1）我出口公司对价格应如何调整？

（2）如果最终按 CIF 伦敦条件签订合同，买卖双方在所承担的责任、费用和风险方面有何不同？

7. 某公司从美国进口瓷制品 5 000 件，外商报价为每件 10 美元 FOB Vessel New York，我方如期将金额为 50 000 美元的不可撤销即期信用证开抵卖方，但美商要求将信用证金额增加至 50 800 美元，否则，有关的出口关税及签证费将由我方另行电汇。

问：美商的要求是否合理，为什么？

8. 我某进出口公司向新加坡某贸易有限公司出口香料 15 公吨，对外报价为每公吨 2 500 美元 FOB 湛江，装运期为 10 月份，集装箱装运。我方 10 月 16 日收到买方的装运通知，为及时装船，公司业务员于 10 月 17 日将货物存于湛江码头仓库，不料货物因当夜仓库发生火灾而全部灭失，以致货物损失由我方承担。

问：在该笔业务中，我方若采用 FCA 术语成交，是否要承担案中的损失，为什么？

三、练习题参考答案

（一）名词解释

1. 贸易术语（Trade Terms）是在长期的国际贸易实践中产生的，它是用来表示商品的价格构成，说明交货地点，确定风险、责任、费用划分等问题的专门用语。

2. CIF 术语的原文是 Cost, Insurance and Freight，中译名为成本加保险费、运费。它是指卖方必须在合同规定的装运期内，在装运港将货物交至运往指定目的港的船上，负担货物越过船舷为止的一切费用和货物灭失或损坏的风险，负责租船或订舱，支付从装运港到目的港的正常运费，并负责办理货运保险，支付保险费。

3. 装运合同是指卖方在合同规定的装运期内在装运港将货物交至运往指定目的港的船上，即完成了交货义务，对货物运输途中发生遗失或损坏的风险以及货物交运后发生的事件所产生的费用，卖方概不承担责任。

4. 国际贸易惯例（International Practice）是指在长期的国际贸易实践中逐渐形成的有较为明确固定内容的贸易惯例、一般做法和规定。

5. 象征性交货（Symbolic Delivery）是指卖方只要按期在约定地点完成装运，并向买方提交合同规定的，包括物权凭证在内的有关单据，就算完成了交货义务，而无须保证到货。

（二）单项选择题

1. D	2. C	3. B	4. C	5. C
6. B	7. C	8. A	9. C	10. C

（三）多项选择题

1. BCD	2. CD	3. AB	4. ABC	5. ABCD
6. ABCD	7. BCD	8. BC	9. ABCD	10. ABCD

（四）判断题

1. ×	2. √	3. ×	4. ×	5. √
6. ×	7. ×	8. √	9. √	10. ×

（五）案例分析题

1. 答：我方应负担卸货费用，不需要负担进口报关费。因为本案中我某进出口公司按 CIF 卸至岸上成交，以这种贸易术语变形成交，卖方要负担卸货费，但以这种贸易术语变形成交的情况下，进口手续由买方办理，进口报关费由买方负担。因此，我方应负担卸货费而不应负担进口报关费。

2．答：我方的索赔是无理的。因为在本案中，我方收到货物后，所发现的部分货物的水渍是因我方业务员的疏忽而造成的。所以，责任应由我方承担。因此，我方的索赔是无理的。

3．答：（1）卖方可以及时收回货款。因为按 CIF 术语成交属于象征性交货，买卖双方风险划分的界限以船舷为界，其特点是卖方凭单交货，买方凭单付款。在本案中，卖方收到买方开来的信用证后及时办理了装运手续，并制作好一整套结汇单据，这说明卖方已完成了交货义务且风险也已转移给了买方。因此，只要卖方提交的单据符合信用证的规定，卖方就可以及时收回货款。

（2）在实际业务中若发生本案的情形，买方应及时与保险公司取得联系，凭保险单及有关的证明向保险公司提出索赔，以弥补意外事故造成的货物损失。

4．答：货物损失的责任由我方承担。因为在 CFR 术语成交的情况下，租船订舱和办理投保手续分别由卖方和买方办理。因此，卖方在装船完毕后应及时向买方发出装运通知，以便买方办理投保手续，否则，由此而产生的风险应由卖方承担。在本案中，因为我方未及时发出装运通知，导致买方未能及时办理投保手续，未能将风险及时转移给保险公司，因而风险应由我方承担。

5．答：本案中的合同性质已不属于 CIF 合同。因为：①CIF 合同是装运合同，即按此类销售合同成交时，卖方在合同规定的装运期内在装运港将货物交至运往指定目的港的船上，即完成了交货义务，对货物在运输途中发生灭失或损坏的风险以及货物交运后发生的事件所产生的费用，卖方概不承担责任。而本案的合同条款规定："卖方保证不得迟于 12 月 5日将货物运抵汉堡，否则，买方有权撤销合同……"该条款意指卖方必须在 12 月 5 日将货物实际运抵汉堡，其已改变了装运合同的性质。②CIF 术语是典型的象征性交货，在象征性交货的情况下，卖方凭单交货，买方凭单付款，而本案合同条款规定："……如卖方已结汇，卖方须将货款退还买方。"该条款已改变了象征性交货下卖方凭单交货的特点。因而，本案的合同性质已不属于 CIF 合同。

6．答：（1）原报价格为每公吨 2 500 美元 FOB 广州黄埔，现外商要求我方将价格改为CIF 伦敦，我方应调高对外报价。因为以 CIF 价格成交时，我方需要负担从装运港至目的港的正常运费和保险费。

（2）如最终我方以 CIF 术语成交时，卖方不但增加了订立运输合同和办理保险手续责任，而且还增加了从装运港至目的港的正常运费和保险费这两项费用的负担。但不论以 FOB还是 CIF 术语成交，买卖双方承担的风险都以装运港的船舷为界。

7．答：美商的要求是合理的。根据本案的案情可知，本案依据的有关贸易术语的国际贸易惯例是《1941 年美国对外贸易定义修订本》，根据该惯例的规定，买方要支付卖方协助提供出口单证的费用以及出口税和因出口产生的其他费用，而我方开出的信用证中未包含此项费用。因此，美商的要求是合理的。

8．答：我方若选择 FCA 术语成交，不必承担案中的损失。本案采用集装箱运输，若采用 FCA 术语成交，比采用 FOB 术语成交多以下好处：①可以提前转移风险；②可以提早取得运输单据；③可以提早交单结汇，提高资金的周转率；④可以减少卖方的风险责任。这样，我方不但不用承担案中的风险，还可以提早取得运输单据，提早交单结汇。

第二十二章　商品的品名、品质、数量和包装

一、重难点分析

（一）商品的品名

根据《公约》的规定，若卖方交付货物不符合约定的品名或说明，买方有权提出损害赔偿要求，直至拒收货物或撤销合同。

（二）商品的品质

根据《公约》的规定，若卖方的交货不符合约定的品质条件，买方有权要求损害赔偿，也可要求修理或交付替代货物，甚至拒收货物或撤销合同。

表示商品品质的方法有以实物表示品质和凭说明表示品质两大类。以实物表示品质可分为看货买卖和凭样品买卖两种。凭说明表示品质又可分为凭规格买卖、凭等级买卖、凭标准买卖、凭说明书和图样买卖、凭商标或牌号买卖和凭产地名称买卖六种。

凭样品买卖（Sale by Sample）是指以样品表示商品品质并以此作为交货依据的买卖，又称为凭样品交货。凭样品买卖的种类有凭卖方样品买卖、凭买方样品买卖、凭对等样品买卖。

规定品质条款应注意的问题：①对某些商品可规定一定的品质机动幅度，即允许卖方所交货物的质量指标在一定的幅度内有灵活性。这种灵活性可分为品质公差和品质机动幅度两种。品质公差用于工业制成品，而品质机动幅度用于农副产品。品质公差是指国际上公认的产品品质误差。凡在品质公差范围内的货物，买方不得拒收或要求调整价格。②正确运用各种表示品质的方法。在实际业务中，应视商品的特性选用表示商品品质的方法。

（三）商品的数量

根据《公约》的规定，按约定的数量交付货物是卖方的一项基本义务。如卖方交货数量大于约定的数量，买方可以拒收多交的部分，也可以收取多交部分当中的一部分或全部，但应按合同价格付款。如卖方交货数量少于约定的数量，卖方应在规定的交货期届满前补交，但不得使买方遭受不合理的不便或承担不合理的开支，即使如此，买方也有保留要求损害赔偿的权利。

在国际贸易中，通常采用的度量衡制度有公制、英制、美制、国际单位制。我国现行的法定计量单位制是国际单位制。

在国际贸易中，常见的计重方法有毛重、净重、公量、法定重量和理论重量五种。毛重是指商品本身的重量加包装物的重量。净重是指产品本身的重量，即除包装后的商品实际重

量。以毛作净是指把毛重视作净重来计算商品的重量。公量是以商品的干净重加上国际公定的回潮率与干净重的乘积所得出的重量。

$$公量 = 商品净重 \times \frac{1 + 公定回潮率}{1 + 实际回潮率}$$

或

$$公量 = 商品干净重 \times （1 + 公定回潮率）$$

买卖合同中数量条款的内容主要包括成交商品的数量和计量单位。规定数量条款应注意合理规定数量的机动幅度——溢短装条款。溢短装条款是指允许卖方在交货时，可根据合同的规定多交或少交一定的百分比。根据《UCP 600》的规定，凡"约"、"大概"、"大约"或类似词语，用于信用证、数量和单价时，应解释为有关金额、数量或单价不超过10%的增减幅度。若合同和信用证中未明确规定可否溢短装，则对于散装货，除非信用证规定货物的数量不得有增减外，在所支付款项不超过信用证金额的条件下，货物数量准许有5%的增减幅度，但是，当信用证规定数量以单位或个数计数时，此项增减幅度则不适用。

规定溢短装条款应注意的问题：①数量机动幅度的大小要适当。②机动幅度选择权的规定要合理。数量机动幅度根据实际情况可由卖方选择，也可由买方选择，还可由船方选择。③溢短装数量的计价方法要公平、合理。溢短装数量有按合同价格作价和按市场价格作价两种作价方法。如买卖双方未规定溢短装数量按何种作价方法计价时，按惯例应按合同价格作价。

（四）商品的包装

按照某些国家的法律规定，如卖方交付的货物未按约定的条件包装，或者货物的包装与行业习惯不符，买方有权拒收货物。如果货物虽按约定的方式包装，但却与其他货物混杂在一起，买方可以拒收违反约定包装的那部分货物，甚至可以拒收整批货物。

运输包装的标志可分为运输标志、指示标志和警告性标志，其中运输标志在业务中使用较多。

运输标志（Shipping Marks）又称唛头，它是指书写、压印或刷制在外包装上的图形、文字和数字。它通常由一个简单的几何图形和一些字母、数字及简单的文字组成，其主要内容包括：①收、发货人代号；②目的地；③件号、批号。

为方便运输标志的使用，国际标准化组织制定了一项标准运输标志向各国推荐使用，该标准运输标志包括的内容有：①收货人或买方名称的英文缩写字母或简称；②参考号，如订单号、运单号或发票号；③目的地；④件号。

包装条款一般包括包装材料、包装方式、包装规格、包装标志等内容。

规定包装条款应注意的问题：①要考虑商品的特点和不同的运输方式。②对包装的规定要明确具体。③明确包装由谁供应和包装费用由谁负担。包装费用一般包括在货价之内，不另行计收。

二、练习题

（一）名词解释

1. 对等样品　　　　2. 定牌　　　　3. 溢短装条款
4. 唛头　　　　5. 中性包装

（二）单项选择题

1. 凡货样难以达到完全一致的，不宜采用（　　）。
　　A. 凭说明买卖　　　　　　B. 凭样品买卖
　　C. 凭等级买卖　　　　　　D. 凭规格买卖

2. 在交货数量前加上"约"或"大约"字样，按惯例《UCP 600》的规定，这种约定可解释为交货数量不超过（　　）的增减幅度。
　　A. 10%　　　　　　　　　B. 5%
　　C. 2.5%　　　　　　　　 D. 1.5%

3. 在品质条款的规定上，对某些比较难掌握其品质的工业制成品或农副产品，我们多在合同中规定（　　）。
　　A. 溢短装条款　　　　　　B. 增减价条款
　　C. 品质公差或品质机动幅度　　D. 商品的净重

4. 凭卖方样品成交时，应留存（　　）以备交货时核查之用。
　　A. 回样　　　　　　　　　B. 复样
　　C. 参考样　　　　　　　　D. 对等样品

5. 对于价值较低的商品，往往采取（　　）计算其重量。
　　A. 以毛作净　　　　　　　B. 法定重量
　　C. 净重　　　　　　　　　D. 理论重量

6. 对于大批量交易的散装货，因较难掌握商品的数量，通常在合同中规定（　　）。
　　A. 品质公差条款　　　　　B. 溢短装条款
　　C. 立即装运条款　　　　　D. 仓至仓条款

7. 合同中未注明商品重量是按毛重还是净重计算时，则习惯上应按（　　）计算。
　　A. 毛重　　　　　　　　　B. 净重
　　C. 以毛作净　　　　　　　D. 公量

8. 某公司与外商签订了一份出口某商品的合同，合同中规定的出口数量为500公吨。在溢短装条款中规定，允许卖方交货的数量可增减5%，但未对多交部分货物如何作价给予规定。卖方依合约规定多交了20公吨，根据《公约》的规定，此20公吨应按（　　）作价。
　　A. 到岸价　　　　　　　　B. 合同价
　　C. 离岸价　　　　　　　　D. 议定价

9. 我某进出口公司拟向马来西亚客商出口服装一批，在洽谈合同条款时，就服装的款式可要求买方提供（　　）。

A. 样品　　　　　　　　　　B. 规格

C. 商标　　　　　　　　　　D. 产地

10. 我国现行的法定计量单位制是（　　　）。

A. 公制　　　　　　　　　　B. 国际单位制

C. 英制　　　　　　　　　　D. 美制

（三）多项选择题

1. 某公司向国外某客商出口 500 台电冰箱，合同没有规定卖方交货的数量可溢短装5%，卖方实际交货时多交了 20 台，买方可就卖方多交的 20 台货物作出（　　　）的决定。

A. 收取 520 台电冰箱　　　　B. 拒收 520 台电冰箱

C. 收取多交货物中的 10 台电冰箱　D. 拒收多交货物中的 20 台电冰箱

2. 表示品质方法的分类是（　　　）。

A. 凭样品表示商品的品质　　B. 凭实物表示商品的品质

C. 凭说明表示商品的品质　　D. 凭商标表示商品的品质

3. 唛头的主要内容包括（　　　）。

A. 目的港（地）名称

B. 收货人及（或）发货人名称的代用简字或代号

C. 件号、批号

D. 许可证号

4. 一卖方同意以每公吨 300 美元的价格向买方出售 1 200 公吨一级大米，合同和信用证金额都为 36 万美元。但卖方实际交付货物时，大米的价格已发生了波动。因价格波动，一级大米的价格是 350 美元/公吨，而三级大米的价格为 300 美元/公吨，则（　　　）。

A. 卖方可交三级大米

B. 卖方应按合同规定交货

C. 因价格波动卖方可按 10% 比例少交一些货物

D. 无论进货价多少，只要卖方的交货符合合同和信用证的规定，卖方就能收回 36万美元的货款

5. 我国实施 ISO9000 系列标准，努力按国际标准组织出口商品生产的原因是（　　　）。

A. ISO9000 系列标准是进入国际市场的通行证

B. ISO9000 系列标准是参与国际竞争、发展对外贸易的要求

C. ISO9000 系列标准是建立现代企业制度、适应市场经济的重要组成部分

D. ISO9000 系列标准是全面提高企业素质、强化质量管理的手段

6. 在国际贸易中，常用的度量衡制度有（　　　）。

A. 公制　　　　　　　　　　B. 英制

C. 美制　　　　　　　　　　D. 国际单位制

7. 在国际贸易中，溢短装条款的内容包括（　　　）。

A. 溢短装的百分比　　　　　B. 溢短装的选择权

C. 溢短装部分的作价　　　　D. 买方必须收取溢短装的货物

8. 以下（　　　）属于运输包装的标志。

    A. 运输标志   B. 条形码

    C. 指示性标志   D. 警告性标志

9. 在国际贸易中，关于商品包装由谁供应的通常做法是（　　）。

    A. 由卖方提供包装，包装连同商品一起交付买方

    B. 由卖方提供包装，但交货后，卖方将原包装收回

    C. 由买方提供包装或包装物料

    D. 由厂家提供包装，交货时间向买方收取包装费

10. 在国际贸易中，常见的计重方法有（　　）。

    A. 毛重   B. 净重

    C. 公量   D. 理论重量和法定重量

（四）判断题

1. 某外商来电要我提供大豆，要求按含油量20%、含水分15%、不完善粒6%、杂质1%的规格订立合同，对此，在一般情况下，我方可以接受。（　　）

2. 若卖方交付货物的品质在约定的品质机动幅度或品质公差范围内，除非买卖双方另有规定，一般不另行增减价格。（　　）

3. 在出口贸易中，表示品质的方法多种多样，为了明确责任，最好采用既凭样品又凭规格买卖的方法。（　　）

4. 根据《公约》的规定，如卖方所交货物多于约定数量，买方可以全部收下合同规定的和卖方多交的货物，也可以全部拒收合同规定的和卖方多交的货物。（　　）

5. 以毛作净就是以净重代替毛重。（　　）

6. 交货数量的机动幅度可由卖方选择，也可由买方选择，不论由何方选择，每次装货均不得超过承运人宣布的船舶装载量。（　　）

7. 按买方来样，我方复制一样品寄交买方确认，这个样品即为复样。（　　）

8. 运输包装上的标志都必须在运输单据上表明。（　　）

9. 包装费用一般包括在货价之内，不另计收。（　　）

10. 双方签订的贸易合同中，规定成交货物为不需包装的散装货，而卖方在交货时采用麻袋包装，但净重与合同规定完全相符，且不要求另外加收麻袋包装费。货到后，买方索赔，该索赔不合理。（　　）

（五）计算题

A公司与B公司签订了一份50公吨羊毛的出口合同，合同中规定以公量来计算商品的重量，商品的公定回潮率是10%，货物到达目的港后抽样检测所得的实际回潮率是8%，试计算该批商品的公量是多少？

（六）操作题

1. 买卖合同中的数量条款规定"100M／T 5% more or less at seller's option"，则根据《公约》的规定，卖方最多和最少可交多少公吨货物？多交部分如何作价？若双方未约定多交部分如何作价，当市场价格上涨时，卖方应该多交还是少交？

2. 我国嘉骏贸易有限公司向日本信诚贸易有限公司出口某产品 500 箱，已知收货人代号为 JQL、目的地为 Osaka Japan、合同号为 01 - 368 - 98。请根据以上已知条件制作一标准化唛头。

（七）案例分析题

1. 我方与越南某客商凭样品成交达成一笔出口镰刀的交易。合同中规定复验有效期为货物到达目的港后 60 天。货物到目的港经越商复验后，未提出任何异议。但事隔半年，越商来电称：镰刀全部生锈，只能降价出售，越商因此要求我方按成交价的 40% 赔偿其损失。我方接电后立即查看我方留存的复样，也发现类似情况。

问：我方应否同意对方的要求，为什么？

2. 我方向西欧某国出口布匹一批，货到目的港后，买方因购销旺季，未对货物进行检验就将布匹投入批量生产。数月后，买方寄来几套不同款式的服装，声称用我方出口的布匹制成的服装缩水严重，难以投入市场销售，因而向我方提出索赔。

问：我方是否应该理赔，为什么？

3. 我某出口公司对美成交出口电冰箱 4 500 台，合同规定 pyw - A、pyw - B 和 pyw - C 型三种型号各 1 500 台，不得分批装运。待我方发货时，发现 pyw - B 型电冰箱只有 1 450 台，而其他两种型号的电冰箱存货充足，考虑到 pyw - B 数量短缺不大，我方于是便以 50 台 pyw - A 代替 pyw - B 装运出口。

问：我方这样做是否合适，为什么？

4. 我某进出口公司向国外某客户出口榨油大豆一批，合同中规定大豆的具体规格为含水分 14%、含油量 18%、含杂质 1%。国外客户收到货物不久，我方便收到对方来电称：我方的货物品质与合同规定相差较远，具体规格为含水分 18%、含油量 10%、含杂质 4%，并要求我方给予合同金额 40% 的损害赔偿。

问：对方的索赔要求是否合理？合同中就这一类商品的品质条款应如何规定为宜？

5. 某公司与国外某农产品贸易有限公司达成一笔出口小麦的交易，国外开来的信用证规定："数量为 1 000 公吨，散装货，不准分批装运，单价为 250 美元 / 公吨 CIF 悉尼，信用证金额为 25 万美元……"但未表明可否溢短装。卖方在依照信用证的规定装货时，多装了 15 公吨。

问：（1）银行是否会以单证不符而拒付，为什么？

（2）《公约》对交货数量是如何规定的？

6. 我某进出口公司与德国某贸易有限公司订立了一份出口"龙口粉丝"的合同，凭样品买卖，支付方式为货到目的港验收后付款。当到货经买方验收后发现货物品质与样品不符，德商即决定退货并拒绝提货。后来，货物因保管不妥完全变质，且德国海关向我方收取仓储费及变质商品处理费共 3 万马克。

问：我公司应如何处理此事？

7. 我某纺织品进出口公司以 CIF 条件与国外买方签订一份出口 5 000 套西服的合同。货到目的港，经买方对货物进行复验后，发现部分西服有水渍。因此，买方向我纺织品公司提出 30% 的扣价索赔。但当我方欲就此案进行核查时，买方已将该批西服运往他国销售。

问：我方是否仍应赔偿对方的损失，为什么？

8. 我某出口公司以 CIF 条件与意大利客商签订了一份出口 500 公吨大豆的合同，合同规定：双线新麻袋包装，每袋 50 千克，外销价为每公吨 200 美元 CIF 悉尼，即期信用证支付方式付款。我公司凭证出口并办妥了结汇手续。货到后买方来电称：我公司所交货物扣除皮重后不足 500 公吨，要求我方退回因短量而多收的货款。

问：对方的要求是否合理，为什么？

三、练习题参考答案

（一）名词解释

1. 对等样品（Counter Sample）是指卖方根据买方提供的样品加工复制出一个类似的样品交买方确认，这种经确认后的样品称为对等样品。

2. 定牌是指卖方按买方要求在其出售的商品或包装上标明买方指定的商标或牌号，这种做法叫做定牌。

3. 溢短装条款（More or Less Clause）是指卖方在交货时，可根据合同规定的数量多交或少交一定的百分比。

4. 唛头是运输标志（Shipping Marks）的俗称，它是指书写、压印或刷制在外包装上的图形、文字和数字。它通常是由一个简单的几何图形和一些字母、数字及简单的文字组成，其主要内容包括：①收、发货人代号；②目的地；③件号、批号。

5. 中性包装（Neutral Packing）是指既不标明生产国别、地名和厂商名称，也不标明商标或牌号的包装。

（二）单项选择题

1. B 2. A 3. C 4. B 5. A
6. B 7. B 8. B 9. A 10. B

（三）多项选择题

1. ACD 2. BC 3. ABC 4. BD 5. ABCD
6. ABCD 7. ABC 8. ACD 9. ABC 10. ABCD

（四）判断题

1. × 2. √ 3. × 4. × 5. ×
6. √ 7. × 8. √ 9. √ 10. ×

（五）计算题

解：公量 = 商品净重 × （1 + 公定回潮率）/ （1 + 实际回潮率）
　　　　= 50 × （1 + 10%）/ （1 + 8%）
　　　　= 50.93（公吨）

答：该批商品的公量为 50.93 公吨。

（六）操作题

1. 卖方最多可交 105 公吨，最少可交 95 公吨。多交部分的作价方法有：①按合同价格作价；②按市场价格作价。若双方未约定多交部分如何作价，则根据《公约》的规定，应按合同价格作价。因该商品的市场价格上涨，从卖方的利益考虑，卖方应少交，即只交 95 公吨。

2. 唛头制作如下：

JQL

01 – 368 – 98

Osaka Japan

Nos：500

（七）案例分析题

1. 答：我方不应同意对方的要求。因为货物到达目的港后越商复验及复验有效期内均未提出任何异议，证明交货的镰刀符合合同规定的品质要求。另外，镰刀全部生锈的原因不是镰刀本身的内在缺陷，而是镰刀与空气中的氧发生了氧化作用引起的，是一种自然现象。故尽管我方留存的复样也存在类似现象，我方也不能同意对方的要求。

2. 答：我方不应该理赔。本案就买方因购销旺季未对货物进行检验就将布匹投入批量生产产生的后果，我方可根据国际上通常执行的"纺织品一经开剪即不予考虑赔偿"的原则，拒绝理赔。

3. 答：我方这样做是不合适的。因为如果双方事先无品质机动幅度的规定，卖方在交货时，对于货物的质量（包括规格、花色搭配、型号等）应严格遵守合同的规定。否则，由此而产生的一切后果将由卖方承担。就本案而言，我方在发现 pyw – B 型电冰箱数量短缺时，应先征得买方的同意才能发货，而不能擅自以其他型号的电冰箱来代替。因此，我方的做法是不合适的。

4. 答：对方的要求是合理的。因为我方交货的品质不符合合同的规定，理应给予对方一定金额的损害赔偿，但是否为合同金额的 40%，应根据具体情况而定。合同中就这一类较难掌握交货品质的出口商品的品质条款，应采用规定品质公差或品质机动幅度的方法来避免因交货品质难以掌握给我方交货带来的困难。

5. 答：（1）银行不会因单证不符而拒付货款。根据《UCP 600》的规定，除信用证规定货物的数量不得有增减外，在所支付款项不超过信用证金额的条件下，货物数量准许有 5% 的增减幅度，但是，当信用证规定数量以单位或个数计数时，此项增减幅度则不适用。本案卖方出口的商品是 1 000 公吨散装小麦，且信用证未表明可否溢短装，则只要卖方按信用证规定制作单据，且要求银行支付的金额不超过 25 万美元，银行就应根据信用证的规定支付货款。

（2）根据《公约》的规定，按约定的数量交付货物是卖方的一项基本义务，如卖方交货数量大于约定的数量，买方可以拒收多交的部分，也可以收取多交部分中的一部分或全部，但应按合同价格付款。如卖方交货数量少于约定的数量，卖方应在规定的交货期届满前补交，但不得使买方遭受不合理的不便或承担不合理的开支，即使如此，买方也有保留要求损害赔偿的权利。依本案，就卖方多交的 15 公吨货物，买方可以全部拒收，也可以收取其中的一部分或全部，但应按合同规定的价格付款，款项可以通过汇付或托收方式收取。

6. 答：按合同规定的品质条件提交货物是卖方的基本义务之一，本案买卖双方凭样品买卖，卖方的交货应与样品完全一致，卖方应承担交货品质不符的责任。但《公约》第八十六条第一款规定："如果买方已收到货物，但打算行使合同或本公约的任何权利，把货物退回，他必须按情况采取合理措施，以保全货物，他有权保有这些货物，直至卖方把他所付的合理费用偿还给他为止。"即买方在决定退货后，应采取合理措施妥善保管货物。而本案中的买方却未这样做，导致货物变质。我方可就货物的损失及进口国海关向我方收取的费用与买方进行交涉，尽可能挽回损失。

7. 答：我方不应赔偿对方的损失。根据本案的案情，货到目的港经买方对货物进行复验后，发现部分西服有水渍，因此，买方向我纺织品公司提出 30% 的扣价索赔。但当我方欲就此案进行核查时，买方却已将该批西服运往他国销售，这表明买方对货物做出与卖方所有权相抵触的行为，导致买方事实上已接受了货物，从而丧失了向卖方索赔的权利。所以，我方不应赔偿对方的损失。

8. 答：对方的要求是合理的。卖方交货的数量应严格按照信用证的规定执行，且应按商品的净重交货。在本案中，我方用双线新麻袋包装货物，每袋 50 千克，但货物扣除皮重后不足 500 公吨，说明我方短量交货，买方有权要求我方退回因短量而多收的货款，因此，对方的要求是合理的。

第二十三章　国际货物运输

一、重难点分析

（一）班轮运输

班轮运输是指船舶按照固定的船期表、沿着固定的航线和港口并按相对固定的运费率收取运费的运输方式。班轮运输具有以下主要特点：

（1）"四定"。即固定的港口、固定的航线、固定的船期和相对固定的运费费率。

（2）"一负责"。即货物由班轮公司负责配载和装卸，在班轮运费中已包括装卸货费，故班轮公司和托运人双方不计滞期费和速遣费。

班轮运费是指班轮公司为运输货物而向货主收取的费用。班轮运费由基本运费和附加运费两部分组成。基本运费是指货物从装运港到目的港所应收取的费用，其中包括货物在港口的装卸费用，它是构成全程运费的主要组成部分。其计算标准主要有以下六种：

（1）按货物的毛重计收。按此方法计费者，以公吨为单位计算运费，在班轮运价表中商品名称后面注有"W"字样。

（2）按货物的体积计收。按此方法计费者，以立方米为单位计算运费，在班轮运价表中商品名称后面注有"M"字样。

（3）按货物的价格计收。即以有关货物的 FOB 总价值按一定的百分比收取。按此方法计费者，在班轮运价表中商品名称后面注有"A. V."或"Ad. Val."字样，也称从价运费。

（4）按收费较高者计收。即以重量公吨、尺码公吨（W/M）两者或以重量公吨、尺码公吨、货物的价格（W/M or A. V.）三者中，选择较高者收费。此外，还有以重量公吨、尺码公吨两者中，选择较高者收费后，另加收一定百分比的从价运费。

（5）按货物的件数计收。

（6）大宗商品交易下，由船、货双方议定。

附加费是指针对某些特定情况或需要作特殊处理的货物而在基本运费之外加收的费用。附加费名目繁多，主要有超重附加费、超长附加费、直航附加费、转船附加费、港口拥挤附加费、选港附加费等。

班轮运费＝商品数量×计费标准×基本运费×（1＋各种附加费率之和）

（二）主要海运航线和港口

1. 海运航线

海运航线即船舶的运输航线，按船舶的营运方式不同可分为定期租船和不定期租船，按航程的远近不同可分为远洋运输、近洋运输和沿海运输。

在国际贸易中，各国的货物运输所使用的海上航线主要有：①北大西洋航线；②北太平洋航线；③苏伊士运河航线；④巴拿马运河航线；⑤基尔运河航线；⑥南非航线；⑦南大西洋航线；⑧南太平洋航线；⑨加勒比海航线。

我国对外贸易货物运输所使用的主要航线有26条，其中远洋地区有12条，近洋地区有14条。

2. 主要港口

在世界众多的港口中，用于国际贸易的港口有2 500多个。年吞吐量曾超过1亿公吨（不含石油输出港）的港口有鹿特丹、安特卫普、马赛等16个。年吞吐量曾超过1 000万公吨的港口有100多个，其中80%以上集中在发达国家，以输出工业制成品和进口原料、燃料为主。

截至2001年10月31日，既是我国大陆货物吞吐量前十名，又是集装箱货物吞吐量前十名的港口是上海、广州、宁波、天津、大连、青岛、深圳。

3. 同名港口

在世界港口中，英文名称相同或发音相同，但却分属不同的国家或地区（即同名不同地）的港口主要有温哥华、悉尼、维多利亚、波士顿等18个。

（三）铁路运输、航空运输、邮政运输

1. 铁路运输

我国对外贸易货物使用的铁路运输可分为国内铁路运输和国际铁路联运两个部分。

我国的国际铁路货物联运主要是依据铁路合作组织在1951年缔结的《国际铁路货物联运协定》（简称《国际货协》）来进行的。

铁路运单和运单副本是国际铁路联运中铁路与货主之间的运输契约，对收、发货人和铁路部门都具有法律约束力。铁路运单正本随货物自始发站运至终点站，最后在终点站由收货

人付清应由收货人负担的运杂费用后，连同货物由终点站交给收货人。运单副本由铁路始发站签发给发货人作为货物已经交运的凭证和凭以向银行办理货款结算的主要单据。由于收货人向铁路提取货物时，无须提交运单，因此，铁路运单并非物权凭证，不能通过背书进行转让和作为抵押品向银行融通资金。

2. 航空运输

航空货运单是承运人收取货物后签发的货物收据。货物到达目的地后，承运人向收货人发出到货通知，收货人凭到货通知和身份证明提取货物。所以，航空运单并非物权凭证，不能通过背书进行转让和作为抵押品向银行融通资金。但它是证明发货人业已交运货物的正式凭证，发货人可凭此向收货人结算货款。

3. 邮政运输

邮政运输是一种“门到门”的运输方式。采用邮政运输，货物到达目的地后，承运人向收货人发出到件通知，收货人凭到件通知和身份证明提取邮件。所以，邮包收据并非物权凭证，不能通过背书进行转让和作为抵押品向银行融通资金。国际邮政运输实属国际多式联合运输性质。

（四）集装箱运输、国际多式联运与大陆桥运输

集装箱运输是指以集装箱为运输单位进行运输的一种现代化的先进的运输方式，它可适用于各种运输方式的单独运输和不同运输方式的联合运输。

国际多式联运是指按照多式联运合同，以至少两种不同的运输方式，由多式联运经营人将货物从一国境内接受货物的地点运往另一国境内指定交付货物的地点的运输方式。

根据《联合国国际货物多式联运公约》的规定，国际多式联运方式须同时具备六个条件：①必须要有一份多式联运合同；②使用一份包括全程的多式联运单据；③由一个多式联运经营人对全程运输负责；④必须是至少两种不同运输方式的连贯运输；⑤必须是国际的货物运输；⑥必须是全程单一的运费费率。

大陆桥运输是指使用横贯大陆的铁路或公路运输系统作为中间桥梁，把大陆两端的海洋运输连接起来的连贯运输方式。它有大陆桥运输、小陆桥运输、微型陆桥运输之分。

（五）“OCP”运输

“OCP”是英文“Overland Common Point”的缩写，意为“内陆公共点”。它是以美国落基山脉为界，界东的广大地区划为内陆地区（不包括界西的9个州）。如提单上表明按OCP条款运输，可享受比直达西海岸港口费率低的优惠，陆运的运费率也可降低5%左右。

采用OCP条款必须满足的条件是：①货物最终的目的地必须属于OCP地区；②货物必须经由美国西海岸港口中转；③提单上必须标明OCP字样并在提单目的港一栏中注明西部港口及最终内陆城市的名称；④“唛头”的目的港城市名称下须加注OCP及最终目的地城市名称。

（六）海运提单的性质与作用

海运提单（Bill of Lading，或B /L）简称提单，它是由船长或船公司或其代理人签发的证明已收到特定货物，允诺将货物运至特定的目的地，并交付给收货人的凭证。海运提单是

收货人在目的港据以向船公司或其代理提取货物的凭证。

海运提单的性质与作用可以概括为三个方面：①它是承运人或其代理人出具的货物收据；②它是代表货物所有权的凭证；③它是承运人与托运人之间订立的运输契约的证明。

（七）海运提单的分类

（1）按签发提单时货物是否已装船分为已装船提单和备运提单。

（2）按提单有无不良批注分为清洁提单和不清洁提单。

（3）按提单是否可以流通分为记名提单和指示提单。

（4）按运输方式分为直达提单、转船提单和联运提单。

（5）按提单内容繁简分为全式提单和略式提单。

（6）根据船舶经营性质分为班轮提单和租船提单。

（7）其他种类的提单还有集装箱提单、舱面提单和过期提单。

（八）不可转让海运单

不可转让海运单（Non-negotiable Sea Way Bill）是近几年来欧洲、斯堪的那维亚半岛、北美和某些远东地区、中东地区开始通行的一种不可流通转让海运单据。它是由船长或船公司或其代理人签发的证明已收到特定货物（已接管或已装船）并保证将货物运至目的地交付给指定收货人的一种凭证。不可转让海运单与海运提单同样是船方出具的货物收据，也是海上货物运输契约的证明。但它不是货物所有权的凭证，收货人提货时无须出示海运单，承运人仅凭收货人提交的证明其为海运单上指定收货人的凭条交付货物。

（九）多式联运单据

多式联运单据（Multimodal Transport Documents，MTD）是为适应广泛开展的集装箱运输的需要而产生的，在使用多种运输方式联合运送货物时所签发的单据。多式联运单据与联运提单的主要区别是：

（1）使用的范围不同。联运提单限于由海运与其他运输方式所组成的联合运输时使用。多式联运单据使用范围较广，它既可用于海运与其他运输方式的联运，也可用于不包括海运的其他运输方式的联运，但仍必须是至少两种不同运输方式的联运。

（2）签发人不同。联运提单由承运人、船长或承运人的代理签发。多式联运单据则由多式联运经营人或经他授权的人签发。

（3）签发人对运输负责的范围不同。联运提单的签发人仅对第一程运输负责，而多式联运单据的签发人则要对全程运输负责。

（4）运费费率不同。联运提单全程采用不同的运费费率，多式联运单据必须是全程单一的运费费率。

（十）《国际货物买卖合同》中的装运条款

1. 装运时间

《国际货物买卖合同》中常见的装运期的规定方法有：①明确规定具体的装运期限；②规定在收到信用证后若干天内装运；③笼统地规定装运期。

《UCP 600》规定，不应使用诸如"迅速"、"立即"、"尽快"之类词语，如使用此类词语，银行将不予置理；该惯例还规定，"以后"将理解为不包括所述日期。

2. 装运港和目的港

装运港和目的港的规定方法：通常情况下，只规定一个装运港和一个目的港。在大宗商品交易条件下，可酌情规定两个或两个以上的装运港和目的港，并分别列明其名称供选用。就具体的目的地而言，买方在卖方发货前应从可供选择的地点中确定，并通知卖方安排运输。在双方洽商暂无法确定装运港和目的港时，可采用选择港的方式。选择港必须以同一航线班轮的寄航港为限。核算运费时，以运费最高的港口为基础，并明确选择港的附加费由买方负担，或在采用 CFR、CIF 条件时把附加费加进售价。规定选择港的数目一般不超过三个。

确定目的港时应注意的问题：

（1）目的港和目的地必须明确具体。

（2）合同中规定以海上运输方式交运的交易，货物运往的目的港无直达班轮或航次很少的，合同中应规定允许转运的条款。

（3）目的港必须是船舶可以停泊的港口。对内陆国家的贸易，而又采用 CIF 或 CFR 条件的，一般应选择距离该国最近的、我方能够安排船舶的港口为目的港。在采用多式联运情况下，除非联运承运人接受全程运输，一般不可接受以内陆城市为目的港的条件。

（4）在规定目的港时，应注意所选择的港口是否存在重名的问题。凡有重名的港口或城市，应加注国名，在同一个国家有同名港口或城市者，应注明所在国家的部位，以防止发生因漏注而错运货物的事故。

3. 分批装运和转船

《UCP 600》对分批装运和转船的规定有：

（1）运输单据表面注明货物系使用同一运输工具并经同一路线运输的，即使每套运输单据注明的装运日期不同及/或装货港、接受监管地、发运地不同，只要运输单据注明的目的地相同，也不视为分批装运。

（2）除非信用证另有规定，允许分批装运和转船。

（3）如信用证规定在指定时期内分批装运，其中任何一批未按批装运，信用证对该批和以后各批货物均告失效。

二、练习题

（一）名词解释

1. 班轮运输　　　　2. 清洁已装船提单　　　　3. 国际多式联运

4. 海运提单　　　　5. 大陆桥运输

（二）单项选择题

1. 我国对北美出口货物通常所使用的运输单据是（　　　）。

　　A. 铁路运单正本　　　　　　　　B. 承运货物收据

　　C. 海运提单　　　　　　　　　　D. 航空运单

2. 按《UCP 600》的解释，若信用证条款中未明确规定是否"允许分批装运"、"允许转运"，则应视为（　　）。

    A. 可允许分批装运，但不允许转运

    B. 可允许分批装运和转运

    C. 可允许转运，但不允许分批装运

    D. 不允许分批装运和转运

3. 海运提单日期应理解为（　　）。

    A. 货物开始装船的日期　　　　　　B. 货物装船过程中的任何一天

    C. 货物装船完毕的日期　　　　　　D. 签订运输合同的日期

4. 关于程租船装卸费用划分问题，使用较多的是（　　）。

    A. FO　　　　　　　　　　　　　B. FIO

    C. FOB Liner Terms　　　　　　　D. FI

5. 班轮运费应该（　　）。

    A. 包括装卸费，但不计滞期费、速遣费

    B. 包括装卸费，但应计滞期费、速遣费

    C. 包括装卸费和滞期费，但不计速遣费

    D. 包括装卸费和速遣费，但不计滞期费

6. 下列单据中，只有（　　）才可用来结汇。

    A. 大副收据　　　　　　　　　　　B. 铁路运单副本

    C. 场站收据副联　　　　　　　　　D. 铁路运单正本

7. 经过背书才能转让的提单是（　　）。

    A. 指示提单　　　　　　　　　　　B. 不记名提单

    C. 记名提单　　　　　　　　　　　D. 清洁提单

8. 签发多式联运提单的承运人的责任是（　　）。

    A. 只对第一程运输负责　　　　　　B. 必须对全程运输负责

    C. 对运输不负责　　　　　　　　　D. 只对最后一程运输负责

9. 我某公司与外商签订一份 CIF 出口合同，以 L/C 为支付方式。国外银行开来的信用证规定："信用证有效期为 8 月 10 日，最迟装运期为 7 月 31 日。"我方加紧备货出运，于 7 月 21 日取得大副收据，并换回正本已装船清洁提单，我方应不迟于（　　）向银行提交单据。

    A. 7 月 21 日　　　　　　　　　　B. 7 月 31 日

    C. 8 月 10 日　　　　　　　　　　D. 8 月 11 日

10. 信用证的到期日为 12 月 31 日，最迟装运期为 12 月 16 日，最迟交单日期为运输单据出单后 15 天，出口人备妥货物安排出运的时间是 12 月 10 日，则出口人最迟应于（　　）向银行交单议付。

    A. 12 月 16 日　　　　　　　　　　B. 12 月 25 日

    C. 12 月 28 日　　　　　　　　　　D. 12 月 31 日

11. 连接世界两个工业最发达的地区，两岸拥有世界 2/5 的重要港口，80% 的海洋货运的海上航线是（　　）。

A. 北太平洋航线   B. 苏伊士运河航线

C. 巴拿马运河航线   D. 北大西洋航线

12. 北太平洋航线经由（　　），可与美洲东岸各港乃至西欧的北太平洋航线相接。

     A. 苏伊士运河   B. 基尔运河

     C. 巴拿马运河   D. 圣劳伦斯水道

13. 苏伊士运河是连接亚洲与欧洲的航线，它位于埃及的东北部，是世界少有的天闸运河，也是世界（　　）大运河。

     A. 第一   B. 第二

     C. 第三   D. 第四

14. 我国对外贸易货物运输所使用的主要远洋航线有（　　）条。

     A. 12   B. 14

     C. 24   D. 26

15. 在世界众多的港口中，年吞吐量曾超过 1 000 万公吨的港口有 100 多个，其中（　　）以上集中在发达国家。

     A. 60%   B. 70%

     C. 80%   D. 90%

（三）多项选择题

1. 某份 CIF 合同，卖方采用程租船方式装载货物，在租船合同中规定，装卸时间是 6 个 24 小时晴天工作日，该批货物于 8 月 19 日开始装船，下列（　　）不应计入装卸时间。

     A. 8 月 21 日（周六休息）   B. 8 月 24 日（暴雨无法装船）

     C. 8 月 22 日（周日休息）   D. 8 月 25 日（暴雨无法装船）

2. 《UCP 600》对分批装运所作的规定主要有（　　）。

     A. 运输单据表明货物是使用同一运输工具并经由同一路线运输的，即使运输单据注明装运日期及装运地不同，只要目的地相同，也不视为分批装运

     B. 除非信用证另有规定，允许分批装运

     C. 除非信用证另有规定，不允许分批装运

     D. 如信用证规定在指定的时间内分批装运，若其中任何一批未按约定的时间装运，则信用证对该批和以后各批均告失效

3. 海运提单的性质与作用是（　　）。

     A. 它是海运单据的唯一表现形式

     B. 它是承运人或其代理人出具的货物收据

     C. 它是代表货物所有权的凭证

     D. 它是承运人与托运人之间订立的运输契约的证明

4. 采用 OCP 条款必须满足的条件是（　　）。

     A. 货物最终的目的地必须属于 OCP 地区

     B. 货物必须经由美国西海岸港口中转

     C. 提单上必须标明 OCP 字样，并在提单目的港一栏中注明西部港口及最终内陆城市的名称

D. "唛头"的目的港城市名称下须加注 OCP 及最终目的地城市名称

5. 构成国际多式联运应具备的条件是（　　）。

    A. 必须要有一份多式联运合同和使用一份包括全程的多式联运单据，并由一个多式联运经营人对全程运输负责

    B. 必须是至少两种不同运输方式的连贯运输

    C. 必须是国际的货物运输

    D. 必须是全程单一的运费费率

6. 租船运输包括（　　）。

    A. 定期租船运输　　　　　　　　B. 集装箱运输

    C. 班轮运输　　　　　　　　　　D. 定程租船运输

7. 班轮运输最基本的特点是（　　）。

    A. 一种灵活的运输方式

    B. 班轮公司和货主之间的权利、义务及责任豁免均以签发的提单条款为依据

    C. "四固定"

    D. "一负责"

8. 国际货物买卖合同中比较常见的装运期的规定方法有（　　）。

    A. 规定在某一天装运

    B. 规定在收到信用证后若干天内装运

    C. 笼统地规定装运

    D. 明确规定具体的装运期限

9. 国际货物买卖合同中比较常见的装运港和目的港的规定方法有（　　）。

    A. 笼统地规定装运港和目的港

    B. 一般情况下，只规定一个装运港和一个目的港

    C. 大宗商品可规定两个装运港和目的港

    D. 在双方治商暂无法确定装运港和目的港时，可采用选择港的方式

10. 联运提单与国际多式联运单据在性质上的区别是（　　）。

    A. 使用的范围不同　　　　　　　B. 签发人不同

    C. 签发人对运输负责的范围不同　D. 运费费率不同

11. 在世界港口中，以下（　　）是英文名称或发音相同，但分属不同国家或地区的港口。

    A. 温哥华　　　　　　　　　　　B. 利物浦

    C. 悉尼　　　　　　　　　　　　D. 维多利亚

12. 发展中国家的港口多以（　　）为主。

    A. 输入燃料　　　　　　　　　　B. 输出原料

    C. 输出燃料　　　　　　　　　　D. 输入工业制成品

13. 我国近洋航线中的澳大利亚、新西兰航线，包括（　　）的港口。

    A. 澳大利亚　　　　　　　　　　B. 新西兰

    C. 巴布新几内亚　　　　　　　　D. 大西洋各岛屿

14. 年吞吐量曾超过 1 亿公吨的中国港口有（　　）。

    A. 上海　　　　　　　　　　　B. 广州

    C. 宁波　　　　　　　　　　　D. 大连

15. 海运航线按航程远近不同可分为（　　　）。

    A. 远洋航线　　　　　　　　　B. 近洋航线

    C. 沿海航线　　　　　　　　　D. 定期航线

（四）判断题

1. 属于第一级商品，其班轮运费的计收标准是最高的。（　　　）

2. 重量公吨和尺码公吨统称为运费公吨。（　　　）

3. 在规定装运期条文时，如使用了"迅速"、"立即"、"尽速"或类似词句者，按《UCP 600》惯例规定，银行将不予置理。（　　　）

4. 同一票货物如包装不同，其计费标准和等级也不同，如托运人未按不同包装分别列明毛重和体积，则全票货物均按收费较高者计收运费。（　　　）

5. 目前，我国供港铁路货物联运方式的特点是一票运输，其结汇单据是承运货物收据。（　　　）

6. 班轮运费计收标准中的"W/M Plus Ad. Val."是指计收运费时，应选三者中较高者计收。（　　　）

7. 国际邮包运输具有国际多式联运和"门到门"运输的性质。（　　　）

8. 国外开来信用证规定的装运期限为"after 12th May, 2001"，应理解为在 2001 年 5 月 12 日或以后装运。（　　　）

9. 所有运输单据都是承运人签发给托运人的货物收据，故都是物权凭证，都可凭此向目的地代理人提货。（　　　）

10. 清洁提单是指无任何批注的提单，这种认识是全面的。（　　　）

11. 北太平洋航线的西端为亚洲港口，北起日本的横滨港，途经中国的青岛港，南至菲律宾的马尼拉港。（　　　）

12. 南非航线是由西欧、北美经好望角至印度洋，乃至远东或澳新地区的航线，是最早联系东西方的航线，也是来自中东大型油轮的主要航线。（　　　）

13. 发达国家的港口以输出燃料、工业制成品和输入原料为主。（　　　）

14. 我国近洋航线中的俄罗斯航线是指俄罗斯远东航线。（　　　）

15. 凡海运到加拿大再以陆路运往美国内陆地区的货物，如提单表明按 OCP 条款运输，也可使用 OCP 条款。（　　　）

（五）计算题

1. 我出口商品共 100 箱，每箱的体积为 30cm × 60cm × 50cm，毛重为 40 千克，查运费表得知该货为 9 级，计费标准为 W/M，基本运费为每运费公吨 109HK$，另收燃油附加费 20%、港口拥挤费 20%、货币贬值附加费 10%，试计算该批货物的运费是多少港元。

2. 某公司出口货物共 200 箱，对外报价为每箱 438 美元 CFR 马尼拉，菲律宾商人要求将价格改报为 FOB 价，试求每箱货物应付的运费及应改报的 FOB 价为多少。（已知该批货物每箱的体积为 45cm × 35cm × 25cm，毛重为 30 千克，商品计费标准为 W/M，基本运费为每运费公吨 100 美元，到马尼拉港需加收燃油附加费 20%、货币附加费 10%、港口拥挤费 20%。)

3．我方按 CFR 价格出口洗衣粉 100 箱，该商品内包装为塑料袋，每袋 0.5 千克，外包装为纸箱，每箱 100 袋，箱的尺寸为：47cm×30cm×20cm，基本运费为每尺码公吨 367HK$，另加收燃油附加费 33%、港口附加费 5%、转船附加费 15%，计费标准为 "M"，试计算该批商品的运费为多少。

4．我某公司向东京某进口商出口自行车 100 箱，每箱 1 件，每箱体积是 20cm×50cm×120cm，计收运费的标准为 "M"，基本运费为每运费公吨 280HK$，另加收燃油附加费 30%、港口拥挤费 10%，试计算该批商品的运费是多少。

（六）操作题

我国金诚贸易有限公司向美国理斯特公司出口天津红小豆 300 公吨，2001 年产每公吨 320 美元 CIF 纽约，单层麻袋包装，每袋 100 千克，运输标志（唛头）为：

L S T

NEW YORK

SY－2001－897

Nos：3 000

该货物于 2001 年 9 月 28 日在青岛装 "菊花" 号轮运往美国纽约。

请根据上列条件填制一份清洁、已装船、空白抬头提单，并注明 "运费已付"。

BILL OF LADING

Shipper	B/L No.
Consignee	Combined Transport Bill of Lading
Notify Address …	For Delivery of Goods Please Apply to：

Pre-carriage by	Place of Receipt	
Ocean Vessel Voy. No	Port of Loading	
Port of Discharge	Place of Delivery	Final Destination for the Merchant's Reference only

	Container，Seal No. & Marks & Nos.	No. of Package & Description of Goods	Gross Weight （Kgs）	Measurement （m³）
particulars furnished by Merchants				

Freight & Charges	Revenue Tons.	Rate Per	Prepaid	Collect

Ex. Rate：	Prepaid at	Payable at	Place and Date of Issue
	Total Prepaid	No. of Original B （s）/L	Stamp & Signature

LADEN ON BOARD. THE VESSEL

Date

By _____

(TERMS CONTINUED ON BACK HERE OF)

（七）案例分析题

1. 某农产品进出口公司向国外某贸易公司出口一批花生仁，国外客户在合同规定的开证时间内开来一份不可撤销信用证，证中的装运条款规定"Shipment from Chinese Port to Singapore in May, Partial shipment prohibited"。农产品进出口公司按证中规定，于4月15日将200公吨花生仁在福州港装上"嘉陵"号轮，又由同轮在厦门港续装300公吨花生仁，4月20日农产品进出口公司同时取得了福州港和厦门港签发的两套提单。农产品公司在信用证有效期内到银行交单议付，却遭到银行以单证不符为由拒付货款。

问：银行的拒付是否有理，为什么？

2. 国外开来不可撤销信用证，证中规定最迟装运期为2000年12月31日，议付有效期为2001年1月15日。我方按证中规定的装运期完成装运，并取得签发日为12月10日的提单，当我方备齐议付单据于1月4日向银行议付交单时，银行以交单期已过为由拒付货款。

问：银行的拒付是否有理，为什么？

3. 我某外贸公司以FOB中国口岸与日本M公司成交矿砂一批，日商即转手以CFR悉尼价售给澳大利亚的G公司，日商来证价格为FOB中国口岸，目的港为悉尼，并提出在提单上表明"运费已付"。

问：日商为何这样做？我们应如何处理才使我方的利益不受损害？

4. 一份买卖日用品的CIF合同规定"9月份装运"，即期信用证的有效期为10月15日。卖方10月6日向银行办理议付所提交的单据中，包括9月29日签发的已装船清洁提单。经银行审核，单单相符、单证相符，银行接受单据并支付了货款。但买方收到货物后，发现货物受损严重，且短少50箱。买方因此拒绝收货，并要求卖方退回货款。

问：（1）买方有无拒收货物并要求退款的权利，为什么？

（2）此案中的买方应如何处理此事才合理？

5. 我某食品进出口公司向意大利出口3 000公吨冷冻食品，合同规定2000年4～7月份交货，即期信用证支付。来证规定：Shipment during April／July, April Shipment 800M／T, May Shipment 800 M／T, June Shipment 800 M／T, July Shipment 600 M／T。我公司实际出口情况是：4、5月份交货正常，并顺利结汇，6月份因船期延误，拖延到7月12日才实际装运出口。7月15日我方在同轮又装了600M／T，付款行收到单据后来电表示拒绝支付这两批货的款项。

问：（1）我方有何失误？

（2）开证行拒付有何依据？

6. 我某公司与美国某客商以FOB条件出口大枣5 000箱，5月份装运，合同和信用证均规定不允许分批装运。我方于5月10日将3 000箱货物装上"喜庆"号轮，取得5月10日的海运提单；又于5月15日将2 000箱装上"飞雁"号轮，取得5月15日的海运提单，两轮的货物在新加坡转船，均由"顺风"号轮运往旧金山港。

问：我方的做法是否合适？将导致什么后果，为什么？

7. 我某公司按CFR条件、凭不可撤销即期信用证以集装箱出口成衣350箱，装运条件是CY BY CY。货物交运后，我方取得清洁已装船提单，提单上表明："Shippers load and count"。在信用证规定的有效期内，我方及时办理了议付结汇手续。20天后，接对方来函称：经有关船方、海关、保险公司、公证行会同对到货开箱检验，发现其中有20箱包装严重破损，每箱均有短少，共缺成衣 512 件。各有关方均证明集装箱完好无损。为此，对方要求我方赔偿短缺的损失，并承担全部检验费 2 500 美元。

问：试分析对方的要求是否合理，为什么？

8. 我某出口公司于 9 月 30 日接澳商来电洽购茶叶 50 公吨。正好该公司有现货存放在装运港仓库，并查悉 10 月份有班轮直驶澳大利亚。我方于 10 月 1 日用电传向对方发盘："茶叶现货即装 50 公吨，每公吨 1 500 美元 CIF 悉尼，即期不可撤销信用证付款，限 10 月 5 日复到有效。"对方 10 月 3 日复电称："你 10 月 1 日电接受，即开信用证。"接电后，我方立即组织装运，取得 10 月 15 日的清洁已装船提单，但对方的信用证一直未到，几经催促，终于在 11 月 2 日收到对方 10 月 29 日电开的信用证，证中规定装运期为"不得迟于 11 月 16 日"、信用证有效期为"11 月 30 日"。

问：根据该证的规定，我方可否顺利结汇，为什么？

三、练习题参考答案

（一）名词解释

1. 班轮运输是指船舶按照固定的船期表、沿着固定的航线和港口并按相对固定的运费率收取运费的运输方式。

2. 清洁已装船提单是指在轮船公司签发的提单上，表明货物在装船时"表面状况良好"，船公司在提单上未加注任何有关货物受损或包装不良等批注的提单。

3. 国际多式联运是在集装箱运输的基础上发展起来的一种运输方式。它把海运、陆运、空运、公路运输、江河运输等单一的运输方式有机地结合起来，以完成一笔进口或出口货物在国际之间的运输，这种运输方式称为国际多式联运。

4. 海运提单是指由船长或船公司或其代理人签发的，证明已收到特定货物，允诺将货物运至特定目的地，并交付给收货人的凭证。

5. 大陆桥运输是指使用横贯大陆的铁路或公路运输系统作为中间桥梁，把大陆两端的海洋运输连接起来的连贯运输方式。

（二）单项选择题

1. C	2. B	3. C	4. B	5. A
6. B	7. A	8. B	9. C	10. B
11. D	12. C	13. A	14. A	15. C

（三）多项选择题

1. ABCD	2. ABD	3. BCD	4. ABCD	5. ABCD
6. AD	7. CD	8. BD	9. BCD	10. ABCD
11. ABCD	12. BCD	13. ABCD	14. ABCD	15. ABC

（四）判断题

1. ×	2. √	3. √	4. √	5. ×

6. × 7. √ 8. × 9. × 10. ×

11. × 12. √ 13. × 14. √ 15. ×

（五）计算题

1. 解：$30cm × 60cm × 50cm = 0.09m^3$，因为 $0.09 > 0.04$

且基本运费的计收方法是 W/M，所以应选择 0.09 来计算运费

代入公式：

运费 = 计费标准 × 基本运费 × 商品数量 × （1 + 各种附加费率）

    = $0.09 × 109 × 100 × （1 + 20\% + 20\% + 10\%）= 1 471.5$（港元）

答：该批货物的运费是 1 471.5 港元。

2. 解：（1）$45cm × 35cm × 25cm = 0.039 4m^3$，因为 $0.039 4 > 0.03$

且基本运费的计收方法是 W/M，所以应选择 0.039 4 来计算运费

代入公式：

运费 = 计费标准 × 基本运费 × （1 + 各种附加费率）

    = $0.039 4 × 100 × （1 + 20\% + 20\% + 10\%）$

    = 5.91（美元）

（2）应该报的 FOB 价是：FOB = CFR - 运费 = 438 - 5.91 = 432.09（美元）

答：该批货物每箱的运费是 5.91 美元，应该报的 FOB 价是 432.09 美元。

3. 解：该批商品的运费为：

运费 = 计费标准 × 基本运费 × 商品数量 × （1 + 各种附加费率）

    = $0.47 × 0.3 × 0.2 × 367 × 100 × （1 + 33\% + 5\% + 15\%）$

    = $0.028 2 × 367 × 100 × 1.53$

    = 1 583.46（港元）

答：该批货物的运费是 1 583.46 港元。

4. 解：该批商品的运费为：

运费 = 计费标准 × 基本运费 × 商品数量 × （1 + 各种附加费率）

    = $0.2 × 0.5 × 1.2 × 280 × 100 × （1 + 30\% + 10\%）= 0.12 × 280 × 100 × 1.4$

    = 4 704（港元）

答：该批货物的运费是 4 704 港元。

（六）操作题

BILL OF LADING

Shipper 金诚贸易有限公司	B/L No.
	Combined Transport Bill of Lading
Consignee TO ORDER	
Notify Address …	For Delivery of Goods Please Apply to：

Pre-carriage by	Place of Receipt	
Ocean Vessel "菊花"	Voy. No	Port of Loading 青岛

Port of Discharge 纽约	Place of Delivery	Final Destination for the Merchant's Reference only

Container, Seal No. & Marks & Nos.	No. of Package & Description of Goods	Gross Weight（Kgs）	Measurement（m³）
L S T NEW YORK SY－2001－897 NOS：3 000	3 000 袋 2001 年产红小豆	300 公吨	

particulars Furnished by Merchants

Freight & Charges 运费已付	Revenue Tons.	Rate Per	Prepaid	Collect

Ex. Rate：	Prepaid at	Payable at	Place and Date of Issue 青岛 2001 年 9 月 28 日
	Total Prepaid	No. of Original B（s）/L 两份	Stamp & Signature

LADEN ON BOARD. THE VESSEL

Date

　　By ----------------------

(TERMS CONTINUED ON BACK HERE OF)

（七）案例分析题

1. 答：银行的拒付是无理的。信用证中的装运条款规定："Shipment from Chinese Port to Singapore in May, Partial shipment prohibited"，即规定不允许分批装运。而我方的500公吨货物分别在福州和厦门装运，且同为"嘉陵"号。因此，本案的主要问题是确定要运往同一目的地的货物在不同的时间和地点分别装上同一航次、同一艘载货船只，属不属于分批装运的问题。根据《UCP 600》的规定，运输单据表面注明货物系使用同一运输工具并经同一路线运输的，即使每套运输单据注明的装运日期不同及/或装货港、接受监管地、发运地不同，只要运输单据注明的目的地相同，也不视为分批装运。由此可见，本案中我方的做法是不属于分批装运的。所以，银行拒绝付款无理。

2. 答：银行的拒付是有理的。因为在本案中，我方取得了签发日期为12月10日的提单，于1月4日到银行交单议付。尽管我方未超过信用证规定的有效期到银行议付，但我方提交的提单已构成了过期提单。根据《UCP 600》的规定，除规定一个交单到期日外，凡要求提交运输单据的信用证，还需规定一个装运日后按信用证规定必须交单的特定期限。如未规定该期限，银行将不予接受迟于装运日期后21天提交的单据。因此，我方提交的过期提单银行是有权拒付的。

3. 答：日商这样做的目的是想将运费转嫁由我方承担。我方可采取以下两种做法以确保我方的利益不受损害：①要求日商修改信用证，将"运费已付"改为"运费到付"；②要求日商在装船前将从中国口岸到悉尼的运费付给我方，在此基础上同意在提单上表明"运费已付"字样。

4. 答：（1）买方没有拒收货物并要求退款的权利。首先在信用证支付方式下，银行承担第一性的付款责任。只要银行审核单据时，确认卖方所提交的单据表面上与信用证的规定相符，付款银行就应该履行付款的义务。另外，CIF术语成交属于象征性交货，卖方凭单交货，买方凭单付款。在本案中，我方已于10月6日向银行提交单据，其中包括承运人9月29日签发的已装船清洁提单，经银行审核，单单相符、单证相符，银行接受了单据并支付了货款，说明我方已完成了交货，我方理应按信用证的规定取回货款。因此，买方拒绝收货和退款的要求是不合理的。

（2）在本案中，买方应与有关方面联系，确认货物受损和短少的原因，然后凭保险单及其他证据向有关方面提出索赔，以弥补自己的损失。

5. 答：（1）我方的失误是6月份的货物未能按信用证的规定装运，导致单证不符，付款行拒付货款。

（2）开证行拒付的依据是：我方未按信用证的规定分批装运，导致信用证失效。根据《UCP 600》的规定，如信用证规定在指定的时间内分批装运，若其中任何一批未按约定的时间装运，则信用证对该批和以后各批均告失效。在本案中，来证规定："Shipment during April /July, April Shipment 800M /T, May Shipment 800M /T, June Shipment 800M /T, July Shipment 600M /T"。而我公司因船期延误，6月份的800M /T货物拖延到7月12日才实际装运出口，7月15日我方在同船又装600M /T，这实际上违反了分批装运的规定，信用证对6、7两个月的结汇失效。因而，付款行收到单据后来电表示拒绝支付这两批货物的货款是有依据的。

6. 答：我方的做法不合适，将导致银行拒付的后果。根据《UCP600》的规定，运输单据表明货物是使用同一运输工具并经由同一路线运输的，即使运输单据注明装运日期及装运地不同，只要目的地相同，也不视为分批装运。在本案中，来证规定不允许分批装运，而我方于5月10日将3 000箱货物装上"喜庆"号轮，取得5月10日的海运提单，又于5月15日将2 000箱货物装上"飞雁"号轮，取得5月15日的海运提单，尽管两轮的货物在新加坡转船，均由"顺风"号轮运往旧金山港，但向银行提交的分别是不同名货轮在不同时间装运的两套单据，这将无法掩盖分批装运这一事实。所以，银行可以单证不符为由，拒付货款。

7. 答：对方的要求是合理的。在本案中，装运条件为CY BY CY，意指整箱装运，整箱交货，即货物由出口方自行装箱，自行封箱后将整箱货物运至集装箱堆场。箱内货物的情况如何，船方概不负责。货物运抵目的港后，由集装箱堆场负责将整箱货物交给收货人，并由收货人开箱验货。在本案中，经有关船方、海关、保险公司、公证行会同对到货开箱检验，发现其中有20箱包装严重破损，每箱均有短少，共缺成衣512件，各有关方均证明集装箱完好无损，说明货物包装的破损和数量的短少是由于装箱时的疏忽造成的，因而我方不能推卸责任。

8. 答：根据该证的规定，我方可以顺利结汇。根据《UCP600》的规定，除非信用证另有规定，银行接受出单日期早于信用证日期的单据，但该单据必须在信用证和本惯例规定的期限内提交。在本案中，我方于10月15日取得清洁已装船提单，信用证于10月29日开立，此案情符合《UCP600》的规定。只要我方在信用证规定的有效期内提交单据，我方即可顺利结汇。

第二十四章 国际货物运输保险

一、重难点分析

（一）风险

可保险的风险可分为海上风险与外来风险。海上风险又称海难，它包括海上发生的自然灾害和意外事故。前者是指由于自然界的变异引起破坏力量所造成的现象，如恶劣气候、雷电、海啸、地震以及洪水等；后者专指船舶搁浅、触礁、沉没、失踪、互撞或与其他固体物如流冰、码头碰撞，以及失火、爆炸等意外原因造成的事故或其他类似事故。

外来风险是指由于外界原因所致的损害。外来风险可分为一般外来风险和特殊外来风险两种。前者是指偷窃、雨淋、破碎、串味、钩损、锈损、渗漏、玷污、受潮受热、短量以及包装破裂等；后者是指由于军事、政治、国家政策法令和行政措施等以及其他特殊外来原因，如战争、罢工、交货不到、被拒绝进口或没收等所造成的风险。

（二）损失与费用

可补偿的海上损失是指被保险货物在海洋运输途中，因遭遇海上风险所引起的损坏或灭失。按照各国海运保险业务习惯，海上损失也包括与海运连接的陆上运输和内河运输过程中所遇到的自然灾害和意外事故所致的损坏或灭失。海上损失按损失的程度可分为全部损失和部分损失，按损失的性质又可分为共同海损和单独海损。

全部损失是指被保险货物在海运过程中，由于海上风险所造成的损坏或灭失。全部损失可分为实际全损和推定全损。凡不属于实际全损和推定全损的损失为部分损失。

实际全损：①保险标的物完全灭失，如货沉海底；②保险标的物丧失已无法挽回，如海盗；③保险标的物已丧失商业价值或失去，如茶叶浸水；④船舶失踪，达到一定时期。

推定全损：①保险货物受损后，修理费用估计要超过货物修复后的价值；②保险货物受损后，整理和续运到目的地的费用，将超过货物到达目的地的价值；③保险货物的实际全损已经无法避免，或者为了避免实际全损需要施救等所花的费用将超过获救后的标的物价值；④保险标的物遭受保险责任范围内的事故，使被保险人失去标的物所有权，而收回这一所有权，其所需要花费的费用将超过收回后的标的物价值。

共同海损的成立必须具备的条件：①船方采取紧急措施时，必须确有危及船、货共同安全的危险存在，不能主观臆测可能有危险发生；②船方所采取的措施必须是有意的、合理的；③所作出的牺牲或费用的支出必须是非常性质的；④构成共同海损的牺牲和费用支出最终必须是有效的。

共同海损牺牲的费用都是为了使船舶、货物和运费免于遭受损失而支出的，因而应该由船方、货方和运费方按最后获救的价值共同按比例分摊，这种分摊叫做共同海损分摊。

单独海损是指除共同海损以外的意外损失，即由于承保范围内的风险所直接导致的船舶或货物的部分损失。

单独海损和共同海损的区别是：①造成海损的原因不同，前者是承保范围内的风险所直接导致的损失，后者是为了解除或减轻风险而人为造成的损失；②承担损失的责任不同，前者由受损方自己承担，后者由获益各方按获救价值大小的比例分摊。

可承担的费用是指保险标的物发生保险事故后，为减少货物实际损失而支出的费用可由保险公司承担。可由保险公司承担的费用主要有施救费用和救助费用两种。

（三）我国海运货物保险条款

我国的货物运输险别，按照能否单独投保可分为基本险和附加险两类。基本险是可以单独投保的险别，附加险是不能单独投保的险别。

1. 基本险

按照中国人民保险公司 1981 年 1 月 1 日修订的《海洋运输货物保险条款》的规定，海洋运输保险的基本险别分为平安险、水渍险和一切险三种。其中，保险公司的承保范围平安险最小，水渍险居中，一切险最大。

（1）平安险。平安险的英文简称为 FPA。

（2）水渍险。水渍险的英文简称为 WA 或 WPA。

（3）一切险。一切险的英文是 All Risks。

中国人民保险公司的《海洋运输货物保险条款》规定的承保责任起讫或称保险期限，采用国际保险业务中惯用的"仓至仓条款"（即 Warehouse to Warehouse Clause，简称 W/W Clause）。当货物从目的港卸离海轮时起算满 60 天，不论被保险货物有没有进入收货人仓库，保险责任均告终止。如上述保险期限内被保险货物需转运到非保险单所载明的目的地时，则保险责任于该保险货物开始转运时终止。

海上保险与其他保险一样，要求被保险人必须对保险标的物具有保险利益。保险利益又称可保权，是指投保人对保险标的物具有法律上承认的利益。

2. 附加险

《保险条款》中附加险有一般附加险和特殊附加险，一般附加险承保一般外来原因造成的损失，而特殊附加险则承保由于特殊外来原因所造成的损失。附加险只能在投保某一种基本险的基础上才可加保，但因一切险的责任范围已包括了一般附加险，故如投保人在投保时选择了一切险，则无需再加保一般附加险。

（四）我国陆、空、邮运货物保险

1. 我国陆上运输货物保险险别与条款

根据我国1981年1月1日修订的《陆上运输货物保险条款》的规定，陆上运输货物保险的基本险别分为陆运险和陆运一切险两种。前者的承保范围与《海洋运输货物保险条款》的水渍险相似，后者的承保范围与《海洋运输货物保险条款》的一切险相似。此外，还有适用于陆运冷藏货物的专门保险——陆上运输冷藏货物险（属于基本险性质），以及陆上运输货物战争险（火车）等附加险。

2. 我国航空运输货物保险险别与条款

根据我国1981年1月1日修订的《航空运输货物保险条款》的规定，航空运输货物保险的基本险别分为航空运输险和航空运输一切险两种。前者的承保范围与《海洋运输货物保险条款》的水渍险相似，后者的承保范围与《海洋运输货物保险条款》的一切险相似。此外，还有航空运输货物战争险等附加险。

3. 我国邮包运输货物保险险别与条款

根据我国1981年1月1日修订的《邮包运输货物保险条款》的规定，邮包运输货物保险的基本险别分为邮包险和邮包一切险两种。前者的承保范围与《海洋运输货物保险条款》的水渍险相似，后者的承保范围与《海洋运输货物保险条款》的一切险相似。此外，还有邮包运输货物战争险等附加险。

以上三种运输方式的基本险别，保险公司的承保责任起讫都适用于"仓至仓条款"，附加险的办理都与海运货物保险的办理方法一致，即不能单独投保，投保人在投保了战争险的基础上加保罢工险，保险公司都不另外加收保险费。

（五）伦敦保险协会海运货物保险条款

伦敦保险协会海运货物保险条款的英文简称为ICC，该条款有六种保险险别：ICC（A）、ICC（B）、ICC（C）、战争险、罢工险和恶意损害险，其中除恶意损害险不能单独投保外，其余五种险别都可以单独投保。保险公司的承保范围：ICC（A）相当于我国海运货物保险的一切险，ICC（B）相当于我国海运货物保险的水渍险，ICC（C）相当于我国海运货物保险的平安险。以上三种险别，保险公司的承保责任起讫都适用于"仓至仓条款"。我国保险公司可根据客户的要求，酌情按ICC条款的有关规定承保。

（六）合同中的保险条款

1. 进出口合同中的保险条款

如按 FOB、FCA、CFR 或 CPT 条件成交，合同中的保险条款只需规定"保险由买方办理"即可。如按 CIF 或 CIP 条件成交，由卖方办理保险手续，则需具体规定保险金额、投保险别和保险适用的条款等。

投保金额＝CIF 或 CIP 总值×（1＋10%）

保险费＝投保金额×保险费率

2. 我国外贸企业办理货物运输保险的基本做法

凡按 CIF 或 CIP 条件成交的出口货物保险，采用逐笔投保的做法；而凡按 FOB、FCA、CFR 或 CPT 条件成交的进口货物保险，为防止漏保和延误投保，采用预约投保的做法。

保险单据是保险公司在接受投保后签发的承保凭证，是保险公司与被保险人之间订立的保险合同，在被保险货物遭受到保险合同责任范围内的损失时，它是被保险人提赔和保险公司理赔的主要依据。在 CIF 或 CIP 合同中，保险单据是卖方必须向买方提供的主要单据之一，它可以通过背书行为转让。在国际贸易中，最常采用的保险单据是保险单（又称大保单）和保险凭证（又称小保单），两种保单具有同等的法律效力。在保险单出单后，如需要补充或变更，保险公司可应投保人的请求修改保险内容，该修改凭证称为"批单"。保险批单一经批改，保险公司就要按批改后的内容负责。

二、练习题

（一）名词解释

1. 共同海损（G. A.）　　2. 推定全损　　3. 仓至仓条款（W/W Clause）

4. 单独海损　　5. 投保加成

（二）单项选择题

1. 我方出口稻谷一批，因保险事故被海水浸泡多时而丧失其原有用途，货到目的港后只能低价出售，这种损失属于（　　）。

　　A. 单独损失　　　　　　　　B. 共同损失

　　C. 实际全损　　　　　　　　D. 推定全损

2. CIC"特殊附加险"是指在特殊情况下，要求保险公司承保的险别，（　　）。

　　A. 一般可以单独投保

　　B. 不能单独投保

　　C. 可以单独投保两项以上

　　D. 在被保险人同意的情况下，可以单独投保

3. 一批出口货物投保了水渍险，在运输过程中由于雨淋致使货物遭受部分损失，这样的损失保险公司将（　　）。

A．负责赔偿整批货物

B．负责赔偿被雨淋湿的部分

C．不给予赔偿

D．在被保险人同意的情况下，负责赔偿被雨淋湿的部分

4．有一批出口服装，在海上运输途中，因船体触礁导致服装严重受浸，如果将这批服装漂洗后再运至原定目的港所花费的费用已超过服装的保险价值，这批服装应属于（　　）。

A．共同海损 　　　　　　　　　　B．实际全损

C．推定全损 　　　　　　　　　　D．单独海损

5．我方按 CIF 条件成交出口一批罐头食品，卖方投保时，按下列（　　）投保是正确的。

A．平安险＋水渍险 　　　　　　　B．一切险＋偷窃、提货不着险

C．水渍险＋偷窃、提货不着险 　　D．平安险＋一切险

6．在海洋运输货物保险业务中，共同海损（　　）。

A．是部分损失的一种 　　　　　　B．是全部损失的一种

C．有时为部分损失，有时为全部损失 　　D．是推定全损

7．根据我国《海洋货物运输保险条款》的规定，"一切险"包括（　　）。

A．平安险加 11 种一般附加险 　　B．一切险加 11 种一般附加险

C．水渍险加 11 种一般附加险 　　D．11 种一般附加险加特殊附加险

8．预约保险以（　　）代替投保单，说明投保的一方已办理了投保手续。

A．提单 　　　　　　　　　　　　B．国外的装运通知

C．大副收据 　　　　　　　　　　D．买卖合同

9．按国际保险市场惯例，投保金额通常在 CIF 总值的基础上（　　）。

A．加一成 　　　　　　　　　　　B．加二成

C．加三成 　　　　　　　　　　　D．加四成

10．"仓至仓条款"是（　　）。

A．承运人负责运输起讫的条款 　　B．保险人负责保险责任起讫的条款

C．出口人负责交货责任起讫的条款 　　D．进口人负责付款责任起讫的条款

（三）多项选择题

1．共同海损与单独海损的区别是（　　）。

A．共同海损属于全部损失，单独海损属于部分损失

B．共同海损由保险公司负责赔偿，单独海损由受损方自行承担

C．共同海损是为了解除或减轻风险而人为造成的损失，单独海损是承保范围内的风险直接导致的损失

D．共同海损由受益各方按受益大小的比例分摊，单独海损由受损方自行承担

2．我国对外贸易货运保险可分为（　　）。

A．海上运输保险 　　　　　　　　B．陆上运输保险

C．航空运输保险 　　　　　　　　D．邮包运输保险

3．伦敦保险协会海运货物保险条款所规定的险别中可单独投保的是（　　）。

A．ICC（A）险　　　　　　　　　B．协会战争险

C．协会罢工险　　　　　　　　　D．恶意损害险

E．ICC（B）险　　　　　　　　　F．ICC（C）险

4．共同海损的构成条件有（　　　）。

　　A．必须确有共同危险

　　B．采取的措施是有意的、合理的

　　C．牺牲和费用支出是非常性质的

　　D．构成共同海损的牺牲和费用的开支最终必须是有效的

5．根据我国海运货物保险条款（即CIC条款）的规定，海洋运输货物保险中基本险可分为（　　　）。

　　A．平安险　　　　　　　　　　　B．水渍险

　　C．一切险　　　　　　　　　　　D．附加险

6．共同海损分摊时，涉及的受益方包括（　　　）。

　　A．货方　　　　　　　　　　　　B．船方

　　C．运费方　　　　　　　　　　　D．救助方

7．在我国海洋运输货物保险业务中，下列（　　　）险别均可适用"仓至仓条款"。

　　A．All Risks　　　　　　　　　　B．W. A. or W. P. A.

　　C．F. P. A.　　　　　　　　　　D．War Risk

8．在发生以下（　　　）的情况时，可判定货物发生了实际全损。

　　A．为避免实际全损所支出的费用与继续将货物运抵目的地的费用之和超过保险价值

　　B．货物发生了全部损失

　　C．货物完全变质

　　D．货物不可能归还被保险人

9．某载货船只载着甲货主的3 000箱棉织品、乙货主的50公吨小麦、丙货主的200公吨大理石驶往美国纽约。货轮起航的第二天不幸遭遇触礁事故，导致船底出现裂缝，海水入侵严重，使甲货主的250箱棉织品和乙货主约5公吨的小麦被海水浸湿。因裂口太大，船长为解除船、货的共同危险，使船舶浮起并及时修理，遂下令将丙货主的50公吨大理石货物抛入海中，船舶修复后继续航行。货轮继续航行的第三天又遭遇恶劣气候，使甲货主的50箱货物被海水浸湿。以下答案中，（　　　）是正确的。

　　A．因触礁而产生的船底裂缝及甲、乙货主的货物损失属于单独海损

　　B．为使船舶浮起并及时修理而抛入海中的丙货主的货物损失属于共同海损

　　C．因恶劣气候而导致的甲货主50箱货物的损失属于单独海损

　　D．本案中各货主若都投保了平安险，保险公司将对以上A、B和C的损失给予赔偿

10．运输工具在运输途中发生了搁浅、触礁、沉没等意外事故，不论意外发生之前或之后，货物在海上遭遇恶劣气候、雷电、海啸等自然灾害造成的被保险货物的部分损失属于（　　　）的承保范围。

　　A．平安险　　　　　　　　　　　B．水渍险

　　C．一切险　　　　　　　　　　　D．附加险

（四）判断题

1. 按 CFR 术语进口时，我在国内投保了一切险，因保险公司的承保责任起讫为"仓至仓"，故货物在装船前发生承保范围内的损失，我可凭保险单和有关证明向保险公司索赔。（　　）

2. 在国际贸易中，向保险公司投保了一切险后，货物运输途中由于任何外来原因造成的一切货损均可向保险公司索赔。（　　）

3. 按照中国人民保险公司现行的保险条款规定，凡已投保了战争险，若再加保罢工险，保险公司不另行增收保险费。（　　）

4. 根据 CIC 条款，海运平安险是指保险公司对所有单独海损不负赔偿责任。（　　）

5. 伦敦保险协会制定的"协会货物条款"中的 A 险、B 险和 C 险，其保险公司承保的范围与我国海运货物保险的 FPA、WA 和 All Risks 三种险别的承保范围大致相当。（　　）

6. 在保险单出具后，如需要补充或变更保险内容，保险公司可根据投保人的请求出具修改保险内容的凭证，该项凭证称为"批单"。（　　）

7. 保险公司对陆运战争险的承保责任起讫与海运战争险的承保责任起讫都是"仓至仓"。（　　）

8. 按照国际保险市场惯例，大保单与小保单具有同等法律效力。（　　）

9. 如果被保险货物运达保险单所载明的目的地，收货人提货后即将货物转运，则保险公司的保险责任于转运到目的地仓库时终止。（　　）

10. 海运提单的签发日期应早于保险单的签发日期。（　　）

（五）计算题

1. 我方出口货物 3 000 件，对外报价为 2 美元/件 CFR 纽约。为避免漏保，客户来证要求我方装船前按 CIF 总值代为办理投保手续。查得该货的保险费率为 0.8%。

问：我方对该货投保时的投保金额和应缴纳的保险费是多少？

2. 某货主在货物装船前，按发票金额的 110% 办理了货物投保手续，投保一切险加保战争险。该批货物以 CIF 成交的总价值为 20.75 万美元，一切险和战争险的保险费率分别为 0.4% 和 0.2%。

问：（1）该货主应交的保险费是多少？

　（2）若发生了保险公司承保范围内的风险，导致该批货物全部灭失，保险公司的
　　　最高赔偿金额是多少？

3. 某公司对外报某商品每公吨 10 000 美元 CIF 纽约，现外商要求将价格改报为 CFR 纽约。

问：我方应从原报价格中减去的保险费是多少？（设该商品投保一切险，保险费率为 1%。）

4. 我方出口某商品净重 100 公吨，装 5 000 箱，每箱单价为 89 美元，加一成投保一切险。货到目的港后，买方发现除短少 5 箱外，还短量 380 千克。

问：保险公司负责赔偿的金额是多少？

（六）操作题

我国广东省机械进出口公司（集团）向荷兰罗娜茵贸易公司出口不锈钢铲头 12 000 件，9.60 美元/件 CIF 鹿特丹，纸箱包装，每箱 12 件。合同规定投保一切险和战争险，运输标志（唛头）为：

F. V.

ART NO29099

ROTTERDAM

NOS1 – 1000

该货物于 2002 年 3 月 20 日在广州装"东方"号轮运往鹿特丹。

请根据上列条件填制一份保险单。

中 保 财 产 保 险 有 限 公 司

PICC PROPERTY The people's insurance (Property) Company of China, Ltd.

海 洋 货 物 运 输 保 险 单
MARINE CARGO TRANSPORTATION INSURANCE POLICY

被保险人：

Insured： ....

中保财产保险有限公司（以下简称本公司）根据被保险人的要求，及其所缴付约定的保险费，按照本保险单承担险别和背面所载条款与下列特别条款承保下列货物运输保险，特签发本保险单。

This policy of Insurance witnesses that The People's Insurance (Property) Company of China, Ltd. (hereinafter called "The Company"), at the request of the Insured and in consideration of the agreed premium paid by the Insured, undertakes to insure the undermentioned goods in transportation subject to the conditions of this Policy as per the Clauses printed overleaf and other special clauses attached hereon.

保险货物项目 Descriptions of Goods	包装 单位 数量 Packing Unit Quantity	保险金额 Amount Insured

承 保 险 别
Conditions

货 物 标 记
Marks of Goods

总 保 险 金 额：

Total Amount Insured： --

保费 Premium	载运输工具 Per conveyance S. S.	开航日期 Slg. on or abt

起运港
From

目的港
To

所保货物，如发生本保险单项下可能引起索赔的损失或损坏，应立即通知本公司下述代理人查勘。如有索赔，应向本公司提交保险单正本（本保险单共有　　份正本）及有关文件。如一份正本已用于索赔，其余正本则自动失效。

In the event of loss or damage which may result in a claim under this Policy, immediate notice must be given to the Company's Agent as mentioned hereunder. Claims, if any, one of the Original Policy which has been issued in　Original (s) together with the relevant documents shall be surrendered to the Company, If one of the Original Policy has been accomplished, the others to be void.

中保财产保险有限公司
THE PEOPLE'S INSURANCE (PROPERTY) COMPANY OF CHINA, LTD.

赔款偿付地点
Claim payable at --

日期　　　　　　　　　在
Date ------------------------ at ------------------------

地址：
Address：

（七）案例分析题

1．某货轮在某港装货后，航行途中不慎发生触礁事故，船舶搁浅，不能继续航行。事后船方反复开倒车强行浮起，但船底划破，致使海水渗入货舱，造成船货部分损失。为使货轮能继续航行，船长发出求救信号，船被拖至就近港口的船坞修理，暂时卸下大部分货物。前后花了10天，共支出修理费5 000美元，增加各项费用支出（包括员工工资）共3 000美元。当船修复后继续装上原货起航。次日，忽遇恶劣气候，使船上装载的某货主的一部分货物被海水浸湿。

问：（1）从货运保险义务方面分析，以上所述的各项损失各属于什么性质的损失？

（2）在投保了平安险的情况下，被保险人有权向保险公司提出哪些赔偿要求？为什么？

2．某合同出售一级小麦150公吨，按FOB条件成交，装船时货物经检验符合合同规定的品质条件，卖方在装船后及时向买方发出装运通知。但船舶在航行途中，由于遭遇触礁事故，小麦被入侵海水浸泡，品质受到严重影响。当货物到达目的港后，只能降价出售，买方因此要求卖方赔偿其差价损失。

问：卖方对上述情况下产生的货物损失是否要承担赔偿责任，为什么？

3．一份CIF合同，出售大米50公吨，卖方在装船前投保了一切险加战争险，自南美内陆仓库起，直至英国伦敦的买方仓库为止。货物从卖方仓库运往码头装运途中，发生了承保范围内的货物损失。当卖方凭保险单向保险公司提出索赔时，保险公司以货物未装运、货物损失不在承保范围内为由，拒绝给予赔偿。

问：在上述情况下，卖方有无权利向保险公司索赔，为什么？

4．我某进出口公司以CIF条件进口货物一批，合同中的保险条款规定："由卖方按发票金额的130%投保一切险。"卖方在货物装运完毕以后，已凭结汇单据向买方收取了货款，而货物在运输途中遇险导致全部灭失。当买方凭保险单向保险公司要求赔付时，卖方却提出，超出发票金额20%的赔付部分应该是买卖双方各得一半。

问：卖方的要求是否合理，为什么？

5．某笔业务的A方向B方以CFR条件出口散装货物共2 000公吨，A方同时也以相同条件向C方出口同种货物1 500公吨，货物出运时，A方将B、C两方的货物装运在同一艘货运船只上，并与船公司联系好，在货物运抵目的港后，由船公司负责分拨，A方在货物装船后及时向B、C两方发出了装运通知。不巧，受载船舶在运输途中遇到风险，使该批货物当中的1 500公吨货物全部灭失。事件发生以后，A方致电C方，告知其所进口的1 500公吨货物已在运输途中全部灭失，且风险在CFR条件下由C方承担。

问：在上述情况下，A方对这1 500公吨的货物有无交货责任，为什么？

6．我某出口企业与外商按CIF迪拜港、即期信用证付款条件达成交易，出口合同和收到的信用证均规定不准转运。我方在信用证有效期内将货物装上直达目的港的班轮，并以直达提单办理了议付手续。国外开证行也凭议付行提交的直运提单付了款。承运船只驶离我国途经某港口时，船公司为接载其他货物，擅自将我方托运的货物卸下，换装其他船舶继续运往目的港，在换装的过程中造成部分货物损失。由于中途耽搁，加上换装的船舶设备陈旧，使抵达目的港的时间比正常直达船的抵达时间晚了两个月，影响了买方对该批货物的使用。

为此，买方向我出口企业提出索赔，理由是我方提交的是直运提单，而实际上是转船运输，是弄虚作假行为。我方有关业务员认为，合同用的是 CIF 价格，船舶的舱位是我方租订的，船方擅自转船的风险理应由我方承担，因此，遂按对方的要求进行理赔。

问：我方这样做是否正确，为什么？

7. 某远洋运输公司的"东风"号轮在 6 月 28 日满载货物起航，出公海后由于风浪过大偏离航线而触礁，船底划破长 2 米的裂缝，海水不断渗入。为了船货的共同安全，船长下令抛掉 A 仓的所有钢材并及时组织人员堵塞裂缝，但无效果。为使船舶能继续航行，船长请来拯救队施救，共支出 5 万美元施救费。船的裂缝补好后继续航行，不久又遇恶劣气候，入侵海水使 B 舱的底层货物严重受损，放在甲板上的一个集装箱共 2 000 箱货物也被风浪卷入海里。

问：以上损失各属什么性质的损失？在投保平安险的情况下，保险公司是否给予赔偿？

8. 某公司以 CIF 条件出口大米 1 000 包，共计 100 000 千克。合同规定由卖方投保一切险加战争险，后应买方的要求加附罢工险，保险公司按仓至仓条款承保。货抵目的港卸至码头后，恰遇码头工人罢工与警方发生冲突，工人将大米包垒成掩体进行对抗，罢工历时 15 天才结束。当收货人提货时发现这批大米损失达 80%，因而向保险公司索赔。

问：保险公司应否给予赔偿？为什么？

三、练习题参考答案

（一）名词解释

1. 共同海损是指载货船舶在海上运输途中遭遇灾害、事故，威胁到船、货等各方的共同安全，为了解除这种威胁，维护船货的安全，或者使航程得以继续完成，由船方有意识地、合理地采取措施，所作出的某种牺牲或支出某些额外的费用，这些损失和费用叫做共同海损。

2. 推定全损是指货物发生事故后，认为实际全损已不可避免，或者为避免实际全损所支付的费用与继续将货物运抵目的港的费用之和超过保险价值。

3. "仓至仓条款"（Warehouse to Warehouse Clause）即保险责任自被保险货物运离保险单所载明的起运地仓库或储存处所开始，包括正常运输中的海上、陆上、内河和驳船运输在内，直至该项货物运抵保险单所载明的目的地收货人的最后仓库或储存处所被保险人用作分配、分派或非正常运输的其他储存处所为止。

4. 单独海损是指除共同海损以外的意外损失，即由于承保范围内的风险所直接导致的船舶或货物的部分损失。

5. 投保加成是指投保人在向保险公司办理投保手续时，要求按超出保险标的物价值一定百分比的保险金额投保，超出部分被称为投保加成。

（二）单项选择题

1. C	2. B	3. C	4. C	5. C
6. A	7. C	8. B	9. A	10. B

（三）多项选择题

1. CD	2. ABCD	3. ABCEF	4. ABCD	5. ABC
6. ABC	7. ABC	8. BCD	9. ABCD	10. ABC

（四）判断题

1. ×	2. ×	3. √	4. ×	5. ×
6. √	7. ×	8. √	9. ×	10. ×

（五）计算题

1. 解：CIF = CFR /（1 – 投保加成 × 保险费率）= 2/（1 – 110% × 0.8%）= 2.02（美元）

投保金额 = CIF 总值 × 110% = 3 000 × 2.02 × 110% = 6 666（美元）

保险费 = CIF 总值 × 110% × 保险费率 = 3 000 × 2.02 × 110% × 0.8% = 53.33（美元）

答：该批商品的投保金额为 6 666 美元，保险费为 53.33 美元。

2. 解：（1）保险费 = CIF 总值 × 110% × 保险费率 = 20.75 万 × 110% ×（0.4% + 0.2%）

  = 1 369.5（美元）

  （2）保险金额 = CIF 总值 × 110% = 20.75 万 × 110% = 22.825（万美元）

答：该货主应交的保险费是 1 369.5 美元，保险公司的最高赔偿金额是 22.825 万美元。

3. 解：保险费 = CIF 总值 × 110% × 保险费率 = 10 000 × 110% × 1% = 110（美元）

答：应减去的保险费是 110 美元。

4. 解：100 公吨 ÷ 5 000 箱 = 20（千克/箱）

  [（89 × 5）+（380/20 × 89）] × 110% = 2 349.6（美元）

答：保险公司负责赔偿的金额是 2 349.6 美元。

（六）操作题

PICC PROPERTY

中保财产保险有限公司
The people's insurance (Property) Company of China, Ltd.

发票号码
Invoice No.

保险单号次
Policy No.

海 洋 货 物 运 输 保 险 单
MARINE CARGO TRANSPORTATION INSURANCE POLICY

被保险人：广东省机械进出口公司（集团）
Insured：

中保财产保险有限公司（以下简称本公司）根据被保险人的要求，及其所缴付约定的保险费，按照本保险单承担险别和背面所载条款与下列特别条款承保下列货物运输保险，特签发本保险单。

This policy of Insurance witnesses that The People's Insurance (Property) Company of China, Ltd. (hereinafter called "The Company"), at the request of the Insured and in consideration of the agreed premium paid by the Insured, undertakes to insure the undermentioned goods in transportation subject to the conditions of this Policy as per the Clauses printed overleaf and other special clauses attached hereon.

保险货物项目 Descriptions of Goods	包装 单位 数量 Packing Unit Quantity	保险金额 Amount Insured
不锈钢铲头	1 000 箱	126 720 美元

承保险别
Conditions

投保一切险和战争险

货物标记
Marks of Goods
F. V.
ART MO29099
ROTTERDAM
NOS1－1000

总 保 险 金 额： 壹拾贰万陆仟柒佰贰拾美元整
Total Amount Insured：

保费	As arranged	载运输工具	东方	开航日期	2002 年 3 月 20 日
Premium		Per conveyance S. S.		Slg. on or abt	

起运港　广州　　目的港　鹿特丹
From　　　　　　　To

　所保货物，如发生本保险单项下可能引起索赔的损失或损坏，应立即通知本公司下述代理人查勘。如有索赔，应向本公司提交保险单正本（本保险单共有两份正本）及有关文件。如一份正本已用于索赔，其余正本则自动失效。

　In the event of loss or damage which may result in a claim under this Policy, immediate notice must be given to the Company's Agent as mentioned hereunder. Claims, if any, one of the Original Policy which has been issued in TWO Original (s) together with the relevant documents shall be surrendered to the Company, If one of the Original Policy has been accomplished, the others to be void.

中保财产保险有限公司
THE PEOPLE'S INSURANCE (PROPERTY) COMPANY OF CHINA, LTD.

赔款偿付地点　荷兰鹿特丹
Claim payable at

日期　2002 年 3 月 20 日　在　广州
Date　　　　　　　at

地址：
Address：

保险单背书：　　　广东省机械进出口公司（集团）
　　　　　　　　　　　（签名）

（七）案例分析题

1. 答：（1）案中因触礁造成船底划破，致使海水渗入货舱造成船货的部分损失，以及船舶遭遇恶劣气候导致装载的某货主的一部分货物被海水浸湿的损失属于单独海损；而因修理船只花费的修理费和各项费用开支共 8 000 美元属于共同海损。

（2）在投保了平安险的情况下，被保险人有权就案中所有损失向保险公司提出赔偿的要求。因为根据 1981 年 1 月 1 日生效的中国人民保险公司《海洋货物运输保险条款》对平安险保险公司的承保范围规定："……对在运输工具已经发生了搁浅、触礁、沉没、焚毁等意外事故的情况下，货物在此前后又在海上遭受恶劣气候、雷电、海啸等自然灾害所造成的部分损失保险公司给予赔偿。"而本案中发生的案情符合该规定，因此，被保险人有权就本案的所有损失向保险公司提出赔偿的要求。

2. 答：卖方不需对货物的损失承担赔偿责任。在本案中，买卖双方按 FOB 贸易术语成交，风险划分以船舷为界，运输途中的风险由买方承担。因而船舶在航行途中，由于触礁事件，导致小麦被入侵海水浸泡，品质受到影响的损失应由买方承担，所以，卖方不需对货物的损失承担赔偿责任。

3. 答：根据本案的案情，卖方是有权凭保险单向保险公司索赔的。因为在本案中，保险公司在货物装船前已按"仓至仓条款"承保了买卖双方成交的货物，所以，保险公司对货物从卖方仓库运往码头装运途中发生的承保范围内的风险应给予赔偿。

4. 答：卖方的要求是不合理的。在本案中，买卖双方在合同中规定"由卖方按发票金额的 130% 投保一切险"，但并没有规定货物发生损失时，超出发票金额 20% 的赔付部分双方各得一半。因此，买方可以独享保险公司赔偿的全部赔偿金额。

5. 答：根据本案的案情，A 方对 1 500 公吨货物的灭失有补交货的责任。在本案中，A 方将发运给 B、C 两方的货物共 3 500 公吨一并装在同一艘货运船只上，并没有划分哪 2 000 公吨属于 B 公司、哪 1 500 公吨属于 C 公司。因为货物的不确定性，不能确定损失的 1 500 公吨即为 C 公司购进的货物，因此，A 方不可免除补交货的责任。

6. 答：不正确。因为以 CIF 条件成交属于象征性交货，买卖双方风险划分以船舷为界，只要卖方在装船后，向买方提交符合合同规定的包括物权凭证在内的有关单据，就算完成了交货义务。在本案中，风险已于货物越过船舷时转移至买方。因此，船方擅自转运货物的风险应由买方承担。

7. 答：①船底划破长 2 米的裂缝属于共同海损；②船长下令抛掉 A 仓的所有钢材不属于共同海损；③船长请来拯救队施救，花费 5 万美元属于共同海损；④海水的渗入使 B 舱的底层货物严重受损属于单独海损；⑤2 000 箱放在甲板上被风浪卷入海里的货物属于单独海损。本案的各货主若投保了平安险，保险公司将对以上①、③、④、⑤的损失给予赔偿。

8. 答：保险公司应给予赔偿。罢工险是保险人承保罢工者、被迫停工工人、参加工潮和暴动的民众、战争的人员采取行动所造成的承保货物的直接损失。在本案中，卖方应买方的要求在战争险的基础上加附罢工险，保险公司按仓至仓条款承保。货抵目的港卸至码头后，由于遇码头工人罢工与警方发生冲突，工人将大米包垒成掩体进行对抗，导致 80% 的货物损失属罢工险承保范围内的损失，我方可向保险公司提出索赔。

第二十五章　进出口商品的价格

一、重难点分析

（一）进出口商品价格的掌握

进出口商品的作价原则是：根据国际价格水平作价，结合国别（地区）政策作价，结合购销意图作价。

影响进出口商品作价的主要因素是：商品的质量和档次、运输距离、交货地点和交货条件、季节性需求的变化、成交数量、支付条件和汇率变动的风险等。

出口总成本是指外贸企业为出口商品而支付的国内总成本，它的构成因素是：进货成本及出口前的一切费用和税金。

出口销售外汇净收入是指出口商品按 FOB 价所得的外汇收入。

出口销售人民币净收入是指出口商品的 FOB 价所得的外汇收入按当时外汇牌价折算成人民币的数额。

$$出口销售盈亏率 = \frac{出口销售人民币净收入 - 出口总成本}{出口总成本} \times 100\%$$

$$出口销售换汇成本 = \frac{出口总成本（元人民币）}{出口销售外汇净收入（外汇）}$$

（二）主要贸易术语的价格换算

1. FOB、CFR、CIF 三种价格的换算

（1）FOB 价换算为其他价。

$$CFR 价 = FOB 价 + 国外运费$$

$$CIF 价 = \frac{FOB 价 + 国外运费}{1 - 投保加成 \times 保险费率}$$

（2）CFR 价换算为其他价。

$$FOB 价 = CFR 价 - 国外运费$$

$$CIF 价 = \frac{CFR 价}{1 - 投保加成 \times 保险费率}$$

（3）CIF 价换算为其他价。

$$FOB 价 = CIF 价 \times (1 - 投保加成 \times 保险费率) - 外国运费$$
$$CFR 价 = CIF 价 \times (1 - 投保加成 \times 保险费率)$$

2. FCA、CPT、CIP 三种价格的换算

（1）FCA 价换算为其他价。

$$CPT 价 = FCA 价 + 国外运费$$
$$CIP 价 = \frac{FCA 价 + 国外运费}{1 - 投保加成 \times 保险费率}$$

（2）CPT 价换算为其他价。

$$FCA 价 = CPT 价 - 国外运费$$
$$CIP 价 = \frac{CPT 价}{1 - 投保加成 \times 保险费率}$$

（3）CIF 价换算为其他价。

$$FCA 价 = CIP 价 \times (1 - 投保加成 \times 保险费率) - 外国运费$$
$$CFR 价 = CIP 价 \times (1 - 投保加成 \times 保险费率)$$

（三）佣金与折扣

1. 佣金（Commission）

佣金是指代理人或经纪人为委托人介绍生意或代买代卖而收取的报酬。根据佣金是否在价格条款中表明，可分为"明佣"和"暗佣"。若中间商从买卖双方都获得佣金，则被称为"双头佣"。

$$单位货物佣金额 = 含佣价 \times 佣金率$$
$$净价 = 含佣价 - 单位货物佣金额$$
$$含佣价 = \frac{净价}{1 - 佣金率}$$

2. 折扣（Discount，Rebate，Allowance）

折扣是卖方给予买方一定的价格减让。在价格条款中，折扣的表示方法主要有：①用文字明确表示给予折扣的比例；②用绝对数表示；③根据折扣是否在价格条款中表明，折扣还可分为"明扣"和"暗扣"。

$$单位货物折扣额 = 含折扣价 \times 折扣率$$
$$净收入 = 含折扣价 - 单位货物折扣额$$

（四）价格条款的规定

进出口合同中的价格条款，一般包括商品的单价和总值两项基本内容。单价通常由计量单位、单位价格金额、计价货币和贸易术语四个部分组成。总值是单价与数量的乘积，也是一笔交易的总金额。

二、练习题

（一）名词解释

1. 佣金　　　　　　　　2. 折扣　　　　　　　　3. 单价

4. 出口总成本　　　　　5. 出口销售人民币净收入

（二）单项选择题

1. 在国际贸易中，含佣价的计算公式是（　　　）。

    A. 单价×佣金率　　　　　　　　　B. 含佣价×佣金率

    C. 净价×佣金率　　　　　　　　　D. 净价/（1－佣金率）

2. 凡货价中不包含佣金和折扣的被称为（　　　）。

    A. 折扣价　　　　　　　　　　　　B. 含佣价

    C. 净价　　　　　　　　　　　　　D. 出厂价

3. 一笔业务中，若出口销售人民币净收入与出口总成本的差额为正数，说明该笔业务为（　　　）。

    A. 盈　　　　　　　　　　　　　　B. 亏

    C. 平　　　　　　　　　　　　　　D. 可能盈，可能亏

4. （　　　）是含佣价。

    A. FOBS　　　　　　　　　　　　B. FOBT

    C. FOBC　　　　　　　　　　　　D. FOB

5. 在我国进出口业务中，计价货币选择应（　　　）。

    A. 力争采用硬币收付

    B. 力争采用软币收付

    C. 进口时采用软币计价付款，出口采用硬币计价收款

    D. 出口时采用软币计价收款，进口采用硬币计价付款

6. 出口总成本是指（　　　）。

    A. 进货成本

    B. 进货成本＋出口前一切费用

    C. 进货成本＋出口前的一切费用＋出口前的一切税金

    D. 对外销售价

7. 以下我出口商品的单价，只有（　　　）的表达是正确的。

    A. 250 美元/桶　　　　　　　　　B. 250 美元/桶 CIF 伦敦

    C. 250 美元/桶 CIF 广州　　　　　D. 250 美元/桶 CFR 德国

8. 支付给中间商的酬金叫（   ）。

    A. 预付款
             B. 折扣

    C. 佣金
             D. 订金

9. FCA、CPT、CIP 三种术语涉及的国内费用与 FOB、CFR、CIF 相比较，它们的区别是前者不包括（   ）。

    A. 装船费
             B. 邮电费

    C. 预计耗损
             D. 拼箱费

10. 在货物买卖中，收取佣金的通常是（   ）。

    A. 买方
             B. 保险公司

    C. 船方
             D. 中间商

（三）多项选择题

1. 在进出口合同中，单价条款包括的内容是（   ）。

    A. 计量单位
             B. 单位价格金额

    C. 计价货币
             D. 贸易术语

2. 国际市场价格通常是指（   ）。

    A. 集散地市场的商品价格
             B. 主要出口国家（地区）的出口价格

    C. 主要进口国家的价格
             D. 国际上具有代表性的成交价格

3. FOB、CFR、CIF 和 FCA、CPT、CIP 两组术语的价格构成都包括的内容是（   ）。

    A. 拼箱费
             B. 进货成本

    C. 费用
             D. 净利润

4. 在国际货物买卖中，作价的方法一般包括（   ）。

    A. 暂定价格
             B. 固定作价

    C. 暂不固定价格
             D. 滑动价格

5. 我国进出口商品的作价原则是（   ）。

    A. 根据国际市场价格水平作价
             B. 结合国别地区政策作价

    C. 结合购销意图作价
             D. 以国内市场价格折算的外汇价作价

6. 佣金的表示方法有（   ）。

    A. 在价格中表明所含佣金的百分比
          B. 用字母"C"来表示

    C. 用绝对数表示
             D. 用字母"D"来表示

7. 确定进出口商品的价格除要考虑商品的质量和档次、运输的距离、成交数量外，还要考虑（   ）。

    A. 交货地点和交货条件

    B. 季节性需求的变化

    C. 支付条件和汇率变动的风险

    D. 注意国际市场商品供求变化和价格走势

8. 在业务中，非固定价格的规定方法主要有（   ）。

    A. 只规定作价的方式而具体价格待确定

    B. 暂定价

    C. 部分固定价格，部分非固定价格

    D. 支付一定的订金，余款后付

9. 以下我方出口商品单价写法正确的是（　　　）。

    A. 每打 50 港元 FOB 广州黄埔

    B. 每套 200 美元 CIFC3% 香港

    C. 每台 5 800 日元 FOB 大连，含 2% 的折扣

    D. 每桶 36 英镑 CFR 伦敦

10. 在进出口业务中，采取非固定价格的优点有（　　　）。

    A. 给合同条款的履行带来较大的稳定性

    B. 有助于暂时解决双方在价格方面的分歧

    C. 解除顾客对价格风险的顾虑，达成长期协议

    D. 可使出口方不失时机地做成生意

（四）判断题

1. 我出口合同中规定的价格应与出口总成本相一致。（　　　）

2. 出口销售外汇净收入是指出口商品的 FOB 价按当时外汇牌价折成人民币的数额。（　　　）

3. 出口商品盈亏率是指出口商品盈亏额与出口总成本的比率。（　　　）

4. 从一笔交易的出口销售换汇成本中可以看出，在这笔交易中用多少人民币换回一美元，从而得出这笔交易为盈利还是亏损。（　　　）

5. 在实际业务中，较常采用的作价办法是固定作价。（　　　）

6. 买卖双方在合同中规定："按提单日期的国际市场价格计算。"这是固定作价的一种规定方法。（　　　）

7. 不论在何种情况下，固定作价都比非固定作价有利。（　　　）

8. 佣金和折扣都可分为"明佣（扣）"和"暗佣（扣）"两种。（　　　）

9. 在规定单价时，若明确规定佣金的百分比，则规定总值时也应作出相应的规定。（　　　）

10. 含佣价 = 净价 /（1 - 佣金率），其中的净价必须是 FOB 价。（　　　）

（五）计算题（以下各题均按 USD100 = RMB ￥683.36 ～ 683.68，￡100 = RMB ￥1 120.14 ～ 1 120.24 的汇率计算）

1. 某笔交易中，我向外商的报价为每公吨 780 美元 CFR 香港，含 2% 的折扣，该笔交易的数量为 200 公吨。

    问：我方扣除折扣后的总收入是多少？

2. 某公司出口单晶糖 200 公吨，每公吨 USD450CIFC2% 利物浦，货物装船后，公司财会部门根据合同规定将 2% 的佣金汇给中间商。

    问：应汇的佣金为多少？

3. 我出口某商品，原报价为 350 美元 / 桶 CIF 纽约，现外商要求将价格改报为

CFRC5%。已知保险费率为 0.6%。

问：我方应将价格改报为多少？

4. 我出口某商品对外报价为 480 美元/公吨 FOB 湛江，现外商要求将价格改报 CIF 旧金山。

问：我方的报价应为多少才使 FOB 净值不变？（设运费是 FOB 价的 3%，保险费为 FOB 价的 0.8%）

5. 某批商品的卖方报价为每打 60 美元 CIF 香港，若该批商品的运费是 CIF 价的 2%，保险费是 CIF 价的 1%，现外商要求将价格改报为 FOBC3%。

问：（1）FOBC3% 应报多少？

（2）设卖方国内进货价为每打 380 元人民币，出口前的费用和税金共 15 元人民币/打，试求该批商品的出口销售换汇成本和盈亏率各是多少？

6. 某外贸公司出口一批商品，国内进货价共 10 000 元人民币，加工费支出 1 500 元人民币，商品流通费是 1 000 元人民币，税金支出为 100 元人民币，该批商品出口销售外汇净收入为 2 000 美元。

问：（1）该批商品的出口总成本是多少？

（2）该批商品的出口销售换汇成本是多少？

（3）该商品的出口销售盈亏率是多少？

7. 我某公司出口某商品 1 000 箱，对外报价为每箱 22 美元 FOBC3% 广州，外商要求将价格改报为每箱 CIFC5% 汉堡。已知运费为每箱 1 美元，保险费为 FOB 价的 0.8%。

问：（1）要维持出口销售外汇净收入不变，CIFC5% 应改报为多少？

（2）已知进货成本为 160 元人民币/箱，每箱的商品流通费为进货成本的 3%，出口退税为人民币 30 元/箱，该商品的出口销售盈亏率及换汇成本是多少？

8. 我某外贸公司出口商品货号 H208 共 5 000 箱，该货每箱净重 20 千克，毛重 22 千克，体积 0.03 立方米，出口总成本每箱人民币 999 元，外销价每箱 120 美元 CFR 卡拉奇。海运运费按 W/M12 级计算，装中远公司班轮出口，查运价表到卡拉奇 12 级货运费为每运费公吨 52 美元。

问：该商品的出口销售换汇成本及盈亏率是多少？

9. 某公司向香港客户报水果罐头 200 箱，每箱 132.6 港元 CIF 香港，客户要求改报 CFR 香港含 5% 佣金价。假定保险费相当于 CIF 价的 2%。

问：在保持原报价格不变的情况下，CFRC5% 香港价应报多少？出口 200 箱应付给客户多少佣金？某公司出口 200 箱可收回多少外汇？

10. 某出口商品我对外报价为每公吨 1 200 英镑 FOB 黄埔，对方来电要求改报 CIFC5% 伦敦，试求 CIFC5% 伦敦价为多少？（已知保险费率为 1.68%，运费合计为 9.68 英镑）

三、练习题参考答案

（一）名词解释

1. 佣金（Commission）是代理人或经纪人为委托人介绍生意而收取的报酬。

2. 折扣是卖方给予买方的价格减让。

3. 单价是指每单位货物的价格。

4. 出口总成本是指外贸企业为出口商品而支付的国内总成本，它包括进货成本及出口前的一切费用和税金。

5. 出口销售人民币净收入是指出口商品的 FOB 价所得外汇收入按当时外汇牌价折算成人民币的数额。

（二）单项选择题

1. D   2. C   3. A   4. C   5. C
6. C   7. B   8. C   9. A   10. D

（三）多项选择题

1. ABCD   2. ABCD   3. BCD   4. ABCD   5. ABC
6. ABC   7. ABCD   8. ABC   9. ABCD   10. BCD

（四）判断题

1. ×   2. ×   3. √   4. √   5. √
6. ×   7. ×   8. √   9. √   10. ×

（五）计算题

1. 解：卖方扣除折扣后的总收入 = （含折扣价 – 单位货物折扣额）×200

= （780 – 780×2%）×200

= 152 880（港元）

答：卖方扣除折扣后的总收入是 152 880 港元。

2. 解：应付的总佣金额 = 含佣价×佣金率×数量 = 450×2%×200 = 1 800（美元）

答：卖方应付的总佣金额为 1 800 美元。

3. 解：（1）利用公式：

$$CIF = \frac{CFR}{1 - 投保加成 \times 保险费率}$$

得：CFR = CIF（1 – 投保加成×保险费率）= 350（1 – 110%×0.6%）

= 347.69（美元）

（2）$CFRC5\% = \frac{CFR}{1 - 佣金率} = \frac{347.69}{1 - 5\%} = 365.99$（美元）

答：我方应将价格改报为 365.99 美元。

4. 解：已知公式：CIF = FOB + 运费 + 保险费，将已知条件代入公式：

CIF = FOB + 运费 + 保险费 = 480 + 480×3% + 480×0.8% = 498.24（美元）

答：我方应报的价格为 498.24 美元才使 FOB 净值不变。

5. 解：（1）已知：FOB = CIF – 运费 – 保险费

所以：FOB = 60 – 60×2% – 60×1% = 58.2（美元）

则：$FOBC3\% = \frac{FOB}{1 - 3\%} = \frac{58.2}{1 - 3\%} = 60$（美元）

（2）出口商品换汇成本 $= \dfrac{\text{出口总成本}}{\text{出口销售外汇净收入}}$

$$= \dfrac{380 + 15}{58.2} = 6.79 \text{（元人民币/美元）}$$

出口商品盈亏率 $= \dfrac{\text{出口销售人民币净收入} - \text{出口总成本}}{\text{出口总成本}} \times 100\%$

$$= \dfrac{58.2 \times 8.2736 - (380 + 15)}{380 + 15} \times 100\% = 21.9\%$$

答：该笔业务中，应改报的 FOBC3% 价为 60 美元/打；出口商品换汇成本为 6.79 元人民币/美元；出口商品盈亏率为 21.9%。

6. 解：（1）出口总成本 $= 10\,000 + 1\,500 + 1\,000 + 100 = 12\,600$（元人民币）

（2）已知公式：出口商品换汇成本 $= \dfrac{\text{出口总成本}}{\text{出口销售外汇净收入}}$

$$= \dfrac{10\,000 + 1\,500 + 1\,000 + 100}{2\,000}$$

$$= 6.3 \text{（元人民币/美元）}$$

（3）已知公式：出口商品盈亏率 $= \dfrac{\text{出口销售人民币净收入} - \text{出口总成本}}{\text{出口总成本}} \times 100\%$

代入公式得：出口商品盈亏率 $= \dfrac{2\,000 \times 6.8336 - (10\,000 + 1\,500 + 1\,000 + 100)}{10\,000 + 1\,500 + 1\,000 + 100} \times 100\%$

$$= 8.47\%$$

答：该笔业务中，出口总成本为 12\,600 元人民币；出口商品换汇成本为 6.3 元人民币/美元；出口商品盈亏率为 8.47%。

7. 解：（1）已知公式：含佣价 $= \dfrac{\text{净价}}{1 - \text{佣金率}}$

则：$\text{FOBC3\%} = \dfrac{\text{FOB}}{1 - 3\%}$

$\text{FOB} = 22 \times (1 - 3\%) = 21.34$（美元）

（2）已知公式：含佣价 $= \dfrac{\text{净价}}{1 - \text{佣金率}}$

则：$\text{CIFC5\%} = \dfrac{\text{FOB} + \text{运费} + \text{保险费}}{1 - 5\%}$

$$= \dfrac{21.34 + 21.34 \times 8\% + 1}{1 - 5\%} = 25.31 \text{（美元）}$$

（3）已知公式：出口商品盈亏率 $= \dfrac{\text{出口销售人民币净收入} - \text{出口总成本}}{\text{出口总成本}} \times 100\%$

代入公式得：出口商品盈亏率 $= \dfrac{21.34 \times 6.8336 - (160 + 160 \times 3\% - 30)}{(160 + 160 \times 3\% - 30)} \times 100\%$

$$= 8.18\%$$

（4）已知公式：出口商品换汇成本 $= \dfrac{\text{出口总成本}}{\text{出口销售外汇净收入}}$

代入公式得：出口商品换汇成本 $= \dfrac{160 + 160 \times 3\% - 30}{21.34} = 6.32 \text{（元人民币/美元）}$

答：该笔业务中，CIFC5%价为25.31美元；出口商品盈亏率为8.18%；出口商品换汇成本为6.32元人民币/美元。

8. 解：因为运费的计收标准为 W/M，根据题意，该批商品的运费应按体积计收。

每单位运费 = 计收标准 × 基本运费（1 + 各种附加费） = 0.03 × 52 = 1.56（美元）

（1）FOB 价 = CFR − 运费 = 120 − 1.56 = 118.44（美元）

（2）已知公式：出口商品盈亏率 = $\dfrac{出口销售人民币净收入 − 出口总成本}{出口总成本}$ × 100%

代入公式得：出口商品盈亏率 = $\dfrac{118.44 × 6.833\ 6 − 999}{999}$ × 100% = − 18.98%

（3）已知公式：出口商品换汇成本 = $\dfrac{出口总成本}{出口销售外汇净收入}$

代入公式：出口商品换汇成本 = $\dfrac{999}{118.44}$ = 8.43（元人民币/美元）

答：该批商品的出口商品盈亏率为 − 18.98%；出口商品换汇成本为 8.43 元人民币/美元。

9. 解：（1）已知公式：CFR = CIF − 保险费

则：CFR = 132.6 − 132.6 × 2% = 129.95（港元）

（2）根据上式结果，可利用：含佣价 = $\dfrac{净价}{1 − 佣金率}$

求 CFR 的含佣价。

则：CFRC5% = $\dfrac{CFR}{1 − 佣金率}$ = $\dfrac{129.95}{1 − 5\%}$ = 136.79（港元）

（3）应付的总佣金额为：

总佣金额 = （含佣价 × 佣金率）× 数量 = （136.79 × 5%）× 200
= 1 367.9（港元）

（4）可收回的外汇为：可收回的外汇 = CFR × 数量 = 129.95 × 200
= 25 990（港元）

答：本业务中 CFRC5% 香港价为 129.95 港元；出口 200 箱商品应付给客户的总佣金额为 1 367.9 港元；出口 200 箱可收回的外汇为 25 990 港元。

10. 解：先利用 CIF = $\dfrac{FOB + 运费}{1 − 投保加成 × 保险费率}$

可求得 CIF 价为：

CIF = $\dfrac{1\ 200 + 9.68}{1 − 110\% × 1.68\%}$ = 1 232.46（英镑）

再利用公式　　含佣价 = $\dfrac{净价}{1 − 佣金率}$

可求得 CIFC5% 价为：

CIFC5% = $\dfrac{CIF}{1 − 佣金率}$ = $\dfrac{1\ 232.46}{1 − 5\%}$ = 1 297.32（英镑）

答：求得的 CIFC5% 伦敦价为 1 297.32 英镑。

第二十六章　国际货款的收付

一、重难点分析

（一）汇票（Bill of Exchange；Draft）

1．汇票的含义和基本内容

汇票是一个人向另一个人签发的，要求在见票时，或在将来的时间，或可以确定的时间，对某人或其指定的人或持票人支付一定金额的无条件的书面支付命令。在进出口业务中，汇票通常由出口方签发，其目的是为了收取货款。

各国票据法对汇票内容的规定不同，我国《票据法》第二十二条规定，汇票必须记载下列事项：①注明"汇票"字样；②无条件的支付委托；③确定的金额；④付款人的名称；⑤收款人的名称；⑥汇票的出票日期；⑦出票人签章。

汇票上未记载规定事项之一者，汇票无效。

我国《票据法》第二十三条还就付款日期、付款地点和出票地点等内容作了以下规定："汇票上未记载付款日期的，为见票即付。汇票上未记载付款地的，付款人的营业场所、住所或经常居住地为付款地。汇票上未记载出票地的，出票人的营业场所、住所或经常居住地为出票地。"

上述基本内容，一般为汇票的要项，但并不是汇票的全部内容。按照各国票据法的规定，汇票的要项必须齐全，否则受票人有权拒付。

2．汇票的种类

（1）根据汇票的出票人不同可将汇票分为商业汇票和银行汇票。

（2）根据汇票项下是否随附商业单据可将汇票分为光票和跟单汇票。

（3）根据汇票的付款时间不同可将汇票分为即期汇票和远期汇票。

3．汇票的使用

汇票的使用有出票、提示、承兑、付款等。如需转让，通常经过背书行为转让。汇票遭到拒付时，还要涉及作成拒绝证书和行使追索权等法律权力。

（1）出票（Issue）：出票是指出票人在汇票上填写付款人、付款金额、付款日期和地点以及收款人等项目，经签字交给受票人的行为。在出票时，对收款人通常有三种写法：①限制性抬头；②指示性抬头；③来人或持票人抬头。

（2）提示（Presentation）：提示是指持票人将汇票提交付款人要求承兑或付款的行为。提示可以分为付款提示和承兑提示。

（3）承兑（Acceptance）：承兑是付款人保证承担到期付款责任的行为。

（4）付款（Payment）：对即期汇票，在持票人提示汇票时，付款人应立即付款；对远期汇票，付款人经过承兑后，在汇票到期日付款。付款后，汇票上一切债务即告终止。

（5）背书（Endorsement）：背书是转让汇票的法定手续，是由汇票持有人在汇票背面签上自己的名字，或再加上受让人（被背书人）的名字，并把汇票交给受让人的行为。经背书后，汇票的收款权力便转让给受让人。汇票可以经过背书不断转让下去。对受让人来说，所有在他以前的背书人以及原出票人都是他的"前手"；而对出让人来说，所有在他让与以后的受让人都是他的"后手"，前手对后手负有担保汇票必然会被承兑或付款的责任。

在国际市场上，一张远期汇票的持有人如想在付款人付款前取得票款，可以经过背书转让汇票，即将汇票进行贴现。贴现（Discount）是指远期汇票承兑后，尚未到期，由银行或贴现公司从票面金额中扣减按一定贴现率计算的贴现息后，将余款付给持票人的行为。贴现后余额的计算公式是：

$$贴现后余额 = 票面金额 - \left(票面金额 \times 贴现率 \times \frac{天数}{360}\right) - 有关费用$$

（6）拒付（Dishonour）：持票人提示汇票要求承兑时，遭到拒绝承兑，或持票人提示汇票要求付款时，遭到拒绝付款，或付款人拒不见票、死亡或宣告破产以至付款事实上已不可能时，均称为拒付。

当持票人提示汇票要求承兑时，遭到拒绝承兑，或持票人提示汇票要求付款时，遭到拒绝付款，对持票人而言立即产生追索权。

（二）本票与支票

本票（Promissory Note）是一个人向另一个人签发的保证于见票时，或定期，或在可以确定的将来时间，对某人或其指定人或持票人支付一定金额的无条件的书面承诺。简言之，本票是出票人对收款人承诺无条件支付一定金额的票据。

本票可分为商业本票和银行本票。商业本票可按付款时间分为即期本票和远期本票两种。而银行本票都是即期的。按我国《票据法》第七十九条规定，我国允许开立出票日起，付款期限不超过 2 个月的银行本票。我国《票据法》还规定，银行本票仅限于由中国人民银行审定的银行或其他金融机构签发。

支票（Cheque；Check）是存款人对银行的无条件支付一定金额的委托或命令。出票人在支票上签发一定的金额，要求受票银行于见票时立即支付一定的金额给特定人或持票人。

支票的出票人在签发支票后，应负票据上的责任和法律上的责任。前者是指出票人对收款人担保支票的付款；后者是指出票人签发支票时，应在付款银行存有不低于票面金额的存款。如存款不足，支票持有人在向银行提示支票要求付款时，就会遭到银行的拒付。这种支票称为空头支票。

按我国《票据法》的规定，支票可以分为现金支票和转账支票两种。

（三）汇票、本票与支票的主要区别

1. 证券的性质不同

汇票与支票都是委托他人付款的证券，故属于委托支付证券；而本票是由出票人自己付款的票据，故属自付证券或承诺证券。

2. 到期日不同

支票为见票即付，而汇票和本票除见票即付外，还可作出不同日期的记载。在国际货款

结算中使用的跟单汇票，还有运输单据出单日期后定期付款的记载。

3. 是否需要承兑不同

远期汇票需要付款人履行承兑手续。本票由于出票时出票人就负有担保付款的责任而无需承兑。支票均为即期，故也无需承兑。

（四）汇付和托收

在国际货款的结算中，较常见的结算方式有汇付、托收和信用证三种，其中汇付和托收方式属于商业信用，而信用证方式属于银行信用。

1. 汇付（Remittance）

汇付又称汇款，指汇款人主动通过银行或其他途径将款项汇交收款人的结算方式。汇付方式可分为信汇、电汇和票汇三种。

汇付方式在国际贸易中主要用于预付货款、随订单付款和赊销等业务中。

2. 托收（Collection）

（1）托收的含义。托收是指债权人（出口人）出具汇票委托银行向债务人（进口人）收取货款的一种支付方式。其基本做法：①由出口人根据发票金额开出以进口人为付款人的汇票，并向出口地银行提出托收申请；②委托出口地银行（托收行）通过它在进口地的代理行或往来银行（代理行）代为向进口人收取货款。

托收方式的当事人有：①委托人；②托收银行；③代收银行；④提示行；⑤付款人。

按照一般国家的银行做法，委托人在委托银行办理托收时，须附具一份托收委托书，在委托书中明确提出各种指示。银行接受委托后，则按照委托书的指示内容办理托收。根据《托收统一惯例522出版物》的规定，托收费用由委托人承担。

"需要时的代理"是指在托收业务中，如发生拒付，委托人可指定付款地的代理人代为料理货物存仓、转售、运回等事宜，称为"需要时的代理"。

（2）托收的种类。托收方式根据托收时金融单据（Financial Documents）是否附有商业单据（Commercial Documents）分为光票托收（不附有商业单据）和跟单托收（附有商业单据），国际贸易中大多使用跟单托收。

在跟单托收的情况下，根据交单条件的不同又可以分为付款交单（Documents against Payment，简称D/P）和承兑交单（Documents against Acceptance，简称D/A）。

①付款交单是指出口人的交单以进口人的付款为条件。即只有在进口人付清货款后，才能把装运单据交给进口人。按付款时间的不同，付款交单又可分为即期付款交单（D/P sight）和远期付款交单（D/P after sight）。

在远期付款交单情况下，当货物已经到达了目的港，且单据也已经到达了代收银行，但汇票的付款时间未到，若买方欲抓住有利行市提前提货可采取的两种做法是：

A. 在付款到期日之前提前付款赎单。

B. 凭信托收据借单即代收行对于资信较好的进口人，允许进口人凭信托收据（Trust Receipt，T/R）借取货运单据，先行提货。

②承兑交单（D/A）是指出口人的交单以进口人在汇票上承兑为条件。在承兑交单下，出口人在付款人承兑后已交出了物权凭证及有关的单据，其收款的保障全依赖进口人的信用，一旦进口人到期不付款，出口人便会遭到货物与货款全部落空的损失。因而，承兑交单

的风险比付款交单的风险大。

（3）托收的性质及其利弊。主要表现为：

利：进口人不但可免去申请开立信用证的手续，不必预付银行押金，减少费用支出，而且还有利于资金融通和周转，增强出口商品的竞争能力。

弊：①银行办理托收业务时，只是按委托人的指示办事，并无检查单据内容和承担付款人必然付款的义务；②如进口方破产或丧失清偿债务的能力，出口人则可能收不回或晚收回货款；③在进口人拒不付款赎单后，除非事先约定，银行无义务代管货物；④如货物已到达，还要发生在进口地办理提货、交纳进口关税、存仓、保险、转售以至被低价拍卖或被运回国内的损失。

（五）信用证（Letter of Credit，L/C）

1．信用证的含义

根据国际商会《跟单信用证统一惯例》的解释，信用证是银行（开证银行）依照客户（开证申请人）的请求和指示，在符合信用证条款的条件下，凭规定的单据向受益人或其指定人进行付款、承兑或支付受益人开出的汇票；或授权另一家银行进行该项付款，或承兑或支付汇票；或授权另一家银行议付。简单讲，信用证是一种银行开立的有条件承诺付款的书面文件。

2．信用证方式的当事人

（1）开证申请人。

（2）开证银行。

（3）通知银行。

（4）受益人。

（5）议付银行。

（6）付款银行。

3．信用证的特点

（1）信用证是一种银行信用。

（2）信用证是一种自足文件。

（3）信用证是一种单据买卖。

4．信用证的种类

（1）跟单信用证和光票信用证。以信用证项下的汇票是否附有货运单据划分，信用证可分为跟单信用证和光票信用证。跟单信用证（Documentary L/C）是指开证行凭跟单汇票或仅凭单据付款的信用证，光票信用证（Clean L/C）是指开证行仅凭不附单据的汇票付款的信用证。在国际贸易中，大多使用跟单信用证。

（2）不可撤销信用证和可撤销信用证。主要内容为：

①不可撤销信用证（Irrevocable L/C）是指信用证一经开出，在有效期内，未经受益人及有关当事人的同意，开证行不得片面修改和撤销，只要受益人提供的单据符合信用证规定，开证行必须履行付款义务的信用证。这种信用证对受益人比较有保障，在国际贸易中使用最广泛。凡是不可撤销信用证，在信用证中应注明"不可撤销"字样。

②可撤销信用证（Revocable L/C）是指开证行对所开信用证不必征得受益人或有关当

事人的同意有权随时撤销或修改的信用证。凡是可撤销信用证，在信用证中应注明"可撤销"字样。这种信用证对出口人不利，因此，出口人一般不接受这种信用证。

（3）保兑信用证和不保兑信用证。主要内容为：

①保兑信用证（Confirmed L/C）是指有另一家银行保证对符合信用证条款规定的单据履行付款义务的信用证。对信用证加以保兑的银行被称为保兑行。按《UCP 600》规定，信用证一经保兑，即构成保兑行在开证行以外的一项确定承诺。保兑行与开证行一样承担第一性付款责任，即保兑行是以独立的"本人"（Principal）身份对受益人独立负责，并对受益人负首先的付款责任。保兑行付款的后顾之忧是对受益人或其他前手无追索权。

②不保兑信用证（Unconfirmed L/C）是指开证银行开出的信用证没有经另一家银行保兑的信用证。在开证银行资信较好和成交金额不大的情况下，一般都使用不保兑信用证。

（4）即期付款信用证、延期付款信用证、承兑信用证和议付信用证。主要内容为：

①即期付款信用证（Sight Payment L/C）是指采用即期兑现方式的信用证，证中通常注明"付款兑现"（Available by Payment）字样。即期付款信用证一般不要求受益人开立汇票。即期付款信用证的付款行可以是开证行自己，也可以是出口地的通知行或指定的第三国银行。如开证行自己是付款行，开证行应履行即期付款的承诺；如由通知行或第三国银行担任付款行，开证行应保证该款的即期照付。付款行一经付款，对受益人均无追索权。以出口地银行为付款人的即期付款信用证的交单到期地点一般在出口地，便于受益人交单收款。以开证行本身或第三国银行为付款人的即期付款信用证的交单到期地点通常规定在付款行所在地，受益人要承担单据在邮寄过程中遗失或延误的风险。

②延期付款信用证（Deferred Payment L/C）是指开证行在信用证中规定货物装船后若干天付款，或开证行收单后若干天付款的信用证。延期付款信用证不要求出口商开立汇票，所以，出口商不能利用贴现市场的资金，只能自行垫款或向银行借款。在出口业务中，若使用这种信用证，货价应比银行承兑远期信用证高一些，以拉平利息率与贴现率之间的差额。对成交金额较大、付款期限较长的资本货物的交易，延期付款信用证常与政府的出口信贷结合起来使用。

③承兑信用证（Acceptance L/C）是指要使用汇票的远期信用证。汇票的付款人在收到符合信用证规定的汇票和单据时，先在汇票上履行承兑手续，俟汇票到期日再行付款的信用证。

按《UCP 600》规定，开立信用证时不应以申请人作为汇票的付款人。承兑信用证的汇票承兑人可以是开证行或其他指定的银行，但不论由谁承兑，开证行均负责该汇票的承兑及到期付款。因规定以开证行或其他银行为汇票的付款人，故这种信用证又称为银行承兑信用证（Banker's Acceptance L/C）。这种信用证的汇票，由于承兑人是银行，较易到贴现市场去转让，因此对受益人就比较有利。承兑信用证一般适用于远期付款的交易。

④议付信用证（Negotiation L/C）是指开证行允许受益人向某一指定银行或任何银行交单议付的信用证。

议付是指由议付行对汇票和（或）单据付出对价。只审单据而不支付对价，不能构成议付。

议付信用证又可分为公开议付信用证和限制议付信用证。

公开议付信用证和限制议付信用证的到期地点都在议付所在地。这种信用证经议付后，如因故不能向开证行索得票款，议付行有权向受益人行使追索权。

"议付"是指被授权议付的银行对汇票及/或单据付出对价的行为，而"付款"则是开证行或其指定的代付行向信用证受益人或其代理人进行付款或支付其出具的汇票的行为。"议付"与"付款"的主要区别之一，还在于议付行如因开证行无力偿付等原因而未能收回款项时，可向受益人追索；而开证行、保兑行或指定付款行一经付款就无权向受益人及其前手行使追索权。

（5）即期信用证和远期信用证。根据付款时间的不同，信用证可分为即期信用证和远期信用证。

①即期信用证（Sight L/C）是指开证行或付款行收到符合信用证条款的跟单汇票或装运单据后，立即履行付款义务的信用证。这种信用证的特点是出口人收汇迅速、安全，有利于资金的周转。

在即期信用证中，有时还加列电汇索偿条款（T/T Reimbursement Clause）。这是指开证行允许议付行用电报或电传通知开证行或指定付款行，说明各种单据与信用证要求相符，开证行或指定付款行接到电报或电传通知后，有义务立即用电汇将货款拨交议付行。

②远期信用证（Usance L/C）是指开证行或付款行收到信用证的单据后，在规定期限内履行付款义务的信用证。远期信用证主要包括承兑信用证和延期付款信用证。

③假远期信用证（Usance L/C Payable at Sight）。

假远期信用证与远期信用证的区别，主要有以下几点：

A. 开证基础不同。假远期信用证是以即期付款的贸易合同为基础，而远期信用证是以远期付款的贸易合同为基础。

B. 信用证的条款不同。假远期信用证中有"假远期"条款，而远期信用证中只有利息由谁负担条款。

C. 利息的负担者不同。假远期信用证的贴现利息由进口商负担，而远期信用证的贴现利息由出口商负担。

D. 收汇时间不同。假远期信用证的受益人能即期收汇，而远期信用证要俟汇票到期才能收汇。

（6）可转让信用证和不可转让信用证。根据《跟单信用证统一惯例》的规定，唯有开证行在信用证中明确注明"可转让"字样，信用证方可转让。

可转让信用证只能转让一次，即只能由第一受益人转让给第二受益人，第二受益人不得要求将信用证转让给其后的第三受益人。但第二受益人再将信用证转回给第一受益人，不属被禁止转让的范畴。

在实际业务中，要求开立可转让信用证的第一受益人，通常是中间商。为了赚取差额利润，中间商可将信用证转让给实际供货商，由供货商办理出运手续。但信用证的转让并不等于买卖合同的转让，如第二受益人不能按时交货或单据有问题，第一受益人（即原出口人）仍要负买卖合同上的卖方责任。

（7）循环信用证（Revolving Credit）。循环信用证是指信用证被全部或部分使用后，其金额又恢复到原金额，可再次使用，直至达到规定的次数或规定的总金额为止的信用证。

循环信用证又分为按时间循环信用证和按金额循环信用证。

循环信用证的优点是：①进口方可不必多次开证而节省开证费用；②简化出口方的审

证、改证等手续，有利于合同的履行。

（8）对开信用证。对开信用证是指两张信用证的开证申请人互以对方为受益人而开立的信用证。一般以同时生效为妥，即第一张信用证开出后暂不生效，对方回头证开到并经受益人接受后第一张信用证才生效。

（9）对背信用证。对背信用证又称转开信用证，它是指受益人要求原证的通知行或其他银行以原证为基础，另开一张内容相似的新信用证。

新证开立后，原证仍然有效，由开立新证的开证行代原受益人保管。原开证行与原开证申请人和新证毫无关联，因请求开立新证的不是原开证申请人，也不是原开证行，而是原证的受益人。

开立对背信用证的开证行对新证的受益人付款后，便立即要求原证的受益人提供符合原证条款的商业发票和汇票，以便与对背信用证受益人提供的商业发票及汇票进行调换，然后附上货运单据寄到原证的开证行收汇。

对背信用证除了允许商业发票和汇票可以与原证不符外，对于其他所有的货运单据，都要求与原证完全相符，否则，将导致原证的受益人无法交单结汇。

（10）预支信用证。预支信用证是指开证行授权代付行（通常是通知行）向受益人预付信用证金额的全部或一部分，由开证行保证偿还并负担利息的信用证。其特点是：开证人付款在先，受益人交单在后。因开证人要承担较大的风险，故预支信用证又称"红条款信用证"。

（11）备用信用证（Standby Letter of Credit）。备用信用证属于银行信用，开证银行保证在开证申请人未履行其义务时，即由开证银行付款。因此，备用信用证对受益人来说是备用于开证申请人发生毁约时，取得补偿的一种信用证。

备用信用证与跟单信用证有相同之处，但又有不同，其不同之处主要是：

①在跟单信用证下，受益人只要履行信用证所规定的条件，即可向开证银行要求付款。在备用信用证下，受益人只有在开证申请人未履行其义务时，才能行使信用证规定的权利。如开证申请人履行了约定的义务，则备用信用证就成为备而不用的文件。

②跟单信用证一般只适用于货物的买卖，而备用信用证可适用于货物买卖以外的多方面的交易。

③跟单信用证一般以符合信用证规定的代表货物的货运单据为付款依据；而备用信用证一般只凭受益人出具的说明开证申请人未能履约的证明文件，开证银行即保证付款。

5. 国际商会《跟单信用证统一惯例》

国际商会于 2007 年对《跟单信用证统一惯例》600 号出版物进行了修订，并于 2007 年 7 月 1 日正式实行《跟单信用证统一惯例》600 号出版物（即《UCP 600》）。

《跟单信用证统一惯例》不是一个国际性的法律规章，对有关当事人不具有约束力。在国际贸易中，若在信用证中加注"除另有规定，本证根据国际商会《跟单信用证统一惯例（2007 年修订）》即国际商会 600 号出版物办理"，则该惯例对有关当事人具有约束力。

（六）银行保函

银行保函（Banker's Letter of Guarantee）又称银行保证书，是由银行开立承担付款责任的一种担保凭证。银行根据保函的规定承担绝对的付款责任。所以，银行保函大多属于见索即付保函。

银行保函在实际业务中的使用范围很广，它不仅适用于一般的货物买卖，而且广泛适用于国际经济领域。银行保函按用途可分为投标保证书、履约保证书和还款保证书。

（七）各种支付方式的选用

（1）信用证与汇付相结合。

（2）信用证与托收相结合。

（3）汇付、托收、信用证三者相结合。

二、练习题

（一）名词解释

1. 汇票　　　　　　　　2. 背书　　　　　　　　3. 贴现

4. 托收　　　　　　　　5. 不可撤销跟单信用证

（二）单项选择题

1. 承兑是（　　）对远期汇票表示承担到期付款责任的行为。

    A. 付款人　　　　　　　　　　　　B. 收款人

    C. 出口人　　　　　　　　　　　　D. 议付银行

2. 信用证上若未注明汇票的付款人，根据《UCP 600》的解释，汇票的付款人应是（　　）。

    A. 开证人　　　　　　　　　　　　B. 开证行

    C. 议付行　　　　　　　　　　　　D. 出口人

3. 一张每期用完一定金额后，须等开证行通知到达，才能恢复到原金额继续使用的信用证是（　　）。

    A. 非自动循环信用证　　　　　　　B. 半自动循环信用证

    C. 自动循环信用证　　　　　　　　D. 有时自动，有时非自动

4. 香港某公司出售一批商品给美国 ABC Co.，美国银行开来一份不可撤销可转让信用证，香港某银行按香港某公司委托，将信用证转让给我某进出口公司，如信用证内未对转让费用作明确规定，按惯例应由（　　）。

    A. 我某进出口公司负担　　　　　　B. 香港某公司负担

    C. 美国 ABC Co. 负担　　　　　　　D. 香港某银行负担

5. L/C 与托收相结合的支付方式，其全套货运单据应（　　）。

    A. 随信用证项下的汇票

    B. 随托收项下的汇票

    C. 50% 随信用证项下的汇票，50% 随托收项下的汇票

    D. 单据与票据分列在信用证和托收汇票项下

6. 在其他条件相同的前提下，（　　）的远期汇票对收款人最为有利。

    A. 出票后 30 天付款　　　　　　　　B. 提单签发日后 30 天付款

　　C. 见票后 30 天付款　　　　　　　D. 货到目的港后 30 天付款

7. 信用证经保兑后，保兑行（　　）。

　　A. 只有在开证行没有能力付款时，才承担保证付款的责任

　　B. 和开证行一样，承担第一性付款责任

　　C. 需和开证行商议决定双方各自的责任

　　D. 只有在买方没有能力付款时，才承担保证付款的责任

8. 出口人开具的汇票，如遭付款人拒付时（　　）。

　　A. 开证行有权行使追索权　　　　　B. 保兑行有权行使追索权

　　C. 议付行有权行使追索权　　　　　D. 付款行有权行使追索权

9. 根据《UCP 600》的解释，信用证的第一付款人是（　　）。

　　A. 进口人　　　　　　　　　　　　B. 开证行

　　C. 议付行　　　　　　　　　　　　D. 通知行

10. 国外开来的可撤销信用证规定，汇票的付款人为开证行，货物装船完毕后，开证行没有撤销信用证，但出口人闻悉申请人已破产倒闭，则（　　）。

　　A. 由于付款人破产，货款将落空

　　B. 开证行得悉申请人破产后，即使货物已装船，仍可撤回信用证，受益人未能获得货款

　　C. 只要单证相符，受益人仍可从开证行取得货款

　　D. 待付款人财产清算后方可收回货款

（三）多项选择题

1. 在国际贸易中，常用的支付方式有（　　）。

　　A. 预付　　　　　　　　　　　　　B. 汇付

　　C. 托收　　　　　　　　　　　　　D. 信用证

2. 国际货款结算工具的主要分类是（　　）。

　　A. 支票　　　　　　　　　　　　　B. 汇票

　　C. 外币现钞　　　　　　　　　　　D. 票据

3. 常见的银行保函有（　　）。

　　A. 投标保证书　　　　　　　　　　B. 履约保证书

　　C. 付款保证书　　　　　　　　　　D. 还款保证书

4. 信用证支付方式的特点是（　　）。

　　A. 信用证是一种银行信用　　　　　B. 信用证是一种商业信用

　　C. 信用证是一种自足文件　　　　　D. 信用证是一种单据买卖

5. 下列说法中，（　　）是正确的。

　　A. 远期本票的当事人有两个，即出票人和收款人

　　B. 本票有即期和远期之分

　　C. 远期本票无需承兑

　　D. 本票的付款人是出票人

6. 对于信用证与合同关系的表述正确的是（　　）。

A. 信用证的开立以买卖合同为依据

B. 信用证的履行不受买卖合同的约束

C. 有关银行只根据信用证的规定办理信用证业务

D. 合同是审核信用证的依据

7. 按《UCP 600》规定，信用证（　　　）。

A. 未规定是否保兑，即为保兑信用证

B. 未规定可否转让，即为可转让信用证

C. 未规定是否保兑，即为不保兑信用证

D. 未规定可否撤销，即为不可撤销信用证

8. 以下对可转让信用证表述正确的是（　　　）。

A. 可转让信用证只能转让一次

B. 可转让信用证可转让无数次

C. 第二受益人可将信用证转回给第一受益人

D. 信用证经转让后，买卖合同中卖方仍应承担合同当中的卖方责任

9. 备用信用证与跟单信用证的区别主要是（　　　）。

A. 备用信用证属于商业信用，而跟单信用证属于银行信用

B. 银行付款的条件不同

C. 适用的范围不同

D. 收款人要求银行付款时所需提供的单据不同

10. 假远期信用证与远期信用证的区别是（　　　）。

A. 开证基础不同　　　　　　　　B. 信用证条款不同

C. 利息的负担者不同　　　　　　D. 收汇的时间不同

（四）判断题

1. 只有银行承兑汇票才可在贴现市场上贴现。（　　）

2. 出口商采用 D/A30 天比采用 D/P30 天承担的风险要大。（　　）

3. 信用证是一种银行开立的无条件承诺付款的书面文件。（　　）

4. 光票信用证是指开证行无须凭任何单据就履行付款责任的信用证。（　　）

5. 汇票经背书后，使汇票的收款权利转让给被背书人，被背书人若日后遭到拒付，可向前手行使追索权。（　　）

6. 一张可撤销的信用证，无论在什么情况下，都可以撤销。（　　）

7. 保兑信用证中的保兑行对保兑信用证负第一性的付款责任。（　　）

8. 若错过了信用证有效期到银行议付，只要征得开证人的同意，即可要求银行付款。（　　）

9. 根据《UCP 600》的规定。议付是指由议付行对汇票（或）和单据付出对价，只审单而不付出对价，不能构成议付。（　　）

10. 汇付是付款人主动通过银行或其他途径将款项交付款人的一种支付方式，所以属于商业信用，而托收通常称为银行托收，因而它属于银行信用。（　　）

（五）计算题

某公司持有一张经银行承兑的期限为 90 天的银行承兑汇票，票面金额为 500 万美元，为提前取得票款，该公司欲将汇票拿到市场上去贴现。若当时市场上的贴现率为 10%，贴现时须缴纳的手续费为 150 美元。

问：该公司贴现后可取得多少金额？

（六）操作题

1. 根据以下给出的条件填制汇票。

开证行：NANYANG COMERCIAL BANK LTD，HONGKONG

开证人：SHARP TRADING CO.，HONGKONG

受益人：GUANGDONG LIGHT IND. I／E CORP

信用证号码：0106305

开证日期：2001 年 5 月 18 日

信用证金额：USD 88 536

付款期限：即期；提单日期：2001 年 6 月 25 日；交单日期：2001 年 6 月 27 日

2. 根据合同审核信用证。

售 货 合 同
SALES CONTRACT

卖 方：GUANGDONG LIGHT ELECTRICAL.
Sellers:　　APPLANCES CO., LTD

Contract No. :　98SGQ468001
Date:　APR. 22, 1998
Telex:　0835
Fax:　83556688

地 址：
Address:　52, DEZHENG ROAD SOUTH, GUANGZHOU, CHINA

Buyers: A. B. C. CORP.　　Telex:
Address:　AKEDSANTERINK AUTO P. O. BOX 9, FINLAND　　Fax:

This Sales Contract is made by and between the Sellers and the Buyers, whereby the sellers agree to sell and the Buyers agree to buy the undermentioned goods according to the terms and conditions stipulated below:

(1) 货号，品名及规格 Name of Commodity and specifications	(2) 数量 Quantity	(3) 单位 Unit	(4) 单价 Unit Price	(5) 金额 Amount
HALOGEN FITTING W500	9,600PCS	PC	CIF HELSINKI USD3. 80/PC	USD 36,480. 00
10% more or less both in amount and quantity allowed	Total Amount			USD 36,480. 00

(6) Packing:　CARTON　(7) Delivery From　GUANGZHOU　to　HELSINKI　(8) Shipping Marks:

(9) Time of Shipment:　Within　30　days after receipt of L /C. allowing transhipment and partial shipment.

(10) Terms of Payment:　By 100% Confirmed irrevocable Letter of Credit in favor of the Sellers to be available by sight draft to be opened and to reach China before　MAY 1, 1998　and to remain valid for negotiation in China until the 15th days after the foresaid Time of Shipment.

L /C must mention this contract number L /C advised by BANK OF CHINA GUANGZHOU BRANCH. TLX: 444U4K GZBC. CN. All banking charges outside China (the mainland of China) are for account of the Drawee.

(11) Insurance:　To be effected by Sellers for 110% of full invoice value covering　F. P. A.　up to　HELSINKI　To be effected by the Buyers.

(12) Arbitration:　All dispute arising from the execution of or in connection with this contract shall be settled amicably by negotiation. In case of settlement can be reached through negotiation the case shall then be submit China International Economic & Trade Arbitration Commission. In Shenzhen (or in Beijing) for arbitration in act with its sure of procedures. The arbitral award is final and binding upon both parties for setting the dispute. The fee, for arbitration shall be borne by the losing party unless otherwise awarded.

The Seller　张三　　　　　　　　　　　　　　　The Buyer　Mary

ISSUE OF DOCUMENTARY CREDIT

ISSUING BANK	: METITABANK LTD, FINLAND
DOC. CREDIT NO	: REVOCABLE
CREDIT NUMBER	: LRT9802457
DATE OF ISSUE	: 980428
EXPIRY	: Date 980416 Place FINLAND
APPLICANT	: A. B. C. CO.
	AKEKSANTERINK AUTO
	P. O. BOX 9, FINLAND
BENEFICIARY	: GUANGDONG LIGHT ELECTRICAL CO. LTD
	52, DEZHENG ROAD SOUTH, GUANGZHOU, CHINA
AMOUNT	: USD 3 648. 00 (SAY U. S. DOLLARS THIRTY SIX
	THOUSAND FOUR HUNDRED AND EIGHT ONLY)
POS. /NEG. TOL. (%)	: 5/5
AVAILABLE WITH/BY	: ANY BANK IN ADVISING COUNTRY
	BY NEGOTIATION
DRAFT AT. . .	: DRAFTS AT 20 DAYS' SIGHT FOR FULL INVOICE VALUE
PARTIAL SHIPMENTS	: NOT ALLOWED
TRANSHIPMENT	: ALLOWED
LOADING IN CHARGE	: GUANGZHOU
FOR TRANSPORT TO	: HELSINKI
SHIPMENT PERIOD	: AT THE LATEST MAY 30, 1998
DESCRIP. OF GOODS	: 960PCS OF HALOGEN FITTING W500, USD 6. 80 PER PC
	AS PER SALES CONTRACT 98SG468001 DD. 22, 4, 98
	CIF HESINKI
DOCUMENTS REQUIRED	: * COMMERCIAL INVOICE 1 SIGNED ORIGINAL AND 5 COPIES
	* PACKING LIST IN 2 COPIES
	* FULL SET OF CLEAN ON BOARD MARINE BILLS OF
	LADING, MADE OUT TO ORDER , MARKED "FREIGHT
	PREPAID" AND NOTIFY APPLICANT (AS INDICATE ABOVE)
	* GSP CERTIFICATE OF ORIGIN FORM A, CERTIFYING
	GOODS OF ORIGIN IN CHINA, ISSUED BY COMPETENT
	AUTHORITIES
	* INSURANCE POLICY/CERTIFICATE COVERING ALL RISKS
	AND WAR RISKS OF PICC. INCLUDING WAREHOUSE TO
	WAREHOUSE CLAUSE UP TO FINAL DESTINATION AT
	HELSINKI, FOR AT LEAST 120 PCT OF CIF – VALUE
	* SHIPPING ADVICES MUST BE SENT TO APPLICANT
	WITH 2 DAYS AFTER SHIPMENT ADVISING NUMBER
	OF PACKAGES, GROSS & NET WEIGHT, VESSEL NAME,
	BILL OF LADING NO. AND DATE, CONTRACT NO. , VALUE
PRESENTATION PERIOD	: 6 DAYS AFTER ISSUANCE DATE OF SHIPPING DOCUMENT
CONFIRMATION	: WITHOUT
INSTRUCTIONS	: . . .

（七）案例分析题

1. 我某丝绸进出口公司向中东某国出口丝绸制品一批，合同规定：出口数量为 2 100 箱，价格为 2 500 美元／箱 CIF 中东某港，5～7 月份分三批装运，即期不可撤销信用证付款，买方应在装运月份开始前 30 天将信用证开抵卖方。合同签订后，买方按合同的规定依时将信用证开抵卖方，其中汇票条款载有"汇票付款人为开证行／开证申请人"字样。我方在收到信用证后未留意该条款，即组织生产并装运，待制作好结汇单据到付款银行结汇时，付款银行以开证申请人不同意付款为由拒绝付款。

问：（1）付款银行的做法有无道理？为什么？

（2）我方的失误在哪里？

2. 我某食品进出口公司向澳洲某国出口鲜活制品一批，双方规定以即期信用证为付款方式。买方在合同规定的开证时间内开来信用证，证中规定："一俟开证人收到单证相符的单据并承兑后，我行立即付款。"我方银行在审核信用证时，把问题提出来，要求受益人注意该条款。但某食品进出口公司的业务员认为该客户为老客户，应该问题不大，遂根据信用证的规定装运出口。当结汇单据交到付款行时，付款行以开证人认为单据不符不愿承兑为由拒付。

问：（1）银行拒付有无道理？

（2）我方的失误在哪里？

3. 我某轻工进出口公司向国外客户出口某商品一批，合同中规定以即期不可撤销信用证为付款方式，信用证的到期地点规定在我国。为保证款项的收回，应议付行的要求，我商请香港某银行对中东某行（开证行）开立的信用证加以保兑。在合同规定的开证时间内，我方收到通知银行（即议付行）转来的一张即期不可撤销保兑信用证。我出口公司在货物装运后，将有关单据交议付银行议付。不久接保兑行通知："由于开证行已破产，我行将不承担该信用证的付款责任。"

问：（1）保兑行的做法是否正确？为什么？

（2）对此情况，我方应如何处理？

4. 我某纺织品进出口公司与国外某商人于 5 月 18 日签订了一份出口精纺棉织品的合同，合同中规定采用信用证付款方式付款，装运期为 10 月份。由于双方的疏忽，合同中未对信用证的种类予以规定。我方收到国外客户开来的信用证后，发现该证也未规定信用证的种类。

问：（1）该证是否要经过修改才可使用？

（2）《UCP 600》对此是如何规定的？

5. 我某贸易有限公司以 CIF 大阪向日本出口一批货物。4 月 20 日由日本东京银行开来一份即期不可撤销信用证，信用证金额为 50 000 美元，装船期为 5 月份，证中还规定议付行为纽约银行业中信誉较好的 A 银行。我中行收到信用证后，于 4 月 22 日通知出口公司，4 月底该公司获悉进口方因资金问题濒临倒闭。

问：在此情况下我方应如何处理？

6. 我某贸易有限公司向国外某客商出口货物一批，合同规定的装运期为 6 月份，D/P 支付方式付款。合同订立后，我方及时装运出口，并收集好一整套结汇单据及开出以买方为付款人的 60 天远期汇票委托银行托收货款。单据寄抵代收行后，付款人办理承兑手续时，货物已到达了目的港，且行情看好，但付款期限未到。为及时提货销售取得资金周转，买方经代收行同意，向代收银行出具信托收据借取货运单据提前提货。不巧，在销售的过程中，因保管不善导致货物被火焚毁，付款人又遇其他债务关系倒闭，无力付款。

问：在这种情况下，责任应由谁承担？为什么？

7. 某笔进出口业务，约定分两批装运，支付方式为即期不可撤销信用证。第一批货物发送后，买方办理了付款赎单手续，但收到货物后，发现货物品质与合同规定严重不符，便要求开证行通知议付行对第二批信用证项下的货运单据不要议付，银行不予理睬。后来议付行对第二批信用证项下的货运单据仍予议付。议付行议付后，付款行通知买方付款赎单，遭到买方的拒绝。

问：（1）银行处理方法是否合适？

（2）买方应如何处理此事为宜？

8. A 与 B 两家食品进出口有限公司共同对外成交出口货物一批，双方约定各交货50%，各自结汇，由 B 公司对外签订合同。事后，外商开来以 B 公司为受益人的不可撤销信用证，证中未注明"可转让"字样，但规定允许分批装运。B 公司收到信用证后及时通知了 A 公司，两家公司都根据信用证的规定各出口了 50% 的货物并以各自的名义制作有关的结汇单据。

问：两家公司的做法是否妥当？为什么？

三、练习题参考答案

（一）名词解释

1. 汇票是一个人向另一个人签发的，要求在见票时或在将来的时间，或可以确定的时间，对某人或其指定的人或持票人支付一定金额的无条件的书面支付命令。

2. 背书是指由汇票持有人在汇票背面签上自己的名字，或再加上受让人的名字，并把汇票交给受让人的行为。

3. 贴现是指远期汇票承兑后，尚未到期，由银行或贴现公司从票面金额中扣减按一定贴现率计算的贴现息后，将余款付给持票人的行为。

4. 托收是指债权人出具汇票，委托银行向债务人收取货款的一种支付方式。

5. 不可撤销跟单信用证是指信用证开立后，在信用证的有效期内，未经受益人及有关当事人的同意，开证行不得片面修改和撤销的信用证。只要受益人提交的汇票及有关单据符合信用证的规定，开证行就必须根据信用证的有关规定履行付款责任。

（二）单项选择题

1. A　　　　2. B　　　　3. A　　　　4. B　　　　5. B
6. B　　　　7. B　　　　8. C　　　　9. B　　　　10. C

（三）多项选择题

1. BCD　　　2. CD　　　3. ABD　　　4. ACD　　　5. ACD

6. ABCD   7. CD   8. ACD   9. BCD   10. ABCD

（四）判断题

1. ×   2. √   3. ×   4. ×   5. √

6. ×   7. √   8. ×   9. √   10. ×

（五）计算题

解：贴现后金额 = 票面金额 − $\left[\left(\text{票面金额} \times \text{贴现率} \times \dfrac{\text{天数}}{360}\right) + \text{有关费用}\right]$

贴现后金额 = $5\,000\,000 - \left[\left(5\,000\,000 \times 10\% \times \dfrac{90}{360}\right) + 150\right] = 4\,874\,850$（美元）

答：该公司可取回的现金为 4 874 850 美元。

（六）操作题

1. 出票时间：2001 年 6 月 25 日（或者 26、27 日）

出票人：广东省轻工进出口公司

付款人：香港南洋商业银行

收款人：广东省轻工进出口公司或凭其指定

（中国银行或凭其指定）

付款时间：即期付款

金额：（小写）88 536 美元

（大写）捌万捌仟伍佰叁拾陆美元整

出票条款：香港南洋商业银行开立的不可撤销信用证第 0106305 号，开证日期 2001 年 5 月 18 日

2.（1）信用证的性质不符合合同的要求，应改为 IRREVOCABLE。

（2）到期日不符合合同要求，应为 6 月 15 日，而不是 4 月 16 日。

（3）议付地、到期日均在国外不妥，应改为国内广州。

（4）开证人错误，应为 A. B. C. CORP.，而不是 A. B. C. CO.。

（5）货款金额大小写均与合同不符，应为 USD 36 480.00（U. S. DOLLARS THIRTY SIX THOUSAND FOUR HUNDRED AND EIGHTY ONLY）。

（6）汇票的付款期限不符，应为即期，而不是见票 20 天。

（7）分批运输规定与合同不符，应为 ALLOWED，而不是 NOT ALLOWED。

（8）合同号码错误，应为 98SGQ468001，而不是 98SG468001。

（9）投保险别与合同不符，应为 F. P. A.。

（10）商品数量与合同不符，应为 9 600PCS，而不是 960PCS。

（11）信用证中商品单价与合同不符，应为 USD3. 80，而不是 USD6. 80。

（12）投保金额与合同不符，应为发票金额的 110%，而不是 120%。

（13）信用证中 "CIF HESINKI" 与合同不符，应为 "CIF HELSINKI"。

（14）交单时间太紧，应把 6 天改为 15 天。

（15）不保兑与合同要求不符，应改为保兑。

（16）没有信用证适用的惯例。SUBJECT TO "UCP 500"。

（七）案例分析题

1. 答：（1）银行的做法是有道理的。本案中，信用证条款规定"汇票付款人为开证行/开证申请人"，该条款改变了信用证支付方式下，开证银行承担第一性付款责任的性质，使本信用证下的第一付款人为开证行和/或开证申请人，只要开证申请人不同意付款，开证行就可以此为由拒绝付款。因此，银行的拒付是有道理的。

（2）我方的失误在于在收到信用证后，没有对信用证进行认真审核，导致未发现该条款，使我方丧失了修改信用证的机会。

2. 答：（1）银行的拒付是有道理的。本案中，信用证条款规定："一俟开证人收到单证相符的单据并承兑后，我行立即付款。"该条款改变了信用证支付方式下，开证银行承担第一性付款责任的性质，使本信用证下开证行付款的前提条件不是"单单一致、单证一致"，而是开证申请人收到单证相符的单据并承兑后，只要开证申请人不承兑，开证行就可以此为由拒付。因此，银行的拒绝付款是有道理的。

（2）我方的失误在于收到信用证后，对我方银行提出的问题没有引起注意，过于相信老顾客的资信，导致了问题的发生。

3. 答：（1）保兑行的做法是不正确的。本案是以不可撤销保兑信用证方式结汇的一宗业务。在保兑信用证下，保兑银行与开证银行一样承担第一性的付款责任，其付款依据是只要出口商在信用证有效期内提交符合信用证条款规定的合格单据，保兑行就必须履行付款义务，而不是在开证行不能履行付款义务时才付款。因此，只要我方提交的单据符合信用证的规定，保兑行就应履行付款义务。

（2）在此情况下，我方应责成保兑行履行付款义务，以确保我方的利益不受损害。

4. 答：（1）该证不需要修改就可以使用。

（2）根据《UCP 600》的规定信用证中未标明"不可撤销"或"可撤销"字样的，应视为不可撤销信用证。而在采用信用证支付方式下，我们应力争采用的也是不可撤销信用证。因此，该证不需要修改就可以使用。

5. 答：由于信用证支付方式是银行信用，开证银行承担第一性的付款责任。信用证项下的付款是一种单据买卖，因而，只要受益人提交的单据符合信用证的规定，开证行就应履行付款义务。本案中，我凭即期不可撤销信用证与日本客商签约出口货物，尽管我方出运前获悉进口方因资金问题濒临倒闭，但因有开证行第一性的付款保证，且开证行是一家资信较好的银行，所以，我方可根据信用证的规定装运出口，及时制作一整套结汇单据在信用证的有效期内到议付行办理议付手续。当然，我方也可根据实际情况将货物出售给第三者。

6. 答：责任应由代收行承担。因为，在 D/P60 天结算方式下，代收行的交单应以付款人的付款为条件。而本案中，代收行在付款期限未到，买方向其出具信托收据（即 T/R）的情况下，自行将提货单据借给提货人提货，此行为的风险应由代收行承担。

7. 答：（1）银行的处理方法是合适的。本案凭即期不可撤销信用证支付方式结汇。在信用证结算方式下，信用证是一种自足文件，银行在办理信用证业务时，只根据信用证的有关规定审核出口商提交的单据，只要"单单一致、单证一致"，银行就承担第一性的付款责任。因此，本案中的议付行对第二批货物的议付，是符合信用证业务的做法的。

（2）案中的买方应先付款赎单，再与出口方取得联系，共同商议如何解决货物品质与合同严重不符的问题。

8. 答：A、B 两家公司的做法不妥当。根据《UCP 600》的规定，唯有开证行在信用证中明确注明"可转让"，信用证方可转让。本案中，B 公司收到的不可撤销信用证未注明"可转让"字样，则该证是一份不可转让的信用证。两家公司可根据双方的约定各出 50%，但结汇单据的制作必须符合信用证的规定，即以 B 公司的名义制作整套结汇单据，否则，银行将以单证不符为由拒付货款。

第二十七章　商品检验、索赔、不可抗力和仲裁

一、重难点分析

（一）商品检验

《中华人民共和国进出口商品检验法》规定，凡未经检验的进口商品，不准销售、使用；凡未经检验合格的出口商品，不准出口。《联合国国际货物销售合同公约》也规定，买方必须在按情况实际可行的最短时间内检验货物或由他人检验货物；如果合同涉及货物的运输，检验可推迟至货物到达目的地后进行。

商品检验条款的内容主要有检验时间与地点、检验机构和检验证书。

出口商品经商检机构检验，鉴定后出具的证明文件，称为检验证书。检验证书主要有品质检验证书、重量检验证书、数量检验证书、兽医检验证书、卫生检验证书、消毒检验证书、产地检验证书、价值检验证书、验残检验证书等。

检验证书的作用有：

（1）作为证明卖方所交货物的品质、数量、包装以及卫生条件等是否符合合同规定的依据。

（2）作为买方对品质、重量、包装等条件提出异议、拒收货物、要求索赔、解决争议的凭证。

（3）作为卖方向银行议付货款的单据之一。

（4）作为海关验关放行的凭证。

（二）索赔

索赔是指遭受损害的一方在争议发生后，向违约方提出赔偿的要求。理赔是指违约方对受害方所提赔偿要求的受理与处理。根据损失的原因和责任的不同，索赔有三种不同的情况：凡属合同当事人的责任造成的损失，可向责任方提出索赔；如是承保范围内的货物损失，应向保险公司索赔；如是承运人的责任造成的货物损失，则应向承运人索赔。

进出口合同中的索赔条款有两种规定方法：异议与索赔条款和罚金条款。罚金又称违约

金，是合同当事人一方未履行合同义务而向对方支付约定的违约金。

（三）不可抗力

不可抗力（Force Majeure）又称人力不可抗拒，是指在货物买卖合同签订以后，不是由于订约者任何一方当事人的过失或疏忽，而是由于发生了当事人既不能预见和预防，又无法避免和克服的意外事故，以致不能履行或不能如期履行合同，遭受意外事故的一方，可以免除履行合同的责任或延期履行合同。不可抗力是一项免责条款。

在国际贸易中，不可抗力的含义及其叫法并不统一。在英美法系中，有"合同落空"原则；大陆法系中则有所谓"情势变迁"或"契约失效"原则。

不可抗力事故的范围通常可分为两种情况：一种是由于"自然力量"引起的，如水灾、火灾、冰灾、暴风雨、大雪、地震等；另一种是由于"社会力量"引起的，如战争、罢工、政府禁令等。

关于不可抗力事故的范围，应在买卖合同中订明。通常的规定办法有概括规定、列举规定和综合规定。

不可抗力的后果有解除合同和延期履行合同两种。

不可抗力事故发生后如影响合同的履行时，发生事故的一方当事人，应按约定的通知期限和通知方式，将事故的情况如实通知对方，对方接到通知后，应及时答复，如有异议也应及时提出。此外，发生不可抗力事故的一方当事人还应按约定办法出具证明文件，作为发生不可抗力事故的证据。在我国由中国国际贸易促进委员会出具。

（四）仲裁

1．仲裁与诉讼的区别

①当事人是否自愿不同：仲裁以争议双方当事人自愿为基础，而诉讼具有强制性；②手续繁简不同：仲裁的手续较为简单，而诉讼的手续比较复杂；③对当事人之间的关系影响程度不同：仲裁对双方的关系影响较小，而诉讼较伤和气；④费用高低不同：仲裁的费用较低，而诉讼的费用较高。

2．仲裁协议的形式和作用

解决国际经济贸易争议必须向仲裁机构提交仲裁协议，且仲裁协议必须是书面的，对此，许多国家的立法、仲裁规则及国际公约等已有明确的规定。仲裁协议的形式有：①争议发生前订立的，即合同中的仲裁条款；②争议发生后订立的，当事人向仲裁机构提交的仲裁协议。两种形式的仲裁协议具有同等的法律效力。

仲裁协议的作用：①约束双方当事人只能以仲裁方式解决争议，不得向法院起诉；②排除法院对有关案件的管辖权，如果一方违背仲裁协议，自行向法院起诉，另一方可根据仲裁协议要求法院不予受理，并将争议案件退交仲裁庭裁断；③使仲裁机构取得对争议案件的管辖权。

3．仲裁的地点及其效力

合同中的仲裁条款对仲裁地点的规定有3种方法：①规定在中国仲裁；②规定在被告所在国仲裁；③规定在双方同意的第三国仲裁。

在实际业务中，我们应力争在我国仲裁。我国的常设仲裁机构是中国国际经济贸易仲裁委员会和海事仲裁委员会。国际组织的仲裁机构设在巴黎的国际商会仲裁院。

在我国，凡由国际经济贸易仲裁委员会作出的裁决都是终局性的，对双方当事人都有约束力，必须依照执行，任何一方都不许向法院起诉要求变更。仲裁的费用一般规定由败诉方承担，也有规定为由仲裁庭酌情决定。

二、练习题

（一）名词解释

1. 不可抗力　　　　　　　2. 索赔　　　　　　　3. 法定检验
4. 罚金　　　　　　　　　5. 仲裁

（二）单项选择题

1. 发生（　　），违约方可援引不可抗力条款要求免责。

   A. 战争　　　　　　　　　　　B. 世界市场价格上涨

   C. 生产制作过程中的过失　　　D. 货币贬值

2. 在出口国检验，进口国复验这种检验条款的规定方法（　　）。

   A. 对卖方有利

   B. 对买方有利

   C. 比较公平合理，它照顾了买卖双方的利益

   D. 对保险公司有利

3. 按《公约》的解释，如违约的情况尚未达到根本性违反合同的程度，则受损害的一方（　　）。

   A. 只可宣告合同无效，不能要求赔偿损失

   B. 只能提出损害赔偿的要求，不能宣告合同无效

   C. 不但有权向违约方提出损害赔偿的要求，而且可宣告合同无效

   D. 可根据违约情况选择以上答案

4. 在我国的进出口合同中，关于仲裁地点的规定，我们应力争（　　）。

   A. 在中国仲裁　　　　　　　　B. 在被告国仲裁

   C. 在双方同意的第三国仲裁　　D. 在对买方有利的国家仲裁

5. 异议与索赔条款适用于品质、数量、包装等方面的违约行为，它的赔偿金额（　　）。

   A. 一般预先规定　　　　　　　B. 一般不预先规定

   C. 由第三方代为规定　　　　　D. 由受损方确定

6. 我与德商签订一份进口机器零件的合同。合同签订以后，德商的两间工厂都投入了生产。在生产过程中，两间工厂之一由于意外事故导致火灾，完全丧失了生产能力，德商（　　）。

   A. 因遇不可抗力事故，可要求解除合同

   B. 因遇不可抗力事故，可要求延期履行合同

   C. 因遇不可抗力事故，可要求延期履行合同，但我方有索赔的权力

   D. 不属于不可抗力的范围，我方应要求德商按期履行合同

7. 根据《公约》的规定，买方向卖方提出索赔的最后期限是（　　）。

    A. 货物在装运港装运完毕即提单签发日期后两年

    B. 货物到达目的港卸离海轮后两年

    C. 经出口商品检验机构检验得出检验结果后两年

    D. 买方实际收到货物起两年

8. 仲裁裁决的效力（　　）。

    A. 是终局的，对争议双方具有约束力

    B. 是非终局的，对争议双方不具有约束力

    C. 有时是终局的，有时是非终局的

    D. 一般还需法院最后判定

9. 在国际货物买卖中，较常采用的不可抗力事故范围的规定方法是（　　）。

    A. 概括规定　　　　　　　　　　　B. 不规定

    C. 具体规定　　　　　　　　　　　D. 综合规定

10.（　　）不是检验证书的作用。

    A. 作为证明卖方所交货物的品质、重量（数量）、包装以及卫生条件等是否符合合同规定及索赔、理赔的依据

    B. 确定检验标准和检验方法的依据

    C. 作为卖方向银行议付货款的单据之一

    D. 作为海关验关放行的凭证

（三）多项选择题

1. 合同中商品检验时间与地点的规定方法主要有（　　）。

    A. 在出口国检验　　　　　　　　　B. 在进口国检验

    C. 在出口国检验，进口国复检　　　D. 把货物运到商检局检验

2. 不可抗力事故的构成条件是（　　）。

    A. 事故发生在合同订立以后

    B. 发生了合同当事人无法预见、无法预防、无法避免和无法控制的客观情况

    C. 事件的发生使合同不能履行或不能如期履行

    D. 遭遇意外事故的一方负全责

3. 不可抗力事故引起的法律后果是（　　）。

    A. 遭遇事故的一方可要求损害赔偿

    B. 遭遇事故的一方可要求解除合同

    C. 遭遇事故的一方可要求延期履行合同

    D. 遭遇事故的一方可要求交付替代货物

4. 在国际贸易中，从事商品检验的机构主要有（　　）。

    A. 官方机构　　　　　　　　　　　B. 非官方机构

    C. 生产制造商　　　　　　　　　　D. 用货单位或买方

5. 在国际贸易中，解决争议的方法主要有（　　）。

    A. 友好协商　　　　　　　　　　　B. 调解

C. 仲裁 D. 诉讼

6. 仲裁与诉讼的区别有（　　）。

　　A. 仲裁以争议双方当事人自愿为基础，而诉讼具有强制性

　　B. 仲裁的手续较为简单，而诉讼的手续比较复杂

　　C. 仲裁对双方的关系影响较小，而诉讼较伤和气

　　D. 仲裁的费用较低，而诉讼的费用较高

7. 根据我国《商检法》的规定，地方检验检疫局在进出口商品检验方面的基本任务是（　　）。

　　A. 对所有商品进行检验检疫

　　B. 实施法定检验

　　C. 办理鉴定业务

　　D. 对进出口商品工作实施监督管理

8. 在国际贸易中，争议产生的原因主要有（　　）。

　　A. 在履行合同过程中，遭遇不可抗力事故

　　B. 缔约双方中的一方故意不履约

　　C. 当事人一方的过失或疏忽，导致合同不能履行

　　D. 缔约双方对合同条款理解不一

9. 仲裁是解决国际贸易争议的一种重要方式。仲裁的特点有（　　）。

　　A. 仲裁解决是终局的 B. 对双方没有约束力

　　C. 手续简单 D. 费用较低

10. 仲裁协议的作用，主要表现在（　　）。

　　A. 约束双方当事人解决争议的方式

　　B. 排除法院对该案件的管辖权

　　C. 授予仲裁机构对争议案件的管辖权

　　D. 仲裁解决不了问题，还可提请上诉

（四）判断题

1. 商检的主要作用是通过对商品进行检验，以确定卖方所交货物的品质、数量、包装是否与合同的规定相符。（　　）

2. 若买方没有利用合理的机会检验货物，就是放弃了检验权，从而就丧失了拒收货物的权利。（　　）

3. 若合同中规定以离岸品质、离岸重量为准，则以双方约定的商检机构，在出口货物装船前出具的品质、数量、包装等检验证明，作为决定品质和重量的最后依据。（　　）

4. 凡属法定检验范围的商品，在办理进出口清关手续时，必须向海关提供商检机构签发的检验证书，否则，海关不予放行。（　　）

5. 若合同中无规定索赔条款，买方便无权提出索赔。（　　）

6. 《海牙规则》规定，向船公司提赔的期限是货物到达目的港交货后 1 年。（　　）

7. 被保险人向保险公司提出索赔的期限一般为被保险货物在最后卸载港卸离海轮后，最多不超过两年。（　　）

8. 不可抗力事故的范围包括所有"自然力量"和"社会力量"引起的灾害和意外事故。（　　）

9. 仲裁协议必须在双方争议发生之前签订，否则，仲裁机构将不予置理。（　　）

10. 只要支付了罚金，即可不履行合同。（　　）

（五）案例分析题

1. 我方售货给加拿大的甲商，甲商又将货物转手出售给英国的乙商。货抵甲国后，甲商已发现货物存在质量问题，但仍将原货经另一艘船运往英国，乙商收到货物后，除发现货物质量问题外，还发现有 80 包货物包装破损，货物短少严重，因而向甲商索赔，据此，甲商又向我方提出索赔。

问：此案中，我方是否应负责赔偿？为什么？

2. 某企业以 CIF 条件出口 1 000 公吨大米，合同规定为一级大米，每公吨 300 美元，共 300 000 美元。卖方交货时，实际交货的品质为二级大米。按订约时的市场价格，二级大米每公吨 250 美元。

问：（1）根据《公约》的规定，此案中，买方可以主张何种权利？

（2）若买方索赔，其提出的索赔要求可包括哪些损失？

3. 我某出口企业以 CIF 纽约条件与美国某公司订立了 200 套家具的出口合同。合同规定 2009 年 12 月交货。11 月底，我企业出口商品仓库因雷击发生火灾，致使一半以上的出口家具被烧毁。我企业遂以发生不可抗力为由，要求免除交货责任，美方不同意，坚持要求我方按时交货。我经多方努力，于 2010 年 1 月初交货，而美方则以我方延期交货为由提出索赔。

问：（1）本案中，我方可主张何种权利？为什么？

（2）美方的索赔要求是否合理？为什么？

4. 买卖双方以 CIF 价格术语达成一笔交易，合同规定卖方向买方出口商品 5 000 件，每件 15 美元，信用证支付方式付款，商品检验条款规定："以出口国商品检验局出具的检验证书为卖方议付的依据，货到目的港，买方有权对商品进行复验，复验结果作为买方索赔的依据。"卖方在办理装运，制作整套结汇单据，并办理完结汇手续以后，收到了买方因货物质量与合同规定不符而向卖方提出索赔的电传通知及目的港检验机构出具的检验证明，但卖方认为，交易已经结束，责任应由买方自负。

问：卖方的看法是否正确？为什么？

5. 印度 A 公司向美国 B 公司出口一批黄麻。在合同履行的过程中，印度政府宣布对黄麻实行出口许可证和配额制度。A 公司因无法取得出口许可证而无法向美国 B 公司出口黄麻，遂以不可抗力为由主张解除合同。

问：印度 A 公司能否主张这种权利？为什么？

6. A 国商人将从别国进口的初级产品转卖，向 B 国商人发盘，B 国商人复电，表示接受发盘，同时要求提供产地证。两周后，A 国商人收到 B 国商人开来的信用证。当 A 国商人正准备按信用证规定发运货物时，获商检机构通知，因该货非本国产品，无法签发产地证。A 国商人电请 B 国商人取消 L／C 要求提供产地证的条款，但被拒绝，于是引起争议。A 国商人提出，其对提供产地证的要求从未表示同意，依法无此义务，而 B 国商人坚持 A

国商人有此义务。

试根据《联合国国际货物销售合同公约》的规定，对此案作出裁决。

7. 我方按 FOB 条件进口商品一批，合同规定交货期为 5 月份。4 月 8 日接对方来电称，因洪水冲毁公路（附有证明），要求将交货期推至 7 月份。我方接信后，认为既有证明因洪水冲毁公路，推迟交货期应没有问题，但因广交会期间工作比较忙，我方一直未给对方答复。6、7 月船期较紧，我方于 8 月份才派船前往装运港装货。因货物置于码头仓库产生了巨额的仓租、保管等费用，对方便要求我方承担。

问：我方可否以对方违约在先为由，不予理赔？为什么？

8. 甲方与乙方签订了出口某种货物的合同一份，合同中的仲裁条款规定："凡因执行本合同所发生的一切争议，双方同意提交仲裁，仲裁在被诉人所在国家进行。仲裁裁决是终局的，对双方具有约束力。"在履行合同的过程中，乙方提出甲方所交的货物品质与合同规定不符，于是，双方将争议提交甲国仲裁。经仲裁庭调查审理，认为乙方的举证不实，裁决乙方败诉。事后，甲方因乙方不执行裁决向本国法院提出申请，要求法院强制执行，乙方不服。

问：乙方可否向本国法院提请上诉？为什么？

三、练习题参考答案

（一）名词解释

1. 不可抗力是指买卖合同签订以后，不是由于合同当事人一方的过失或疏忽，而是由于发生了合同当事人无法预见、无法预防、无法避免和无法控制的事件，以致不能履行或不能如期履行合同，发生意外事故的一方可以免除履行合同的责任或推迟履行合同。因此，不可抗力是一项免责条款。

2. 索赔是指受损害方向违约方提出损害赔偿的要求。

3. 法定检验是指商检机构或者国家商检部门、商检机构指定的检验机构，根据国家法律、行政法规，对规定的进出口商品和有关的检验事项实施强制性检验。

4. 罚金是指合同当事人一方未履行合同义务而向对方支付约定的金额，罚金实际上就是违约金。

5. 仲裁又称公断，是指买卖双方在争议发生之前或发生之后，签订书面协议，自愿将争议提交双方所同意的第三者予以裁决，以解决争议的一种方式。

（二）单项选择题

1. A	2. C	3. B	4. A	5. B
6. B	7. D	8. A	9. D	10. B

（三）多项选择题

1. ABC	2. ABC	3. BC	4. ABCD	5. ABCD
6. ABCD	7. BCD	8. BCD	9. CD	10. ABC

（四）判断题

1. √　　2. √　　3. √　　4. √　　5. ×
6. √　　7. √　　8. ×　　9. ×　　10. ×

（五）案例分析题

1. 答：我方不应负赔偿责任。甲商在我方的货物运抵甲国后，虽发现货物存在质量问题，但并未向我方提出，也未请有关部门对到货进行复验，即放弃了检验权，从而丧失了其拒收货物的权利。甲商将原货经另一艘船运给英国乙商，已构成了甲与乙双方之间的合同内容，而非我方与甲方的合同内容，有关货物的损失应由乙方找甲方处理。所以，我方不应负赔偿责任。

2. 答：（1）此案中，卖方违约的后果并未达到完全剥夺买方根据合同规定应该得到的利益，因此，根据《公约》的规定属于非根本性违约，买方据此可以主张向卖方提出损害赔偿的权利。

（2）根据《公约》第七十四条规定，买方要求索赔时可包括：①一级大米与二级大米之间的差价；②因卖方违反合同而使买方遭受的利润损失。

3. 答：（1）本案中，我方遭遇了出口商品仓库因雷击发生火灾，致使一半以上的出口家具被烧毁，此遭遇属于不可抗力事故，我方可以遭遇不可抗力事故为由，向对方提出延期履行合同的要求。

（2）美方的索赔要求是不合理的。因为，既然发生了不可抗力事故，且已备好的货物一半以上被烧毁，这必然会影响卖方交货的时间。另外，不可抗力事故是一项免责条款，可免除遭遇不可抗力事故的一方不能如期履行合同的责任。所以，美方应考虑实际的情况同意延期履行合同。因此，美方的索赔要求是不合理的。

4. 答：卖方的看法是不正确的。本案中，商品检验条款规定为："以出口国商品检验局出具的检验证书为卖方议付的依据，货到目的港，买方有权对商品进行复验，复验的结果作为买方索赔的依据。"说明出口商品检验局出具的检验证明并不是确定交货品质和重量的最后依据，而仅是议付的依据，若收到货物后，经复验发现货物的质量与合同规定的不符，买方有权向卖方提出索赔，卖方则应该承担合同中的卖方责任，所以，卖方的看法是不正确的。

5. 答：印度A公司可以不可抗力为由主张解除合同。因为印度政府在买卖双方履行合同的过程中，宣布对黄麻实行出口许可证制度和配额制度，A公司无法取得出口黄麻的许可证即无法向美国B公司出口黄麻，这属于不可抗力事故。故印度A公司可以不可抗力为由主张解除合同。

6. 答：B商的接受中提出了产地证的要求，但A商未及时反对，并已准备按信用证规定发货，则证明该接受是有效的，交易已达成。裁决结果是：A商应提供产地证。

7. 我方不可以对方违约在先为由，不予理赔。根据国际惯例，无论合同中是否明确规定了不可抗力条款，任何一方当事人在遭受不可抗力事故后，都必须及时通知对方，而对方接到通知应予以答复，否则，将按遭遇不可抗力事故一方提出的条件办理。本案中，我方接到对方的通知后，一直未给对方答复，也未按对方所提的条件履行，属我方违约。因此，我方不可以对方违约在先为由，不予理赔。

8．答：乙方不可向本国法院提请上诉。因为，仲裁授予仲裁机构对争议案件的管辖权，排除法院对该案件的管辖权，仲裁裁决的效力是终局的，对争议双方具有约束力。本案中乙方败诉，应按裁决的内容执行。

第二十八章　国际货物买卖合同的商订

一、重难点分析

（一）交易磋商

在实际业务中，交易磋商的一般程序有询盘、发盘、还盘和接受4个环节，其中发盘和接受是达成交易、订立合同必不可少的两个具有法律性的环节。

1．询盘

询盘又称邀请发盘，是指交易的一方打算购买或出售某种商品，向对方询问买卖该项产品的有关交易条件，或者就该项交易提出带有保留条件的建议。邀请发盘不具有法律效力。

2．发盘

发盘，在法律上称为要约，是指交易的一方向另一方提出购买或出售某种商品的各项交易条件，并表示愿意按这些交易条件与对方达成交易订立合同的行为。

发盘的构成条件：①发盘必须向一个或一个以上特定人提出；②发盘的内容必须十分确定；③必须表明发盘人对其发盘一旦被受盘人接受即受约束的意思。

根据《公约》的解释，一项发盘中包含下列三个基本要素即为十分确定：①应明示货物的名称；②应明示或默示地规定货物的价格或规定确定价格的方法；③应明示或默示地规定数量或规定数量的方法。

通常情况下，发盘都具体规定一个有效期，作为受盘人表示接受的时间限制，超过了发盘规定的有效期，则发盘人将不受约束。若发盘中未规定有效期，则受盘人应在合理的时间内表示接受方为有效。

根据《公约》的解释，发盘于送达受盘人时生效。对于口头发盘，除非双方另有约定，应当即接受方为有效。根据我国《合同法》第十六条第二款规定："要约到达受要约人时生效。采用数据电文形式订立合同，收件人指定特定系统接收数据电文的，则该数据电文进入该特定系统的时间，视为到达时间；未指定特定系统的，该数据电文进入收件人的任何系统的首次时间，视为到达时间。"

根据《公约》的解释，发盘得以撤回，如果撤回的通知在发盘到达受盘人之前或同时到达受盘人。根据《公约》第十六条的规定：①在未订立合同之前，发盘可以撤销，如果撤销发盘的通知于受盘人发出接受通知之前送达受盘人；②但在下列情况下，发盘不得撤销：A．发盘中写明了发盘的有效期或用其他方式表明发盘是不可撤销的；B．受盘人有理由信赖该发盘是不可撤销的，而且受盘人已本着对该发盘的信赖行事。

发盘失效的几种情况：①受盘人作出还盘；②发盘人依法撤销发盘；③不可抗力事件的

发生；④在发盘被接受前，当事人丧失行为能力；⑤发盘中规定的有效期届满；⑥根据《公约》的解释，一项发盘，即使是不可撤销的，于拒绝通知送达发盘人时终止。

3．还盘

还盘又称还价，在法律上称为反要约。它是指受盘人不同意或不完全同意发盘人在发盘中提出的条件，为进一步协商，对发盘提出的修改意见。还盘一经作出，原发盘即告失效。还盘相当于一项新的发盘，还盘的内容对还盘人具有法律效力。

根据《联合国国际货物销售合同公约》的规定，受盘人对货物的价格、付款、品质、数量、交货时间与地点，一方当事人对另一方当事人的赔偿责任范围或解决争端的办法等条件提出添加或更改，均作为实质性变更发盘的条件。实质性变更发盘的条件属于还盘性质。此外，对发盘表示有条件的接受，也是还盘的一种形式。但在接受的同时，表示某种希望或愿望，则该接受可视为一项有效的接受。

4．接受

接受，在法律上称为承诺，是指受盘人接到对方的发盘或还盘后，同意对方提出的条件，愿意与对方达成交易，并及时以声明或行动表示出来。

接受的构成条件：①接受必须由受盘人作出；②接受的内容必须与发盘相符；③必须在有效期内接受；④接受的传递方式必须符合发盘的要求。

接受在受盘人的接受通知送达发盘人时生效。接受必须以声明或行动表示出来。按《公约》的规定，如根据发盘或依照当事人业已确定的习惯做法或惯例，受盘人可以作出某种行为对发盘表示接受，而无须向发盘人发出接受通知。例如，发盘人在发盘中要求"立即装运"，则受盘人就可作出立即发运货物的行为来表示接受，而且这种以行为表示的接受，在装运货物时立即生效，合同即告成立，发盘人受其约束。

在国际贸易中，由于各种原因，导致受盘人的接受通知有时晚于发盘人规定的有效期送达，这在法律上称为"逾期接受"。逾期接受在法律上不具有法律效力，对发盘人不具有约束力。根据《公约》的解释，逾期接受在以下两种情况下仍具有效力：

（1）如果发盘人毫不迟延地用口头或书面的形式将表示同意的意思通知受盘人。

（2）如果载有逾期接受的信件或其他书面文件表明，它在传递正常的情况下是能够及时送达发盘人的，那么这项逾期接受仍具有接受的效力，除非发盘人毫不迟延地用口头或书面方式通知受盘人，他认为发盘已经失效。

根据《公约》的解释，接受得以撤回，如果撤回通知于接受原应生效之前或同时送达发盘人。但接受一旦生效，合同即告成立，就不得撤销接受或修改其内容，因为这样做等于修改或撤销合同。

（二）合同的订立

我国《合同法》规定，承诺生效时合同成立。当事人采用合同书面形式订立合同的，在双方当事人签字或盖章时合同成立。当事人采用信件、数据电文等形式订立合同的，可以在合同成立之前要求签订确认书，签订确认书时合同成立。我国《合同法》第十一条还规定："合同的书面形式是指合同书、信件和数据电文（包括电报、电传、传真、电子数据交换和电子邮件）等可以有形地表示可载内容的形式。"据此，明确了数据电文的法律效力，确定了电子合同与书面合同具有同等效力的问题。对于电子合同生效的方式，我国《合同法》第二十六条第二款规定："采用数据电文形式订立合同的，承诺到达的时间适用本法第十六条第二款规定。"

根据各国合同法的规定，一项合同，除买卖双方就交易条件通过发盘和接受达成协议外，还需要具备下列条件，才是一项具有法律约束力的合同。

（1）当事人必须在自愿和真实的基础上达成协议。

（2）当事人必须具有订立合同的行为能力。

（3）合同必须有对价和合法的约因。

（4）合同的标的和内容必须合法。

（5）合同的形式必须符合法律规定的要求。

合同的形式：在国际上，合同的形式可以是口头形式、书面形式和其他形式，口头合同必须提供人证。而我国在核准《公约》时坚持，我国与国外当事人订立的国际货物买卖合同必须采用书面的形式，书面形式包括电报和电传。

二、练习题

（一）名词解释

1. 发盘　　　　　　　　2. 接受　　　　　　　　3. 实质性变更发盘条件

4. 询盘　　　　　　　　5. 有条件的接受

（二）单项选择题

1. 下列条件中，（　　）不是构成发盘的必备条件。

    A. 发盘的内容必须十分确定　　　B. 主要交易条件必须十分完整齐全

    C. 向一个或一个以上特定的人发出　　D. 表明发盘人承受约束的意旨

2. 我6月10日向国外某客商发盘，限6月15日复到有效，6月13日接到对方复电称："你10日电接受，以获得进口许可证为准。"该接受（　　）。

    A. 相当于还盘

    B. 在我方缄默的情况下，则视为有效接受

    C. 属有效的接受

    D. 属于一份非实质性变更发盘条件的接受

3. 按《公约》规定，一项发盘在尚未送达受盘人之前，是可以阻止其生效的，这叫发盘的（　　）。

    A. 撤回　　　　　　　　　　　　B. 撤销

    C. 还盘　　　　　　　　　　　　D. 接受

4. 我公司星期一对外发盘，限星期五复到有效，客户于星期二回电还盘并邀我电复。此时，国际市场价格上涨，故我未予答复。客户又于星期三来电表示接受我星期一的发盘，在上述情况下（　　）。

    A. 接受有效　　　　　　　　　　B. 接受无效

    C. 如我方未提出异议，则合同成立　　D. 属有条件的接受

5. 我某出口公司对外发盘，外商于发盘有效期复到，表示接受我方的发盘，但外商对

发盘的内容作出修改，下列哪一项内容的修改不属于实质性变更发盘的内容，我方保持沉默，合同有效成立（　　）。

  A. 货物的包装　　　　　　　　　B. 货物的价格

  C. 货物的数量　　　　　　　　　D. 交货时间与地点

6. 我某出口公司于 5 月 5 日以电报对德商发盘，限 8 日复到有效。对方于 7 日以电报发出接受通知，由于电讯部门的延误，出口公司于 11 日才收到德商的接受通知，事后该出口公司亦未表态。此时（　　）。

  A. 除非发盘人及时提出异议，该逾期接受仍具有接受效力，合同成立

  B. 该逾期接受丧失接受效力，合同未成立

  C. 只有发盘人毫不延迟地表示接受，该逾期接受才具有接受效力，否则，合同未成立

  D. 由电讯部门承担责任

7. 某公司向欧洲某客户出口一批食品，该公司于 3 月 16 日发盘，限 3 月 20 日复到有效，3 月 18 日接对方来电称："你方 16 日电接受，希望在 5 月装船"，我方未提出异议。于是（　　）。

  A. 这笔交易达成　　　　　　　　B. 需经该公司确认后交易才达成

  C. 属于还盘，交易未达成　　　　D. 属于有条件的接受，交易未达成

8. 根据《联合国国际货物销售合同公约》的规定，发盘和接受的生效采取（　　）。

  A. 投邮生效原则　　　　　　　　B. 签订书面合约原则

  C. 口头协商原则　　　　　　　　D. 到达生效原则

9. 英国某商人 3 月 15 日向国外某客商用口头发盘，若英商与国外客商无特别约定，国外客商（　　）。

  A. 任何时间表示接受都可使合同成立

  B. 应立即接受方可使合同成立

  C. 当天表示接受即可使合同成立

  D. 在两三天内表示接受可使合同成立

10. A 公司 5 月 18 日向 B 公司发盘，限 5 月 25 日复到有效。A 公司向 B 公司发盘的第二天，收到 B 公司 5 月 17 日发出的，内容与 A 公司发盘内容完全相同的交叉发盘，此时（　　）。

  A. 合同即告成立

  B. 合同无效

  C. A 公司向 B 公司或 B 公司向 A 公司表示接受，当接受通知送达对方时，合同成立

  D. 必须是 A 公司向 B 公司表示接受，当接受通知送达 B 公司时，合同成立

（三）多项选择题

1. 交易磋商程序中，必不可少的两个法律环节是（　　）。

  A. 询盘　　　　　　　　　　　B. 发盘

  C. 还盘　　　　　　　　　　　D. 接受

2. 构成一项发盘应具备的条件有（　　　）。

    A. 向一个或一个以上特定的人提出

    B. 发盘内容必须十分确定

    C. 表明发盘人承受约束的意旨

    D. 发盘必须规定有效期

3. 构成一项接受应具备的条件有（　　　）。

    A. 接受由特定的受盘人作出　　　　　B. 接受的内容必须与发盘相符

    C. 必须在有效期内表示接受　　　　　D. 接受方式必须符合发盘的要求

4. 在实际的进出口业务中，接受的形式有（　　　）。

    A. 用口头或书面的形式表示　　　　　B. 用缄默表示

    C. 用广告表示　　　　　　　　　　　D. 用行动表示

5. 我某公司 15 日向日商发盘，限 20 日复到有效，日商于 19 日用电报表示接受我方 15 日电，我方于 21 日中午才收到对方的接受通知，此时（　　　）。

    A. 合同已成立

    B. 若我方毫不延迟地表示接受，合同成立

    C. 若我方缄默，合同成立

    D. 属逾期接受，合同不成立

6. 促使发盘终止的原因主要有（　　　）。

    A. 发盘的有效期届满

    B. 发盘被发盘人依法撤回或撤销

    C. 受盘人对发盘的拒绝或还盘

    D. 发盘人发盘后发生了不可抗力事故或当事人丧失行为能力

7. 我国《合同法》第十一条规定："合同的书面形式是指合同书、信件和数据电文等可以有形地表示可载内容的形式。"其中的数据电文包括（　　　）。

    A. 电报　　　　　　　　　　　　　　B. 电传

    C. 传真　　　　　　　　　　　　　　D. 电子数据交换

    E. 电子邮件

8. 下列选项中，属实质性变更发盘的内容有（　　　）。

    A. 货物的价格　　　　　　　　　　　B. 货物的数量

    C. 交货时间与地点　　　　　　　　　D. 货物的品质

9. 在国际贸易中，合同生效的时间主要有（　　　）。

    A. 接受送达发盘人时

    B. 依约定签订正式书面合同时

    C. 依国家法律或行政法规的规定，合同获得批准时

    D. 口头合同被当即接受时

10. 在国际贸易中，合同成立的有效条件有（　　　）。

    A. 当事人必须具有签订合同的行为能力

    B. 合同必须有对价或约因

    C. 合同的形式和内容必须符合法律的要求

D．合同当事人的意思表示必须真实

（四）判断题

1．交易磋商的内容必须包括 11 种交易条件，在此基础上合同才能成立。（   ）

2．邀请发盘对双方具有约束力。（   ）

3．一项发盘，即使是不可撤销的，也可以撤回，只要撤回的通知在发盘送达受盘人之前或同时送达受盘人。（   ）

4．根据《公约》的解释，一项发盘，在受盘人发出接受通知前可以撤销，但有两种例外情况。（   ）

5．根据《公约》的解释，一项发盘，即使是不可撤销的，于拒绝通知送达发盘人时终止。（   ）

6．一项接受，可以由受盘人作出，也可以由发盘人作出。（   ）

7．还盘一经作出，原发盘即告失效。（   ）

8．如发盘无规定有效期，则受盘人可在任何时间内表示接受。（   ）

9．根据《公约》的解释，接受必须用声明或行动表示出来，沉默或不行动本身不等于接受。（   ）

10．根据《公约》的规定，如果撤回通知于原接受生效之前或同时送达发盘人，接受得予撤回。（   ）

（五）操作题

根据下面的信函拟订一份售货合同。

函 1．芬兰 A. B. C. 公司业务员 JOHN HENDRY 在秋交会上获知广东轻工家电公司经营 HALOGEN FITTING，遂于 1998 年 4 月 2 日发来询盘如下：

敬启者：

在 1997 年秋交会上，获悉贵公司生产 HALOGEN FITTING，我方对型号 W500 产品感兴趣，请报 8 000 件 CIF HELSINKI。

我方渴望了解你公司最优惠的交易条件和有关的资信情况，我公司业务往来银行是芬兰商业银行。

盼早复。

JOHN HENDRY
1998 年 4 月 2 日

函 2．广东轻工家电公司接芬兰 A. B. C. 公司的信后，业务员张明即于 4 月 4 日发盘并建议增加订货数量以便凑成一整集装箱货柜：

敬启者：

很高兴收到你方 4 月 2 日询价，我公司经营 HALOGEN FITTING 已有二十多年的历史。该产品在欧洲深受欢迎。建议你方将产品数量增加到 9 600 件，以便我们装成 1 个 40' 整柜。现报价如下：

1. 商品：HALOGEN FITTING
2. 包装：箱包装，每箱 12 件
3. 数量：9 600 件
4. 型号：W500
5. 价格：每件 4 美元 CIF HELSINKI
6. 支付方式：不可撤销的即期信用证，作成以我方为受益人
7. 装运：收到信用证后 30 天内装运

我公司业务往来银行为中国银行广州分行，有关我公司的资信情况，请径洽询中国银行的芬兰分行。

盼早来首次订单。

张明

1998 年 4 月 4 日

函 3. A. B. C. 公司 JOHN HENDRY 接信后，认为价格太高，于 4 月 8 日来信说明该公司的经营优势，要求广东轻工家电公司降低价格：

敬启者：

你方 4 月 4 日信已收到，谢谢。你方要求将数量增加到 9 600 件我方没有异议。但价格偏高，我方难以接受。

我方对本地区市场有充分的了解并在芬兰拥有广泛的销售组织，我们有信心推广贵公司该型号产品，请你方报最优惠价。

盼早复。

JOHN HENDRY

1998 年 4 月 8 日

函 4. 广东轻工家电公司张明接对方信后，经研究同意降低价格，以便打开芬兰的市场，于是 4 月 12 日去信芬兰 A. B. C. 公司如下：

敬启者：

你方 4 月 8 日信收悉，谢谢。

我方在欧洲销售该产品的价格均不低于 USD 4.00/PC。但考虑到贵公司首次与我方合作，并对我方产品有信心，我方愿降低价格，现报价如下：

1. 商品：HALOGEN FITTING
2. 包装：箱包装，每箱 12 件
3. 数量：9 600 件（允许 5% 溢短装）
4. 型号：W500
5. 价格：每件 3.80 美元 CIF HELSINKI

同时，我方要求以不可撤销即期信用证支付，若你方能在本月底前下订单并开

立信用证，我方可保证在 5 月交货。

正像你方所看到的那样，我方产品在欧洲地区享有盛名。由于我方产品物美价廉，无疑将有助于你方开拓市场。

请贵方尽快答复。

敬上

张明
1998 年 4 月 12 日

函 5. 芬兰 A. B. C. 公司接广东轻工家电公司的降价信函后，即于 4 月 15 日来信表示接受：

敬启者：

我方接受你方 4 月 12 日的发盘。由于我方急需此货，望你方按报盘许诺的 1998 年 5 月装运，不允许分批装运。请你方准备好合同并寄我方签署。一旦签订合同，我方即申请开证。

希望很快收到合同。

敬上

JOHN HENDRY
1998 年 4 月 15 日

（六）案例分析题

1. 我某技术贸易公司就某项技术贸易的进口事宜与国外某客户进行洽谈，经过双方多次的函电往来，最终使交易得以达成，但未订立正式的书面合同。根据双方的函电往来表明，对方应于 2000 年 12 月前向我方提供一项技术贸易的出口，而时至 2001 年 1 月，对方仍未向我方提供该项技术贸易。我方曾多次要求对方履行合约，对方却以未订立正式书面合同为由否认合约已达成。

问：（1）双方的交易是否已达成？为什么？

（2）就此案例，我方应如何处理？

2. 我某进出口公司向国外某商人询购某商品，不久，我方收到对方 8 月 15 日的发盘，发盘有效期至 8 月 22 日。我方于 8 月 20 日向对方复电："若价格能降至 56 美元 /件，我方可以接受。"对方未作答复。8 月 21 日我方得知国际市场行情有变，于当日又向对方去电表示完全接受对方 8 月 15 日的发盘。

问：我方的接受能否使合同成立？为什么？

3. 某进出口公司欲进口包装机一批，对方发盘的内容为："兹可供普通包装机 200 台，每台 500 美元 CIF 青岛，6 至 7 月份装运，限本月 21 日复到我方有效。"我方收到对方发盘后，在发盘规定的有效期内复电："你方发盘接受，请内用泡沫，外加木条包装。"

问：我方的接受是否可使合同成立？为什么？

4. 买卖双方订有长期贸易协议，协议规定"卖方必须在收到买方订单后 15 天内答复，若未答复则视为已接受订单"。11 月 1 日卖方收到买方订购 2 000 件服装的订单，但直到 12 月 25 日卖方才通知买方不能供应 2 000 件服装，买方认为合同已经成立，要求供货。

问：双方的合同是否成立？为什么？

5. 我某进出口公司向国外某客商询售某商品，不久我方接到外商发盘，有效期至 7 月 22 日。我于 7 月 24 日用电传表示接受对方发盘，对方一直没有音信。因该商品供求关系发生变化，市价上涨，8 月 26 日对方突然来电要求我方必须在 8 月 28 日前将货发出，否则，我方将要承担违约的法律责任。

问：我方是否应该发货？为什么？

6. 香港某中间商 A，就某商品以电传方式邀请我方发盘，我方于 6 月 8 日向 A 方发盘并限 6 月 15 日复到有效。12 日我方收到美国 B 商人按我方发盘规定的各项交易条件开来的信用证，同时收到中间商 A 的来电称："你 8 日发盘已转美国 B 商。"经查该商品的国际市场价格猛涨，于是我将信用证退回开证银行，再按新价直接向美商 B 发盘，而美商 B 以信用证于发盘有效期内到达为由，拒绝接受新价，并要求我方按原价发货，否则将追究我方的责任。

问：对方的要求是否合理？为什么？

7. 我对外发盘轴承 800 套，分别为：101 号/200 套；102 号/100 套；103 号/200 套；104 号/300 套，限 9 月 20 日复到有效。对方在发盘的有效期内来电表示接受，并附第 1080 号订单一份。订单内表明的规格是：101 号/200 套；102 号/200 套；103 号/300 套；104 号/100 套。我方对来电未作处理。数天后收到对方开来的信用证，证内对规格未作详细的规定，仅注明：as per our order No.：1080。我方凭证按原发盘的规格、数量装运出口，商业发票上注明 as per order No.：1080。

问：我方可否顺利交单结汇？为什么？

8. 我某公司与外商洽商进口某商品一批，经往来电传洽谈，已谈妥合同的主要交易条件，但我方在电传中表明交易于签订确认书时生效。事后对方将草拟的合同条款交我方确认，但因有关条款的措辞尚需研究，故我方未及时给对方答复，不久，该商品的市场价格上涨，对方电催我方开立信用证，以便其可按期装运出口，而我方以合同未成立为由拒绝开证。

问：我方的做法是否合理？为什么？

售 货 合 同
SALES CONTRACT

卖 方:
Sellers: _____

Contract No. : _____

Date: _____

地 址:

Signed at: _____

Address: _____

Telex: _____

Fax: _____

Buyers: _____

This Sales Contract is made by and between the Sellers and the Buyers, whereby the Sellers agree to sell and the Buyers agree to buy the undermentioned goods according to the terms and conditions stipulated below:

(1) 货号, 品名及规格 Name of Commodity and specifications	(2) 数量 Quantity	(3) 单位 Unit	(4) 单价 Unit Price	(5) 金额 Amount
% more or less both in amount and quantity allowed	Total Amount			

(6) Packing: _____ (7) Delivery From _____ to _____ (8) Shipping Marks: _____

(9) Time of Shipment: Within _____ days after receipt of L/C. allowing transhipment and partial shipment.

(10) Terms of Payment: By 100% Confirmed irrevocable Letter of Credit in favor of the Sellers to be available by sight draft to be opened and to reach China before _____ and to remain valid for negotiation in China until the 15th days after the foresaid Time of Shipment.

L/C must mention this contract number. L/C advised by BANK OF CHINA. GUANGZHOU BRANCH. TLX: 444U4K GZBC. CN. ALL banking Charges outside China (the mainland of China) are for account of the Drawee.

(11) Insurance: To be effected by Sellers for 110% of full invoice value covering _____ up to _____ .

To be effected by the Buyers.

(12) Arbitration: All dispute arising from the execution of or in connection with this contract shall be settled amicably by negotiation. In case of settlement can be reached through negotiation the case shall then be submit China International Economic & Trade Arbitration Commision. In Shenzhen (or in Beijing) for arbitration in act with its sure of procedures. The arbitral award is final and binding upon both parties for setting the Dispute. The fee, for arbitration shall be borne by the losing party unless otherwise awarded.

The Seller _____

The Buyer _____

三、练习题参考答案

（一）名词解释

1. 发盘是指交易的一方（发盘人）向另一方（受盘人）提出购买或出售某种商品的各项交易条件，并表示愿意按这些交易条件与对方达成交易订立合同的行为。

2. 接受是指受盘人接到对方的发盘或还盘后，同意对方提出的条件，愿意与对方达成交易，并及时以声明或行动表示出来。

3. 根据《公约》的规定，受盘人对货物的价格、付款、品质、数量、交货时间与地点，一方当事人对另一方当事人的赔偿责任范围或解决争端的办法等条件提出添加或更改，均作为实质性变更发盘的条件。

4. 询盘又称邀请发盘，是指交易的一方打算购买或出售某种商品，向对方询问买卖该项产品的有关交易条件，或者就该项交易提出带有保留条件的建议。

5. 有条件的接受是指受盘人在表示接受的同时，对发盘内容提出了实质性添加或修改的意见，这就构成有条件的接受。

（二）单项选择题

1. B	2. A	3. A	4. B	5. A
6. A	7. A	8. D	9. B	10. C

（三）多项选择题

1. BD	2. ABC	3. ABCD	4. AD	5. BD
6. ABCD	7. ABCDE	8. ABCD	9. ABCD	10. ABCD

（四）判断题

1. ×	2. ×	3. √	4. √	5. √
6. √	7. √	8. ×	9. √	10. √

（五）操作题

售 货 合 同
SALES CONTRACT

卖　方：GUANGDONG LIGHT ELECTRICAL.
Sellers：　APPLANCES CO. , LTD

Contract No. :　98SGQ468001
Date：　APR. 22, 1998
Signed at：　GUANGZHOU

地　址：
Address：　52, DEZHENG ROAD SOUTH, GUANGZHOU, CHINA

Telex：　0835
Fax：　83556688

Buyers：A. B. C. CORP.
Address：　AKEDSANTERINK AUTO P. O. BOX 9, FINLAND

This Sales Contract is made by and between the Sellers and the Buyers, whereby the sellers agree to sell and the Buyers agree to buy the undermentioned goods according to the terms and conditions stipulated below:

（1）货号，品名及规格 Name of Commodity and Specifications	（2）数量 Quantity	（3）单位 Unit	（4）单价 Unit Price	（5）金额 Amount
HALOGEN FITTING W500	9,600PCS	PC	CIF HELSINKI USD3. 80/PC	USD 36,480. 00
5% more or less both in amount and quantity allowed	Total Amount			USD 36,480. 00

（6）Packing：　12PCS/CTN　　（7）Delivery From　GUANGZHOU　to　HELSINKI　（8）Shipping Marks：　N/M

（9）Time of Shipment：　Within　30　days after receipt of L /C. transhipment allowed, partial shipment not allowed.

（10）Terms of Payment：　By 100% irrevocable Letter of Credit in favor of the Sellers to be available
by sight draft to be opened and to reach China before　MAY 1, 1998　and to remain
valid for negotiation in China until the 15th days after the foresaid Time of Shipment.
L /C must mention this contract number. L /C advised by BANK OF CHINA. GUANGZHOU BRANCH.
TLX：444U4K GZBC. CN. All banking Charges outside China (the mainland of China) are for
account of the Drawee.

（11）Insurance：　To be effected by Sellers for 110% of full invoice value covering　F. P. A.　up to　HELSINKI　.
To be effected by the Buyers.

（12）Arbitration：　All dispute arising from the execution of or in connection with this contract shall be settled amicably
by negotiation. In case of settlement can be reached through negotiation the case
shall then be submit China International Economic & Trade Arbitration Commission. In Shenzhen
(or in Beijing) for arbitration in act with its sure of procedures. The arbitral award is final and binding
upon both parties for setting the Dispute. The fee, for arbitration shall be borne by the losing party
unless otherwise awarded.

The Seller　张明

The Buyer　_____

（六）案例分析题

1. 答：（1）双方的交易已经达成。因为，根据我国的《合同法》规定，我国与国外当事人订立的国际货物买卖合同必须采用书面的形式，书面形式包括电报和电传。此案中，我某技术贸易公司与国外某客户之间的交易是经过双方多次的函电往来达成的，尽管双方未签订正式的书面合同，但双方函电往来的内容已构成了合同的内容，所以，双方的交易已经达成。

（2）就此案例，我方应责成对方履行合同，按双方的约定尽快向我方提供技术贸易的出口，另外，我方仍保留索赔的权利。

2. 答：我方的接受不能使合同成立。因为我方在 8 月 20 日曾向对方复电："若价格能降至 56 美元 /件，我方可以接受。"该复电已构成了还盘。该还盘一经作出，原发盘即告失效。所以，当我方 8 月 21 日得知国际市场行情有变，向对方表示的接受已不具有接受效力。因此，我方的接受不能使合同成立。

3. 答：若对方没有及时拒绝我方的接受，那么，我方的接受可使合同成立。根据《联合国国际货物销售合同公约》的规定，受盘人对货物的价格、付款、品质、数量、交货时间与地点、一方当事人对另一方当事人的赔偿责任范围或解决争端的办法等条件提出的添加或更改，均视作实质性变更发盘条件。受盘人在接受中的添加或更改，如果在实质上变更了发盘条件，就构成了对原发盘的拒绝，其法律后果是否定了原发盘，原发盘即告失效，原发盘人就不再受其约束。本案我方在接受通知中，表示对包装条件的添加，并不构成实质性变更发盘条件，不属于还盘性质，除非发盘人在合理的时间内及时地表示不同意受盘人的添加，否则，该接受仍具有接受的效力。因此，我方的接受可使合同成立。

4. 答：双方的合同已经成立。因为，在国际货物买卖中，买卖双方之间订立的长期贸易协议对双方具有约束力。本案中，双方订立的长期协议规定："卖方必须在收到买方订单后 15 天内答复，若未答复则视为已接受订单。"本案中，卖方于 11 月 1 日收到了买方订购 2 000 件服装的订单，但直到 12 月 25 日卖方才通知买方不能供应 2 000 件服装，其答复已超过了双方长期协议中规定的收到订单后 15 天，其行为可视作已接受了订单。所以，双方的合同已经成立。

5. 答：我方不应发货。因为我方 7 月 24 日用电传表示的接受，已超过了发盘规定的有效期，不具有接受的效力，仅相当于一项新的发盘，买卖双方之间无合同关系，所以，我方不应发货。因该商品的市场行情上涨，我方应寻找出价较高的买方将货物销售出去。

6. 答：对方的要求不合理。根据《公约》的规定，构成一项接受应具备的条件是：①接受由特定的受盘人作出；②接受的内容必须与发盘相符；③必须在有效期内表示接受；④接受方式必须符合发盘的要求。本案中，我方发盘中特定的受盘人是香港某中间商 A，其发出的接受通知才具有接受的效力。因而，12 日我方收到美国 B 商人开来的信用证可视作一项发盘，该发盘必须得到我方的接受，合同才成立。在合同未成立的情况下，B 方就要求我方发货是不合理的。

7. 答：我方不能顺利交单结汇。从本案中看出，对方的接受对我方发盘的内容进行了修改，已构成了还盘，但我方对来电未作处理，导致对方开来的信用证的规定与我方发盘内容不符，而我方却按原发盘的内容出运货物，此举势必造成单证不符，我方无法顺利结汇。

8. 答：我方的做法合理。根据我国《合同法》的规定，当约定合同与签订确认书生效时，双方签订了确认书，合同方成立。本案中，我方在电传中表明，要签订确认书交易才达成，在我方研究有关条款的措辞时，对方向我方电催开立信用证，此时，合同未成立，我方可拒绝开证。

第二十九章　国际货物买卖合同的履行

一、重难点分析

（一）履行合同的意义

根据《联合国国际货物销售合同公约》的规定，卖方的基本义务是：按照合同规定，交付货物，移交一切与货物有关的单据和转移货物的所有权；买方的基本义务是：按照合同规定，支付货款和收取货物。

在我国对外签订的出口合同中，多数按 CIF 条件成交，并采用信用证支付方式收取货款。履行这类出口合同的主要环节有：货（备货）、证（催证、审证和改证）、船（租船、订舱）、款（制单结汇）。

（二）催证、审证和改证

1．审证

审核信用证的重点内容有：

（1）信用证的种类。如信用证上注明"可撤销"字样，原则上要对信用证进行修改，才能使用。

（2）信用证中的"限制性"条款，如来证注明"以领取到进口许可证后通知时方能生效"，电报来证注明"另函详"等类似文句，应在接到上述生效通知书或信用证详细条款后方履行交货义务。

（3）信用证与合同的金额相一致。若合同中订有溢短装条款，信用证金额也应有相应的规定；发票/汇票金额不能超过信用证规定的金额，否则银行将会拒付。

（4）若合同用软币，信用证用硬币支付，可接受；但若合同用硬币，信用证用软币支付，不可接受。

（5）根据《UCP 600》的规定，一切信用证必须规定一个交单付款、承兑的到期日和地点，对议付信用证尚需规定一个议付交单地点，但自由议付信用证除外。规定的付款、承兑或议付的到期日将被解释为交单到期日。凡未注明到期日的信用证，该信用证无效，不能使用；运输单据的出单日期不能晚于信用证所规定的装运日期，否则，银行有权拒付；按惯例，银行有权拒受迟于提单签发日后 21 天提交的单据；但不论如何，单据都不得迟于信用证到期日提交；有时，信用证规定的最后装运期和议付到期日为同一天，或未规定装运期限，在实践中，称作"双到期"。信用证的到期地点，即受益人最迟应向何地的银行交单，可规定在出口地、进口地或第三国。在我国的进出口业务中，原则上争取在我国或我国交货口岸到期，以便交货后能及时办理结汇手续。

2．改证

修改信用证时应注意的主要问题有：

（1）对不可撤销信用证的修改，必须征得各有关当事人的同意。

（2）修改通知书的传递与信用证的传递一样，须通过通知银行转交给受益人，而不能由开证银行直接通知或由进口方径寄。

（3）根据《UCP 600》的规定，自发出修改通知之日起，开证行即不可撤销地受所修改内容的约束；保兑行如对此修改书加以保兑，同样自通知修改之日起不可撤销地受修改内容的约束，保兑行也可仅将修改书通知受益人而不加保兑，但必须毫不延迟地告知开证行或受益人。

（4）根据《UCP 600》的规定，在受益人向通知修改的银行表示接受该修改之前，原信用证（或先前已接受修改的信用证）的条款对受益人仍然有效。受益人应发出接受或拒绝接受修改的通知。如受益人未发出上述通知，当他提交给指定银行或开证行的单据与信用证以及尚未表示接受的修改内容一致时，则事实上即视为受益人已作出接受修改的通知，并从此时起，该信用证已做修改。

（5）根据《UCP 600》的规定，同一个修改通知中的修改内容不允许部分接受，部分接受修改内容当属无效。

（6）如需要修改几项内容时，应做到一次性向国外客户提出，以减少手续和费用。

（三）租船、订舱和装运

租船订舱工作的基本程序：①各进出口公司填写托运单，作为订舱依据，即运输合同；②船公司或其代理人在接受托运人的托运单后，即发给托运人装货单（S/O），装货单俗称下货纸。

报关：按照我国海关法规定，凡进出境的货物，必须经由设有海关的港口、车站、国际航空站进出，并由货物所有人向海关申报，经过海关放行后，货物才可提取或装运出口。

投保：CIF 出口合同，卖方在装船前，必须及时向保险公司办理投保手续，填制投保单，出口商品的投保手续，一般都是逐笔办理的。

（四）制单结汇

1. 我国出口结汇的方法

（1）收妥结汇即收妥付汇。

（2）买单结汇又称出口押汇。

在实际业务中，凭信用证成交的货物，如货物出运后，发现单证不符，又由于时间限制，来不及改证或改单，无法在信用证到期日和交单日内做到单证相符，则可根据实际情况灵活处理，其变通办法是：①采用担保议付的办法；②采用"电提"方式征求意见；③改为跟证托收。

2. 出口结汇的主要单据

（1）汇票。缮制汇票应注意的问题有：

①付款人应按信用证的规定填写，如来证没有具体规定付款人名称，可理解为付款人是开证行。②收款人除个别来证另有规定外，汇票的收款人应为出口公司。在我国出口业务中，也可填写"中国银行"。③开具汇票的依据：信用证支付方式下为信用证，汇付和托收方式下为买卖合同。④汇票一般开具一式两份，两份具有同等的法律效力，其中一份付讫，另一份自动失效。

（2）商业发票。

缮制商业发票应注意的问题：①必须表明由信用证中指定的受益人出具；②必须以申请人的名称为抬头；③商品的名称、规格、数量、单价和包装必须与信用证各项要求完全相同，其他单据可使用货物的统称，但不得与信用证规定的货物描述有抵触；④商业发票的总值不能超过信用证规定的最高金额，否则，银行有权拒付。

（3）海运提单。

缮制海运提单应注意的问题：①银行只接受已装船提单；②提单的抬头人是收货人；③除非信用证另有规定，可以是包括全部航程的转船提单；④对于任何"不清洁"或货物装于舱面的运输单据，除信用证特许外，银行均可拒绝接受；⑤海运提单中货物的描述只要与信用证的货物描述不相抵触，可使用货物的统称；⑥海运提单的运费项目，在 CFR、CIF、CPT、CIP 条件下，应注明"运费已付"，而在 FOB、FCA 条件下，应注明"运费到付"。

（4）保险单。

缮制保险单应注意的问题：①被保险人应是信用证上的受益人，并加空白背书，便于办理保险单的转让；②保险险别和保险金额必须与信用证规定一致；③银行将拒受出单日期迟于装船或发运或接受监管的保险单。

（五）进口索赔

进口索赔应注意的问题：①对外提出索赔需要提供足够的证据；②索赔的金额应与卖方违约所造成的实际损失相等；③对外索赔必须在合同规定的索赔有效期限内提出；④在卖方同意赔偿前，必须保持货物的原状并妥为保管；⑤除表示拒收货物并要求损害赔偿或只要求损害赔偿外，买方还可以要求卖方采取补效办法。

二、练习题

（一）名词解释

1．"四排"　　　　　2．出口押汇　　　　　3．定期结汇

4．收妥结汇　　　　　5．商业发票

（二）单项选择题

1．信用证中只规定了议付的有效期，而未规定装运期，则根据《UCP 600》的规定（　　　）。

  A．装运的最终期限与信用证的到期日相同

  B．信用证必须经过修改才能使用

  C．该证无效

  D．装运期可视为与信用证有效期相差 1 个月

2．一份 CIF 合同，合同与信用证均没有规定投保何种险别，交单时保险单上反映出投保了平安险，该出口商品为易碎品，因此（　　　）。

  A．银行将拒收单据　　　　　　　　B．买方将拒收单据

  C．买方应接受单据　　　　　　　　D．银行应接受单据

3. 审核信用证的依据是（　　　）。

  A. 合同   B. 一整套单据

  C. 开证申请书   D. 商业发票

4. 信用证修改通知书的内容在两项以上者，受益人（　　　）。

  A. 要么全部接受，要么全部拒绝   B. 可选择接受

  C. 必须全部接受   D. 只能部分接受

5. 商业发票的抬头人一般是（　　　）。

  A. 受益人   B. 开证申请人

  C. 开证银行   D. 卖方

6. 海关发票及领事发票（　　　）。

  A. 都是由买方国家有关部门提供的

  B. 都是由卖方国家有关部门提供的

  C. 前者由买方国家提供，后者由卖方国家提供

  D. 前者由卖方国家提供，后者由买方国家提供

7. 出口报关的时间应是（　　　）。

  A. 备货前   B. 装船前

  C. 装船后   D. 货到目的港后

8. 新加坡一公司于8月10日向我发盘欲购某货物一批，要求8月16日复到有效，我方8月11日收到发盘后，未向对方发出接受通知，而是积极备货，于8月13日将货物运往新加坡。不巧，遇到市场行情变化较大，该货滞销，此时（　　　）。

  A. 因合同未成立，新加坡客商可不付款

  B. 因合同已成立，新加坡客商应付款

  C. 我方应向新加坡客商发出接受通知后，才发货

  D. 我方应赔偿该批货物滞销给新加坡客商带来的损失

9. 海运提单中货物的描述（　　　）。

  A. 必须与信用证规定完全一致

  B. 必须使用货物的全称

  C. 只要与信用证对货物的描述不相抵触，可使用货物的统称

  D. 必须与商业发票的填写完全一致

10. 根据国际惯例，我国对出口商品实行出口退税制度，在出口单位办理出口退税手续时，要向国家税务机构提交（　　　）。

  A. "一单两票"   B. "两单两票"

  C. "三单两票"   D. "三单一票"

（三）多项选择题

1. 在实际业务中，凭信用证成交出口的货物，如货物出运后，发现单证不符，而由于时间的限制，无法在信用证有效期或交单期内做到单证相符，可采取的变通办法是（　　　）。

  A. 担保议付   B. "电提"方式征求开证行意见

  C. 改为跟证托收   D. 直接要求买方付款

2. 进口索赔的对象是（　　　）。

  A. 银行
        B. 保险公司

  C. 承运人
       D. 出口方

3. 因租船订舱和装运而产生的单据是（　　　）。

  A. 托运单
        B. 装货单

  C. 收货单
       D. 海运提单

4. 在审核信用证金额与货币时，需要审核的内容包括（　　　）。

  A. 信用证总金额的大、小写必须一致

  B. 来证采用的货币与合同规定的货币必须一致

  C. 发票/汇票的金额不能超过信用证规定的总金额

  D. 若合同中订有溢短装条款，信用证金额应有相应的规定

5. 向保险公司索赔时，应注意的问题是（　　　）。

  A. 索赔的时效
      B. 及时将货损的情况通知买方

  C. 提供必要的索赔证件
    D. 将受损货物转移给保险公司

6. 审核信用证和审核单据的依据分别是（　　　）。

  A. 开证申请书
      B. 合同

  C. 一整套单据
      D. 信用证

7. 在交易过程中，卖方的基本义务是（　　　）。

  A. 提交货物
      B. 提交与货物有关的单据

  C. 转移货物的所有权
    D. 支付货款

8. 在我国的进出口业务中，出口结汇的方法有（　　　）。

  A. 收妥结汇
      B. 买单结汇

  C. 定期结汇
      D. 预付结汇

9. 进口国家要求出口商提供海关发票的目的是（　　　）。

  A. 作为进口估价完税的依据
   B. 作为征收差别待遇关税的依据

  C. 作为征收反倾销税的依据
   D. 作为进口商付款的依据

10. 履行出口合同的程序可概括为（　　　）。

  A. 货（备货）
     B. 证（催证、审证、改证）

  C. 船（租船、订舱）
    D. 款（制单结汇）

（四）判断题

1. 汇票的抬头人通常是付款人，提单的抬头人是收货人，保险单的抬头人是被保险人。（　　　）

2. 不同类别的商品，其检验证书的有效期各不相同，超出有效期出口的商品，可要求商检机构将检验证书的有效期往后顺延。（　　　）

3. 一张没有确定付款日期的汇票，是一张无效的汇票。（　　　）

4. 通常不使用海关发票或领事发票的国家，可要求提供产地证明以确定对货物征税的税率。（　　　）

5. 不符点的出现只要征得议付行同意并议付完毕，受益人即可不受追偿地取得

货款。（　　）

6. 我国对外经济活动中达成和履行合同必须符合法律的规范，其中包括有关的双边或多边国际条约，与我国进出口货物出口贸易关系最大的一项国际条约是《国际货约》。（　　）

7. 由出口地银行审单认可购进出口商的汇票和所附的货运单据，扣除利息后将票款垫付给出口商的过程称为议付。（　　）

8. 不清洁提单的不良批注是从大副收据上转注过来的。（　　）

9. 在信用证支付方式下，开具汇票的依据是信用证，而在托收和汇付方式下，开具汇票的依据是买卖合同。（　　）

10. 在买方已经支付货款的情况下，即使买方享有复检权，也无权向卖方提出索赔。（　　）

（五）操作题

1. 下面是一份信用证和有关资料，请认真阅读信用证并根据信用证的要求缮制全套单据。

ISSUE OF A DOCUMENTARY CREDIT

ISSUING BANK	: ASAHI BANK LTD, TOKYO
SEQUENCE OF TOTAL	: 1/1
FORM OF DOC. CREDIT	: IRREVOCABLE
DOC. CREDIT NUMBER	: ABL – AN107
DATE OF ISSUE	: 20010405
EXPIRY	: DATE 20010615 PLACE CHINA
APPLICANT	: ABC. CORPORATION, OSAKA, JAPAN
BENEFICIARY	: SHANGHAI TEXTILES IMP AND EXP CORPORATION
	27 ZHONGSHAN ROAD, SHANGHAI, CHINA
AMOUNT	: USD 8,245.00 (SAY US DOLLARS EIGHT THOUSAND TWO
	HUNDRED AND FOURTY FIVE ONLY)
AVAILABLE WITH/BY	: ASAHI BANK LTD, NEW YORK BRANCH BY NEGOTIATION
DRAFTS AT...	: DRAFTS AT SIGHT FOR FULL INVOICE VALUE
DRAWEE	: ASAHI BANK LTD, TOKYO
PARTIAL SHIPMENTS	: ALLOWED
TRANSSHIPMENT	: ALLOWED
LOADING IN CHARGE	: SHANGHAI PORT
FOR TRANSPORT TO...	: OSAKA, JAPAN
LATEST DATE OF SHIP	: 20010531
DESCRIPT. OF GOODS	: 100% COTTON TOWEL AS PER S/C. NO. SH107, PACKING：10PCS/CTN

ART NO.	QUANTITY	UNIT PRICE
F2388 (0428)	3,000 PIECES	USD 1.00
T4939 (0427)	3,000 PIECES	USD 1.00
K5306 (0429)	2,000 PIECES	USD 1.25

PRICE TERM	: CIF OSAKA

DOCUMENTS REQUIRED：1) 3/3 SET OF ORIGINAL CLEAN ON BOARD OCEAN BILLS OF LADING

MADE OUT TO ORDER OF SHIPPER AND BLANK ENDORSED AND MARKED "FREIGHT PREPAID" NOTIFY APPLICANT (WITH FULL NAME AND ADDRESS).

2) ORIGINAL SIGNED COMMERCIAL INVOICE IN 5 FOLD.

3) INSURANCE POLICY OR CERTIFICATE IN TWO FOLD ENDORSED IN BLANK, FOR 110PCT OF THE INVOICE VALUE COVERINGING THE INSTITUTE CARGO CLAUSES (A), THE INSTITUTE WAR CLAUSES, INSURANCE CLAIMS TO BE PAYABLE IN JAPAN IN THE CURRENCY OF THE DRAFTS.

4) CERTIFICATE OF ORIGIN GSP FORM A. IN 1 ORIGINAL AND 1 COPY.

5) PACKING LIST IN 3 FOLD.

ADDITIONAL COND. 　　: 1. T. T. REIMBURSEMENT IS PROHIBITED.

　　　　　　　　　　　2. THE GOODS TO BE PACKED IN EXPORT STRONG COLORED CARTONS.

　　　　　　　　　　　3. SHIPPING MARKS: ITOCHU

　　　　　　　　　　　　　　　　　　　　OSAKA

　　　　　　　　　　　　　　　　　　　　NO. 1 – 800

DETAILS OF CHARGES 　: ALL BANKING CHARGES OUTSIDE JAPAN INCLUDING REIMBURSEMENT COMMISSION ARE FOR ACCOUNT OF BENEFICIARY.

PRESENTATION PERIOD 　: DOCUMENTS TO BE PRESENTED WITHIN 15 DAYS AFTER THE DATE OF SHIPMENT, BUT WITHIN THE VALIDITY OF THE CREDIT.

CONFIRMATION 　　　　: WITHOUT

INSTRUCTIONS 　　　　: THE NEGOTIATION BANK MUST FORWARD THE DRAFTS AND ALL DOCUMENTS BY REGISTERED AIRMAIL DIRECT TO US IN TWO CONSECUTIVE LOTS, UPON RECEIPT OF THE DRAFTS AND DOCUMENTS IN ORDER, WE WILL REMIT THE PROCEEDS AS INSTRUCTED BY THE NEGOTIATING BANK.

相关资料：

发票号码	SH – 25757	发票日期	APR. 20 2001	FORM A. 号码	SH8/27685/1007
单位毛重	25KGS	单位净重	23KGS	单位尺码	(60×20×50) CM
船名	DIEK335 V. 007	原材料情况	完全自产品	集装箱号码	SOCU1285723/20′ MAKU5879523/20′
提单号码	KFT2582588	提单日期	MAY. 15, 2001	保险单号码	PIC200178141

2. 下面是一份信用证和有关资料，请认真阅读信用证并根据信用证的要求缮制全套单据。

COMMERCIAL BANK OF CEYLON LIMITED

ADDRESS: COMMERCIAL HOUSE, 21 BRISTOL STREET, P. O. BOX 853,

COLOMBO, SRI LANKA.

TO: BANK OF CHINA, GUANGZHOU BRANCH.

ISSUE OF A DOCUMENTARY CREDIT

L/C. NO.	: CBCL34. 1520
DATE OF ISSUE	: NOV. 18, 1997
EXPIRY DATE	: JAN. 18, 1998
PLACE	: CHINA
APPLICANT	: RAIN DREANS I/E CORP
	NO. 80, MOSQUE ROAD GORAKANA, MORATUWA
	SRI LANKA
BENEFICIARY	: GUANGDONG FOREIGN TRADE IMPORT & EXPORT CORPORATION.
	123 TIANHE ROAD, GUANGZHOU/P. R. CHINA
AMOUNT	: USD 30,000. 00 (SAY US DOLLARS THIRTY THOUSAND ONLY.)
AVAILABLE WITH/BY	: ANY BANK BY NEGOTIATION AGAINST THE DOCUMENTS DETAILED
	HEREIN AND BENEDICIARY'S DRAFTS AT SIGHT DRAWN ON US
	UNDER D/C NO. CBCL 34. 1520 FOR 100 PCT OF THE INVOICE VALUE.
PARTIAL SHIPMENTS	: ALLOWED
TRANSSHIPMENT	: ALLOWED
LOADING IN CHARGE	: GUANGZHOU PORTS
FOR TRANSPORT TO	: COLOMBO PORT
LATEST DATE OF SHIPMENT	: JAN. 3, 1998
DESCRIPT. OF GOODS	: ENERGY SAVING LAMP
	1 000PCS. FCL – 22 ELECTRIC. ADAPTORS 22W/B22
	USD 8. 00 PER PCS.
	2 000PCS. FCL – 32 ELECTRIC. ADAPTORS 32W/B22
	USD 11. 00 PER PCS.
	ACCORDING TO SALES CONTRACT NO. A97 – 2360, H. S. CODE: 85. 39
	CIF COLOMBO (INCOTERMS 1990)
SHIPPING MARKS	: RAIN DREANS/ A97 – 2360/COLOMBO
DOCUMENTS REQUIRED	: 1. SIGNED COMMERCIAL INVOICE 3 – FOLD
	2. FULL SET OF CLEAN ON BOARD. MARINE BILLS OF LADING,
	MADE OUT TO OUR ORDER MARKED: 'FREIGHT PREPAID'
	NOTIFY: APPLICANT (AS INDICATED ABOVE)
	3. CERTIFICATE OF ORIGIN, CRTIFYING GOODS OF
	ORIGIN IN CHINA, ISSUED BY COMPETENT AUTHORITIES
	4. PACKING – LIST, 3 – FOLD
	5. INSURANCE POLICY/CERTIFICATE, COVERING RISKS AS PER
	'INSTITUTE CARGO CLAUSES (A)', AND, 'INSTITUTE WAR
	CLAUSES (CARGO)' INCLUDING WAREHOUSE TO WAREHAUSE
	CLAUSE UP TO FINAL DESTINATION AT COLOMBO.

ADDITIONAL CONDITIONS : IF AN AMENDMENT TO THAT CREDIT IS NOT ACCEPTED BY THE
BENEFICIARY THE BENEFICIARY'S SIGNED STATEMENT TO THAT
EFFECT IS REQUIRED.

DETAILS OF CHARGES : ALL BANKING CHARGES OUTSIDE THE ISSUING BANK ARE FOR
ACCOUNT OF BENEFICIARY. USD 60.00 BEING OUR HANDLING
CHARGES FOR DOCUMENTS NOT IN CONF. WITH L/C TERMS ARE
ALSO FOR ACCOUNT OF BENEFICIARY. THE ADVISING CHARGES
FOR THE FIRST ADVISING BANK FOR USD 80. WILL BE DEDUCTED
FROM PRECEEDS UPON PAYMENT.

PRESENTATION PERIOD. : DOCUMENTS MUST BE PRESENTED WITHIN 16 DAYS AFTER SHIPPING
DATE SHOWN ON B/L, BUT WITHIN THE VALIDITY OF THE L/C.

CONFIRMATION : WITHOUT

INSTRUCTIONS : ON RECEIPT OF COMPLETE SET OF DOCUMENTS IN CONFORMITY
WITHTHE TERMS AND CONDITIONS OF THIS CREDIT, WE WILL
REMIT THE PROCEEDS FOLLOWING THE INSTRUCTIONS OF THE
DOCUMENTS ACCOMPANYING LETTER.

ADDITIONAL INSTRUCTIONS : DOCYMENTS MUST BE FORWARDED DIRECT TO US BY COURIER
SERVICE IN ONE LOT ADDRESSED TO VOLKSBANK SCHORNDORF.
JOH. – PHIL. – PALM – STR. 39, D – 73614 SCHORNDORF/GERMANY.

THIS MESSAGE IF THE ONLY OPERATIVE INSTRUMENT AND NO MAIL CONFIRMATION WILL FOLLOW.
PLEASE ACKNOWLEDGE RECEIPT.

THIS CREDIT IS SUBJECT TO THE UNIFORM CUSTOMS AND PRACTICE FOR DOCUMENTARY CREDITS
(1993 REVISION), INTERNATIONAL CHAMBER OF COMMERCE, PARIS, PUBLICATION NO. 500.

相关资料：

发票号码	GD – 88987	发票日期	Dec. 10, 1997	装箱情况	10PCS/CTN
单位毛重	18KGS/CTN	单位净重	15KGS/CTN	单位尺码	(20×20×30) CM/CTN
保单号码	FC97 – 3491	产地证号码	GZ3/2234/299876	集装箱号码	XULU2997542 (20')
提单号码	GFT23556	提单日期	Dec. 28, 1997	船　名	DIANG FENG V032

（六）案例分析题

1. 某木制品贸易公司向国外客户出口一批精美木制工艺品，信用证中规定的装运期为4月份，交单期为5月10日前，信用证的有效期为5月25日。该木制品公司收到对方开来的信用证后，及时向工厂下订单，准备出口货物。但由于产品制作需要的时间较长，该公司的货物于4月27日才全部赶制出来，经与轮船公司联系装运后，该公司取得4月29日签发的提单。我方制作好单据于5月8日交单时，恰逢5月8日、9日为银行非营业日。

问：该公司可否按《UCP 600》的规定，凭4月29日签发的提单连同其他单据从银行取回货款？为什么？

2. 某食品进出口公司出口一批冷冻加吉鱼，7月16日接到通知行转来的一张信用证简电通知。信用证简电通知中表明信用证号码、商品的品名、数量和价格等几个项目，并说明"详情后告"。我食品进出口公司收到了信用证简电通知后急于出口，于7月20日按简电通知中规定的数量将加吉鱼装运出口。在货物装运后制作单据时，收到了通知银行转来的一张信用证证实书，证实书中规定的数量与简电通知书中规定的数量不符。

问：我方应按信用证证实书的规定还是按简电通知书的规定制作单据？它们之间存在的差异应如何处理？

3. 我某进出口公司与国外某客商订立一份轻纺制品的出口合同，合同规定以不可撤销即期信用证为付款方式。买方在合同规定的开证时间内将信用证开抵通知银行，并经通知银行转交给我出口公司。我出口公司审核后发现，信用证上有关信用证到期地点的规定与双方协商的不一致。为争取时间，尽快将信用证修改完毕，以便办理货物的装运，我方立即电告开证银行修改信用证，并要求开证银行修改完信用证后，直接将信用证修改通知书寄交我方。

问：（1）我方的做法可能会产生什么后果？
　　（2）正确的信用证修改渠道是怎样的？

4. 某公司与国外某客商达成一笔交易，合同中规定，数量为100公吨，可有5%的伸缩，多交部分按合同价格计价。商品的价格为1 500美元/公吨FOB广州。现该商品的市场行情上涨。

问：（1）卖方根据合同的规定最多和最少可交多少公吨货物？
　　（2）此案例中，卖方应多交还是少交？为什么？

5. 我某进出口公司与欧洲某客户达成一笔圣诞节应季礼品的出口交易。合同中规定，以CIF为交货条件，交货期为2000年12月1日以前，但合同中未对买方的开证时间予以规定。卖方于2000年11月上旬开始向买方催开信用证，经多次催证，买方于11月25日将信用证开抵我方，由于收到L/C的时间较晚，使我方于12月5日才将货物装运完毕，当我方向银行提交单据时，遭到银行以单证不符为由拒付。

问：（1）银行的拒付是否有理？为什么？
　　（2）此案例中，我方有哪些失误？

6. 我某出口公司与非洲某商成交货物一批，来证规定9月装运，但计价货币与合同规定不符，加上备货不及，直至9月对方来电催装时，我方才向对方提出按合同货币改证，同时要求展延装运期。次日非商复电"证已改妥"，我方据此将货发运，但信用证修改书迟迟未到，致使结汇单据寄达开证行时被拒付。我方为及时收回货款，避免在进口地的仓储费用支出，接受了进口商改按D/P·T/R提货的要求，终因进口人未能如约付款使我方蒙受重大损失。

试就我方对这笔交易的处理过程进行评论，找出我公司应吸取的经验教训。

7. 我凭即期不可撤销信用证出口马达一批，合同规定的装运期为2001年8月份。签约后，对方及时开来信用证，我方则根据信用证的要求及时将货物装运出口。但在制作单据时，制单员将商业发票上的商品名称依信用证的规定缮制为："MACHINERY AND MILL WORKS, MOTORS"，而海运提单上仅填该商品的统称："MOTORS"。

问：付款行可否以此为由拒付货款？为什么？

8. 某公司收到国外买方通过开证行开来的即期不可撤销跟单信用证，证中规定卖方不得迟于2001年2月15日装运。我方因港口舱位紧缺，无法如期装运，于2月6日电请买方将装运期延展至3月15日，信用证有效期同时延展。2月10日接买方来电称："同意你2月6日电，将装运期改为不得迟于3月15日，信用证有效期同样延展一个月。"接电后，我方立即组织出运，于 3 月 12 日装船完毕并于 15 日备齐全套结汇单据向银行交单议付，但银行拒绝收单。

问：银行的拒收是否有理？为什么？

三、练习题参考答案

（一）名词解释

1. "四排"是指以买卖合同为对象，根据进程卡片反映的情况，归纳为四类：有证有货、有证无货、无证有货和无证无货。

2. 出口押汇又称买单结汇或议付，是指议付行在审单无误的情况下，按信用证条款买入受益人的单据和汇票，从票面金额中扣除从议付日到估计收到票款之日的利息，将余款按议付日牌价折成人民币，拨给外贸公司。

3. 定期结汇是指议付行根据向不同国家或地区索偿所需要的时间，预先确定一个固定的结汇期限，一俟到期，即主动按当日外汇牌价将票款折成人民币拨付外贸公司。

4. 收妥结汇是指议付行收到进出口公司的出口单据后，经审核无误，将单据寄往国外付款行索取货款，俟接到付款行将货款拨入议付行账户的通知时，即按当日外汇牌价，折成人民币拨给外贸公司。

5. 商业发票是卖方向买方开立的载有货物名称、数量、价格等内容的清单，是买卖双方交接货物和结算货款的主要单据。

（二）单项选择题

1. A	2. D	3. A	4. A	5. B
6. A	7. B	8. B	9. C	10. C

（三）多项选择题

1. ABC	2. BCD	3. ABCD	4. ABCD	5. AC
6. BD	7. ABC	8. ABC	9. ABC	10. ABCD

（四）判断题

1. ×	2. ×	3. √	4. √	5. ×
6. ×	7. √	8. √	9. √	10. ×

（五）操作题

1.

BILL OF LADING

Shipper SHANGHAI TEXTILES IMP AND EXP CORPORATION 27 ZHONGSHAN ROAD, SHANGHAI, CHINA	B/L No. KFT2582588
	Combined Transport Bill of Lading
Consignee TO ORDER OF SHIPPER	

Notify Address ABC. CORPORATION, OSAKA, JAPAN	For delivery of goods please apply to:

Pre-carriage by	Place of Receipt	
Ocean Vessel Voy. No DIEK335 V. 007	Port of Loading SHANGHAI PORT	
Port of Discharge OSAKA JAPAN	Place of Delivery	Final Destination for the Merchant's Reference only

Container, Seal No. & Marks & Nos	No. of Package & Description of Goods	Gross Weight Kgs	Measurement m³
ITOCHU OSAKA NO. 1 – 800 CONTAINER NO: SOCU1285723/20' MAKU5879523/20'	800CTNS 100% COTTON TOWEL TOTAL: EIGHT HUNDRED CARTONS ONLY	20,000KGS	48CBM

particulars Furnished by Merchant

FREIGHT & CHARGES FREIGHT PREPAID	Revenue Tons	Rate Per	Prepaid	Collect

Ex. Rate:	Prepaid at	Payable at	Place and date of issue SHANGHAI MAY 15, 2001
	Total Prepaid	No. of Original B (s) /L THREE (3)	Stamp & Signature

LADEN ON BOARD. THE VESSEL

Date

By ----------------------

提单背书

SHANGHAI TEXTILES IMP. AND EXP. CORPORATION.

27 ZHONGSHAN ROAD, SHANGHAI, CHINA

（签名）

212

F14

凭

Drawn under　　ASAHI BANK LTD, TOKYO

信用证　　　　　第　　　　　　号

L / C　　　　　*No.*　　ABL – AN107

日期　　　　年　　月　　日

dated　　　APR. 5 ,2001

按　　　　息　　　　　　　付　　款

Payable with interest @　　　　　　% *per annum*

号码　　　　　汇票金额　　　　　中国　　上海　　年　　月　　日

No.　　　　**Exchange** *for*　　　　　*Shanghai, China*　　　20

见票　　　　　　　　　USD 8 ,245. 00　　日 后 （ 本 汇 票 之 副 本 未 付 ） 付

At　　　* * *　　　　*sight of this* **FIRST** *of Exchange* (*Second of exchange being unpaid*)

pay to the order of　　　　　BANK OF CHINA　　　　　　或其指定人

金　额

the sum of　　US DOLLARS EIGHT THOUSAND TWO HUNDRED AND FOURTY FIVE ONLY

此致

To　　ASAHI BANK LTD, TOKYO

SHANGHAI TEXTILES IMP. AND EXP. CORPORATION.

27 ZHONGSHAN ROAD, SHANGHAI, CHINA

（签名）

Copy

1. Goods consigned from (Exporter's business name, address, country)

SHANGHAI TEXTILES IMP. AND EXP. CORPORATION
27 ZHONGSHAN ROAD, SHANGHAI, CHINA

Reference No.

SH8/27685/1007
GENERALIZED SYSTEM OF PREFERENCES
CERTIFICATE OF ORIGIN
(Combined declaration and certificate)
FORM A
issued in THE PEOPLE'S REPUBLIC OF CHINA
(COUNTRY)

See Notes over leaf

2. Goods consigned to (Consignee's name, address, country)

ABC. CORPORATION, OSAKA, JAPAN

3. Means of transport and route (as far as known)
ON/AFTER MAY 15, 2001
FROM SHANGHAI PORT TO OSAKA, JAPAN
BY VESSEL

4. For official use

5. Item number	6. Marks and numbers of packages	7. Number and kind of packages; description of goods	8. Origin criterion (see Notes over leaf)	9. Gross weight or other quantity	10. Number and date of invoices
1	ITOCHU OSAKA NO. 1–800	EIGHT HUNDRED (800) CARTONS OF 100% COTTON TOWEL ******************	"P"	8,000PCS	SH–25757 APR. 20, 2001

11. Certification
It is hereby certified, on the basis of control carriedout, that the declaration by the exporter is correct.

SHANGHAI APR. 20,2001

Place and date, signature and stamp of certifying authority

12. Declaration by the exporter
The undersigned hereby declares that the above details and statements are correct; that all the goods were produced in

CHINA

(country)
and that they comply with the origin requirements specified for those goods in the Generalized System of Preferences for goods exported to

JAPAN

(importing country)
SHANGHAI APR. 20,2001

Place and date, signature of authorized signatory

上海纺织品进出口公司
SHANGHAI TEXTILES IMP. AND EXP. CORPORATION
27 ZHONGSHAN ROAD, SHANGHAI, CHINA

商 业 发 票

ORIGINAL

COMMERCIAL INVOICE

Messrs:

ABC. CORPORATION, OSAKA, JAPAN

INVOICE NO.	: SH – 25757
INVOICE DATE	: APR. 20, 2001
S/C NO.	: SH107
L/C NO.	: ABL – AN107
L/C DATE	: APR. 5, 2001

Exporter:

SHANGHAI TEXTILES IMP. AND EXP. CORPORATION

27 ZHONGSHAN ROAD, SHANGHAI, CHINA

Transport details:

FROM SHANGHAI TO OSAKA

BY VESSEL

Terms of payment:

BY L/C

Marks & Numbers	Description of Goods	Quantity	Unit Price	Amount
	100% COTTON TOWEL			
	ART NO.			
ITOCHU	F2388 (0428)	3,000 PIECES	USD 1.00	USD 3,000.00
OSAKA	T4939 (0427)	3,000 PIECES	USD 1.00	USD 3,000.00
NO. 1 – 800	K5306 (0429)	2,000 PIECES	USD 1.25	USD 2,500.00

CIF OSAKA USD 8,245.00

TOTAL QUANTITY: 8,000 PIECES PACKING: 800CTNS

TOTAL WEIGHT: N WT.: 18,400KGS G WT.: 20,000KGS

TOTAL: US DOLLARS EIGHT THOUSAND TWO HUNDRED AND FOURTY FIVE ONLY.

SHANGHAI TEXTILES IMP. AND EXP. CORPORATION
27 ZHONGSHAN ROAD, SHANGHAI, CHINA
（签名）

上海纺织品进出口公司
SHANGHAI TEXTILES IMP. AND EXP. CORPORATION.
27 ZHONGSHAN ROAD, SHANGHAI, CHINA

装 箱 单

PACKING LIST

ORIGINAL

Exporter：

SHANGHAI TEXTILES IMP. AND

EXP. CORPORATION

27 ZHONGSHAN ROAD,

SHANGHAI, CHINA

DATE	: APR. 20, 2001
INVOICE NO.	: SH – 25757
B/LNO.	: KFT2587436
S/CNO.	: SH107
L/CNO.	: ABL – AN107

Transport details：

FROM SHANGHAI TO OSAKA BY VESSEL

SHIPPED PER：DIEK335 V. 007

标 记 Marks & Numbers	货 名 Description of Goods	件 数 Quantity	净 重 N. W.	毛 重 G. W.	尺 码 Measurement
	100% COTTON TOWEL				
	ART NO.				
ITOCHU	F2388 (0428)	300 CTNS	@23KGS	@25KGS	@ (60×20×50) CM
OSAKA	T4939 (0427)	300 CTNS	@23KGS	@25KGS	@ (60×20×50) CM
NO. 1 – 800	K5306 (0429)	200 CTNS	@23KGS	@25KGS	@ (60×20×50) CM
		800 CTNS	18,400KGS	20, 000KGS	48CBM

TOTAL QUANTITY：8,000PIECES

TOTAL：EIGHT HUNDRED CARTONS ONLY.

SHANGHAI TEXTILES IMP. AND EXP. CORPORATION
27 ZHONGSHAN ROAD, SHANGHAI, CHINA
（签名）

中保财产保险有限公司
PICC PROPERTY The people's insurance (Property) Company of China, Ltd.

发票号码
Invoice No. SH – 25757

保险单号次
Policy No. PIC200187141

海 洋 货 物 运 输 保 险 单
MARINE CARGO TRANSPORTATION INSURANCE POLICY

被保险人：SHANGHAI TEXTILES IMP. AND EXP. CORPORATION
Insured：

中保财产保险有限公司（以下简称本公司）根据被保险人的要求，及其所缴付约定的保险费，按照本保险单承担险别和背面所载条款与下列特别条款承保下列货物运输保险，特签发本保险单。

This policy of Insurance witnesses that the People's Insurance (Property) Company of China, Ltd. (hereinafter called "The Company"), at the request of the Insured and in consideration of the agreed premium paid by the Insured, undertakes to insure the undermentioned goods in transportation subject to the conditions of this Policy as per the Clauses printed overleaf and other special clauses attached hereon.

保险货物项目 Descriptions of Goods	包装 单位 数量 Packing Unit Quantity	保险金额 Amount Insured
100% COTTON TOWEL	800CTNS	USD 9,069.50

承 保 险 别
Conditions

COVERING THE INSTITUTE CARGO CLAUSES (A),
THE INSTITUTE WAR CLAUSES.

货 物 标 记
Marks of Goods

ITOCHU
OSAKA
NO. 1 – 800

总 保 险 金 额： US DOLLARS NINE THOUSAND AND SIXTY NINE POINT FIVE ONLY
Total Amount Insured：

保费	As arranged	载运输工具	DIEK335 V. 007	开航日期	MAY 15, 2001
Premium		Per conveyance S. S.		Slg. on or abt	

起运港 SHANGHAI 目的港 OSAKA
From To

所保货物，如发生本保险单项下可能引起索赔的损失或损坏，应立即通知本公司下述代理人查勘。如有索赔，应向本公司提交保险单正本（本保险单共有两份正本）及有关文件。如一份正本已用于索赔，其余正本则自动失效。

In the event of loss or damage which may result in a claim under this Policy, immediate notice must be given to the Company's Agent as mentioned hereunder. Claims, if any, one of the Two Original Policy which has been issued in Two Original (s) together with the relevant documents shall be surrendered to the Company, If one of the Original Policy has been accomplished, the others to be void.

中保财产保险有限公司
THE PEOPLE'S INSURANCE (PROPERTY) COMPANY OF CHINA, LTD.

赔款偿付地点 OSAKA
Claim payable at

日期 MAY 15, 2001 在 GUANGZHOU
Date at

地址：
Address：

保险单背书：

SHANGHAI TEXTILES IMP. AND EXP. CORPORATION
27 ZHONGSHAN ROAD, SHANGHAI, CHINA
（签名）

2.

BILL OF LADING

Shipper GUANGDONG FOREIGN TRADE IMPORT & EXPORT CORPORATION 123 TIANHE ROAD, GUANGZHOU/P. R. CHINA	B/L No.　　GFT23556
	Combined Transport BILL OF LADING

Consignee TO ORDER OF COMMERCIAL BANK OF CEYLON LIMITED	
Notify Address RAIN DREANS I/E CORP. NO. 80, MOSQUE ROAD, GORAKANA, MORATUWA. SRI LANKA	For delivery of goods please apply to:

Pre-carriage by	Place of Receipt	
Ocean Vessel　　Voy. No DLANG FENG V032	Port of Loading GUANGZHOU PORTS	
Port of Discharge COLOMBO PORT	Place of Delivery	Final Destination for the Merchant's Reference only

Container, Seal No. & Marks & Nos	No. of Package & Description of Goods	Gross Weight Kgs	Measurement m³
RAIN DREANS A97 – 2360 COLOMBO CONTAINER NO： XULU2997542 (20')	300CTNS ENERGY SAVING LAMP TOTAL：THREE HUNDRED CARTONS ONLY.	5,400KGS	3.6CBM

particulars Furnished by Merchants

FREIGHT & CHARGES FREIGHT PREPAID	Revenue Tons.	Rate Per	Prepaid	Collect

Ex. Rate：	Prepaid at	Payable at	Place and date of issue GUANGZHOU DEC. 28 , 1997
	Total Prepaid	No. of Original B (s) /L THREE (3)	Stamp & Signature

LADEN ON BOARD. THE VESSEL

Date

　　　By ----------------------

F14

凭
Drawn under   COMMERCIAL BANK OF CEYLON LIMITED

信用证   第   号
L / C   **No.**   CBCL34. 1520

日期   年   月   日
dated   NOV. 18 , 1997

按   息   付   款
Payable with interest @   *% per annum*

号码   汇票金额   中国   广州   年   月   日
No.   **Exchange** *for*   USD 30 , 000. 00   *Guangzhou. China*   20
见票   日后（本汇票之副本未付）付

At ＊＊＊ *sight of this* **FIRST** *of Exchange*（*Second of exchange being unpaid*）
pay to the order of   BANK OF CHINA   或其指定人

金额
the sum of   US DOLLARSTHIRTY THOUSAND ONLY

此致
To:

COMMERCIAL BANK OF CEYLON LIMITED

GUANGDONG FOREIGN TRADE IMPORT

& EXPORT CORPORATION

123 TIANHE ROAD, GUANGZHOU/P. R. CHINA

（签名）

ORIGINAL

1. Exporter (full name and address) GUANGDONG FOREIGN TRADE IMPORT & EXPORT CORPORATION 123 TIANHE ROAD, GUANGZHOU/P. R. CHINA	Certificate No. GZ3/2234/299876 CERTIFICATE OF ORIGIN OF THE PEOPLE'S REPUBLIC OF CHINA
2. Consignee (full name address, country) RAIN DREANS I /E CORP. NO. 80, MOSQUE ROAD, GORAKANA, MORATUWA. SRI LANKA	

3. Means of transport and route FROM GUANGZHOU PORTS TO COLOMBO PORT BY VESSEL	5. For certifying authority use only
4. Country/region of destination SRI LANKA	

6. Marks and numbers	7. Number and kind of packages; description of goods	8. H. S. Code	9. Quantity	10. Number and date of invoices
RAIN DREANS A97 – 2360 COLOMBO	THREE HUNDRED (300) CARTONS OF ENERGY SAVING LAMP *	85. 39	3,000PCS	GD – 88987 DEC. 10,1997

11. Declaration by the exporter 　　The undersigned hereby declares that the above details and statements are correct, that all the goods were produced in China and that they comply with the Rules of Origin of the People's Republic of China. GUANGZHOU DEC. 10,1997 ------------------------ Place and date, signature and stamp of authorized signatory	12. Certification 　　It is hereby certified that the declaration by the export is correct. GUANGZHOU　　DEC. 12, 1997 ------------------------ Place and date, signature of authorized signatory

广东外贸开发公司
GUANGDONG FOREIGN TRADE IMPORT & EXPORT CORPORATION
123 TIANHE ROAD, GUANGZHOU/P. R. CHINA

商 业 发 票
COMMERCIAL INVOICE

ORIGINAL

Messrs：

RAIN DREANS I/E CORP.

NO. 80, MOSQUE ROAD, GORAKANA, MORATUWA

SRI LANKA

INVOICE NO. :	GD－88987
INVOICE DATE :	DEC. 10, 1997
S/C NO. :	A97－2360
L/C NO. :	CBCL34.1520
L/C DATE :	NOV. 18, 1997

Exporter：

GUANGDONG FOREIGN TRADE IMPORT &

EXPORT CORPORATION

123 TIANHE ROAD, GUANGZHOU/P. R. CHINA

Transport details：

FROM GUANGZHOU PORTS TO COLOMBO PORT

BY VESSEL

Terms of payment：

BY L/C

Marks & Numbers	Description of Goods	Quantity	Unit price	Amount
RAIN DREANS A97－2360 COLOMBO	ENERGY SAVING LAMP FCL－22 ELECTRIC. ADAPTORS 　　　22W/B22	1,000PCS	@ USD 8.00	CIF COLOMBO（INCOTERMS 1990） USD 8,000.00
	FCL－32 ELECTRIC. ADAPTORS 　　　32W/B22	2,000PCS	@ USD 11.00	USD 22,000.00
		3,000PCS		USD 30,000.00

TOTAL QUANTITY：3,000 PIECES　PACKING：300 CTNS

TOTAL WEIGHT：N WT.：4,500KGS　G WT.：5,400KGS

TOTAL：US DOLLARS THIRTY THOUSAND ONLY.

GUANGDONG FOREIGN TRADE IMPORT & EXPORT CORPORATION.
123 TIANHE ROAD, GUANGZHOU/P. R. CHINA
（签名）

广东外贸开发公司
GUANGDONG FOREIGN TRADE IMPORT & EXPORT CORPORATION
123 TIANHE ROAD, GUANGZHOU/P. R. CHINA

装　箱　单
PACKING LIST

ORIGINAL

Exporter：

GUANGDONG FOREIGN TRADE IMPORT

& EXPORT CORPORATION

123 TIANHE ROAD, GUANGZHOU/P. R. CHINA

DATE :	DEC. 10，1997
INVOICE NO. :	GD – 88987
B /L NO. :	GFT23556
S /C NO. :	A97 – 2360
L /C NO. :	CBCL34. 1520

Transport details：

FROM GUANGZHOU PORTS TO COLOMBO PORT

BY VESSEL

标　记 Marks & Numbers	货　名 Description of Goods	件数 Quantity	净重 N. W.	毛重 G. W.	尺　码 Measurement
	ENERGY SAVING LAMP				
	FCL – 22 ELECTRIC ADAPTORS				
RAIN DREANS	22W/B22	100CTNS	@15KGS	@18KGS	@ (20×20×30)CM
A97 – 2360	FCL – 32 ELECTRIC ADAPTORS				
COLOMBO	32W/B22	200CTNS	@15KGS	@18KGS	@ (20×20×30)CM
		300CTNS	4,500KGS	5,400KGS	3.6CBM

TOTAL QUANTITY：3，000 PIECES

TOTAL：THREE HUNDRED CARTONS ONLY.

GUANGDONG FOREIGN TRADE IMPORT & EXPORT CORPORATION
123 TIANHE ROAD, GUANGZHOU/P. R. CHINA
（签名）

PICC PROPERTY

中保财产保险有限公司
The people's insurance (Property) Company of China, Ltd.

发票号码
Invoice No. GD – 88987

保险单号次
Policy No. FC97 – 3491

海 洋 货 物 运 输 保 险 单
MARINE CARGO TRANSPORTATION INSURANCE POLICY

被保险人：GUANGDONG FOREIGN TRADE IMPORT & EXPORT CORPORATION
Insured：

中保财产保险有限公司（以下简称本公司）根据被保险人的要求，及其所缴付约定的保险费，按照本保险单承担险别和背面所载条款与下列特别条款承保下列货物运输保险，特签发本保险单。

This policy of Insurance witnesses that the People's Insurance (Property) Company of China, Ltd. (hereinafter called "The Company"), at the request of the Insured and in consideration of the agreed premium paid by the Insured, undertakes to insure the under mentioned goods in transportation subject to the conditions of this Policy as per the Clauses printed overleaf and other special clauses attached hereon.

保险货物项目 Descriptions of Goods	包装　单位　数量 Packing Unit Quantity	保险金额 Amount Insured
ENERGY SAVING LAMP	300CTNS	USD 33,000.00

承保险别
Conditions

COVERING RISKS AS PER INSTITUTE CARGO CLAUSES (A),
AND 'INSTITUTE WAR CLAUSES (CARGO)' INCLUDING
WAREHOUSE TO WAREHAU CLAUSE UP TO FINAL
DESTINATION AT COLOMBO.

货物标记
Marks of Goods

RAIN DREANS
A97 – 2360
COLOMBO

总 保 险 金 额：　　　US DOLLARS THIRTY – THREE THOUSAND ONLY
Total Amount Insured：

保费 Premium	As arranged	载运输工具 Per conveyance S. S.	EIANGFENG V032	开航日期 Slg. on or abt	DEC. 28, 1997

起运港　GUANGZHOU
From

目的港　COLOMBO
To

所保货物，如发生本保险单项下可能引起索赔的损失或损坏，应立即通知本公司下述代理人查勘。如有索赔，应向本公司提交保险单正本（本保险单共有两份正本）及有关文件。如一份正本已用于索赔，其余正本则自动失效。

In the event of loss or damage which may result in a claim under this Policy, immediate notice must be given to the Company's Agent as mentioned hereunder. Claims, if any, one of the Original Policy which has been issued in TWO Original (s) together with the relevant documents shall be surrendered to the Company, If one of the Original Policy has been accomplished, the others to be void.

中保财产保险有限公司
THE PEOPLE'S INSURANCE (PROPERTY) COMPANY OF CHINA, LTD.

赔款偿付地点　COLOMBO
Claim payable at

日期　DEC. 28, 1997　　在　GUANGZHOU
Date　　　　　　　　　　at

地址：
Address：

保险单背书：

GUANGDONG FOREIGN TRADE IMPORT & EXPORT CORPORATION.
123 TIANHE ROAD, GUANGZHOU/P. R. CHINA
（签名）

（六）案例分析题

1. 答：该公司可以按《UCP 600》的规定，凭 4 月 29 日签发的提单连同其他单据从银行取回货款。《UCP 600》规定，如信用证的到期日或信用证规定的交单期限，适逢接受单据的银行因法定节假日而终止营业，则规定的到期日或装运后一定期限内交单的最后一天，将顺延至该银行开业的第一个营业日。本案中，信用证规定 5 月 10 日前交单，我方备齐单据于 5 月 8 日交单时，恰遇 5 月 8 日、9 日为银行非营业日，因而，根据《UCP 600》的规定，我方交单的时间将顺延至该银行开业的第一个营业日，即 5 月 10 日。因此，我方可凭 4 月 29 日签发的提单连同其他单据从银行取回货款。

2. 答：我方应按信用证证实书中的内容制作单据，以便能凭证结汇。简电通知书中的数量与信用证证实书中的数量不符，其差异视具体情况处理：①若证实书中的数量大于简电通知书中的数量，我方应及时补交不足的货物；②若证实书中的数量小于简电通知书中的数量，我方应及时与买方取得联系，确定多交部分货物的收取和货款的支付问题。

3. 答：（1）我方的做法可能会产生：①因有关方面不同意修改信用证或拖延修改信用证，导致我方无法凭证结汇的结果；②无法辨别信用证修改通知书的真伪就办理装运，到头来落得无法凭证结汇的后果。

（2）正确的信用证修改渠道是：受益人—开证人—开证银行—通知银行—受益人。

4. 答：（1）卖方根据合同的规定最多可交 105 公吨，最少可交 95 公吨。

（2）此案例中，卖方应少交 5 公吨的货物。因为当时该商品的市场行情上涨，卖方完全可以依合同的规定少交货物，将少交货物出售给出价较高的买主。

5. 答：（1）银行的拒付是有理的。因为我方未能在信用证规定的装运期内完成装运，银行当然可以单证不符为由拒付货款。

（2）我方的失误主要是：①在合同中未对买方的开证时间给予规定，以致买方未能及时申请开立信用证；②催证的时间较迟，以致我方在收到信用证后，无法在规定的时间内完成装运。

6. 答：我公司应吸取的教训是：①发现信用证中的计价货币与合同规定不符，没有及时向对方提出信用证的修改问题；②信用证修改书未到，我方仅凭非商复电"证已改妥"即将货物发运，导致货运单据寄达开证行时被拒付；③为及时收回货款，避免在进口地的仓储费用支出，接受了进口商改按 D/P. T/R 提货的要求，致使我方要承担进口人不能如约付款的风险。

7. 答：付款行不可以此为由拒付货款。根据《UCP 600》的规定，商业发票中的货物描述，必须与信用证规定相符。其他一切单据则可使用货物的统称，但不得与信用证规定的货物描述有抵触。本案中，制单员将商业发票上的商品名称依信用证的规定缮制为："MACHINERY AND MILL WORKS, MOTORS"，而海运提单上仅填该商品的统称："MOTORS"，与《UCP 600》的规定相符，付款行不可以此为由拒付货款。

8. 答：银行的拒绝收单是有理由的。按照《UCP 600》的规定，未经开证行、保兑行（如有）以及受益人的同意，不可撤销信用证既不能修改也不能撤销。本案中，我方因港口舱位紧缺，无法如期装运，向买方提出将装运期延展至 3 月 15 日，信用证有效期同时延展的要求并得到了买方的同意，但我方未等开证行的同意及收到信用证修改通知书后才装运，因此银行有权拒绝收单。

第三十章　国际贸易方式

一、重难点分析

（一）经销（Distributorship）

经销是指出口企业与国外经销商达成书面协议，在约定的经销期限和范围内，利用经销商就地推销某种商品的一种方式。经销可以分为一般经销和独家经销。独家经销在我国又称为包销（Exclusive Sales）。

（二）代理（Agency）

在国际贸易中的代理一般是指卖方作为委托人通过其委派的代表（即代理人），在国外向客户招揽生意、订立合同，或办理与交易有关的其他事宜的销售代理。代理人与委托人之间属于委托代理关系，代理商赚取佣金。销售代理可分为总代理、独家代理和一般代理。

独家代理与包销的区别：①性质不同。代理人与委托人之间属于委托代理关系，而包销商与出口人之间的关系是买卖关系。②风险不同。独家代理不承担经营风险，而包销商要承担经营风险。③目的不同。独家代理人赚取的是佣金，而包销商赚取的是商业利润。④专营权不同。独家代理在特定地区和期限内，享有代销指定商品的专营权，包销商拥有包销的专营权，包括专买权和专卖权。

（三）招标、投标

招标与投标不是两种交易方式，而是一种交易方式的两个方面，属于竞卖方式。

招标与投标同一般进出口贸易的做法有所不同，其主要特点有：①不经过磋商；②没有讨价还价的余地；③在规定的固定时间、地点，由众多投标人公开竞争。

按国际惯例，出现以下情况，招标人可拒绝全部投标：①最低标价大大超过国际市场价格水平；②所有投标书内容与招标要求不符；③在国际竞争性招标时投标人数太少。

（四）拍卖

在国际贸易中，采用拍卖方式进行交易的商品，一般都是不易标准化，或难以久存、易腐变质的商品，或习惯上采用拍卖销售的商品。拍卖是一种典型的现货交易，它采用事先看货、当场叫价、落槌成交的做法。

拍卖的特点有：①它是在一定的机构内有组织地进行的；②它具有自己独特的法律和规章；③它是一种公开竞买的现货交易。

拍卖的出价方法有：①增价拍卖；②减价拍卖；③密封递价拍卖。

（五）寄售（Consignment）

寄售的特点有：①它是凭实物进行买卖的现货交易；②它是一种先发货后成交的贸易方

式；③寄售人与委托人之间属于委托代售关系；④货物出售以前，所有的风险都由寄售人承担，代销人只收取佣金。

（六）商品期货交易

期货交易是指在期货交易所内，按一定的规章制度进行的标准期货合同的买卖。其基本做法是：交易者根据对市场行情的预测，先买入或卖出一份或若干份期货合同，在期货合同到期前卖出或买入同等份数且交货期相同的合同，以履行其合同义务，即所谓的"对冲"，期货交易不必以实物交割。在买卖期货合同时，只需按合同总值缴纳一定比率的履约保证金及支付经纪人的佣金即可。

期货交易具有以下基本特征：①以标准合同交易为主；②具有特殊的清算制度；③具有严格的履约保证金制度。

期货交易从性质上有投机和套期保值两种类型。

长期的实践证明，期货交易具有发现价格、规避风险和投机三大功能。

（七）加工贸易

对外加工装配业务的特点是：①加工装配是有进有出、进出紧密结合的交易；②承接方对来料、来件不拥有所有权而只有使用权；③委托方承担接受全部加工装配业务的合格品和支付约定的工缴费的义务。就加工方而言，对外加工装配业务的实质是以商品为载体的劳务输出。

（八）对销贸易

对销贸易（Counter Trade）又称返销贸易、反向贸易或互抵贸易等，它是以货物或劳务、工业产权和专有技术等无形财产的进口和出口相结合并互为条件的贸易方式。对销贸易的基本形式可以归纳为易货、互购、回购、补偿贸易、抵消贸易等多种贸易方式。

补偿贸易的补偿办法主要有3种形式：①直接产品补偿（又称返销）；②间接产品补偿（又称回购）；③混合抵偿。

补偿贸易的特征：①补偿贸易必须是在信贷的基础上进行的；②设备供应方必须承诺回购产品或劳务的义务，这是构成补偿贸易的必要条件，也是补偿贸易与延期付款的根本区别。

二、练习题

（一）名词解释

1. 包销　　　　　　　2. 独家代理　　　　　　　3. 投标
4. 套期保值　　　　　5. 对外加工装配业务

（二）单项选择题

1. 包销协议从实质上说是一份（　　）。

    A. 买卖合同　　　　　　　　B. 代理合同

    C. 寄售合同   D. 拍卖合同

2. 在寄售协议下，货物的所有权在寄售地出售前属于（　　）。

    A. 代理人   B. 寄售人

    C. 代销人   D. 包销人

3. 拍卖的特点是（　　）。

    A. 卖主之间的竞争   B. 买主之间的竞争

    C. 买主与卖主之间的竞争   D. 拍卖行与拍卖行之间的竞争

4. 投标人发出的标书是一项（　　）。

    A. 不可撤销的发盘   B. 可撤销的发盘

    C. 可随时修改的发盘   D. 有条件的发盘

5. 来料加工和进料加工（　　）。

    A. 均是一笔交易

    B. 均是两笔交易

    C. 前者是一笔交易，后者是两笔交易

    D. 前者是两笔交易，后者是一笔交易

6. 有些国家的政府或海关在处理库存物资或没收货物时往往采用（　　）。

    A. 增价拍卖   B. 减价拍卖

    C. 密封式递价拍卖   D. 一般拍卖

7. 对外加工装配业务的承接方，无论是采用来料加工，还是采用来件装配方式，其赚取的是（　　）。

    A. 商业利润   B. 工缴费用

    C. 佣金   D. 手续费

8. 某客商于 3 月份在期货交易所购进 6 月份交割的 20 万立方米木材合同一份，价格为每立方米 55 美元。6 月份，当期货交易所的价格上升至每立方米 58 美元时，该客商便在期货交易所卖出 6 月份交割的 20 万立方米木材合同一份进行对冲，由此获利 60 万美元。此种交易称为（　　）。

    A. 卖期保值   B. 买期保值

    C. 多头   D. 空头

9. 某进出口公司 9 月份在现货市场上出售小麦一批，进货价为每吨 110 美元，12 月份交货。为了避免市场价格下跌的风险，该公司以相同的价格和数量在期货市场购进 12 月份交割的期货合同，这种做法被称为（　　）。

    A. 卖期保值   B. 买期保值

    C. 多头   D. 空头

10. A 公司在国外物色了 B 公司作为其代售人，并签订了寄售协议。货物在运往寄售地销售的途中，遭遇洪水，30% 的货物被洪水冲走。因遇洪水后道路路基需要维修，货物存仓发生了 6 000 美元的仓储费，以上损失的费用应由（　　）承担。

    A. A 公司   B. B 公司

    C. 由运输公司   D. B 公司所在国家的保险公司

（三）多项选择题

1. 在招标与投标业务中，具有法律效力的业务程序是（   ）。
   A. 招标　　　　　　　　　　　B. 投标
   C. 开标　　　　　　　　　　　D. 中标签约

2. 对独家代理与包销的正确说法是（   ）。
   A. 代理人与委托人之间为委托代理关系，而包销商与出口人之间为买卖关系
   B. 代理人赚取的是佣金，包销商赚取的是商业利润
   C. 两者专营权不同
   D. 两者都属于逐笔售定贸易方式

3. 以下对寄售贸易方式的正确说法是（   ）。
   A. 寄售人可根据自己的意愿销售在途货物
   B. 它是典型的凭实物进行买卖的现货交易
   C. 寄售人与代销人之间属于委托代售关系
   D. 寄售货物在售出之前的一切费用和风险，均由寄售人承担

4. 拍卖的出价方法有（   ）。
   A. 增价拍卖　　　　　　　　　B. 减价拍卖
   C. 密封递价拍卖　　　　　　　D. 包销

5. 为防止中标人中标后不与招标人签约，招标人通常要求投标人提供（   ）。
   A. 预计的合同金额作为押金
   B. 投标保证金
   C. 投标保证函
   D. 与预计合同金额相符的固定资产作为抵押

6. 补偿贸易的种类很多，按补偿的内容来划分，主要有（   ）补偿方法。
   A. 以直接产品补偿　　　　　　B. 以其他产品补偿
   C. 以劳务补偿　　　　　　　　D. 以外汇补偿

7. 套期保值也称"海琴"，其基本做法有（   ）。
   A. 多头　　　　　　　　　　　B. 空头
   C. 卖期保值　　　　　　　　　D. 买期保值

8. 按照国际惯例，出现（   ）情况，招标人可拒绝全部投标。
   A. 投标人未发出标书
   B. 最低标价大大超过国际市场价格水平
   C. 所有投标书内容与招标要求不符
   D. 在国际竞争性招标时投标人数太少

9. 以下对进料加工说法正确的是（   ）。
   A. 在我国被称为"以进养出"
   B. 包括进口原材料和出口制成品两笔业务
   C. 目的是为了赚取以外汇表示的附加值
   D. 原材料的供应者与成品的购买者没有必要联系

10. 国际竞争性招标的做法有（　　　）。

    A. 公开招标　　　　　　　　　　B. 选择性招标

    C. 无限竞争性招标　　　　　　　D. 有限竞争性招标

（四）判断题

1. 我某公司与外商洽商一笔补偿贸易，外商提出以信贷方式向我提供一套设备，并表示愿意以被委托人的身份为我方代销商品，对此，我方可以同意。（　　　）

2. 招标人发出的标书，在送达投标人时生效。（　　　）

3. 为防止投标人在中标后不与招标人签约，招标人通常要求投标人提供投标保证函或投标保证金，如开标后，投标人未中标，招标人将保证金退还投标人。（　　　）

4. 包销是指出口人（委托人）通过协议把某一种商品或某一类商品在某一地区和期限内的经营权给予国外某公司的贸易做法。（　　　）

5. 招标人在评标过程中，认为不能选定中标人，可以宣布招标失败而拒绝全部投标这种行为称为拒绝投标。（　　　）

6. 拍卖贸易方式属于一种现货买卖，一旦拍卖成交，无论在什么情况下，拍卖人和货主对商品的品质都不承担异议和索赔的责任。（　　　）

7. 套期保值的基本做法是期货交易者在购进（或出售）现货的同时，在期货市场上出售（或购进）同等数量的期货。（　　　）

8. 期货交易是在商品交易所内，按照交易所预先制定的"标准期货合同"进行期货买卖，期货交易成交后，双方不必转移货物的所有权，因此，期货交易也被称为"期货合同"的买卖。（　　　）

9. 政府采购物资大部分采用非竞争性的招标方法。（　　　）

10. 在一般代理方式下，委托人可以直接与某地的实际买主成交，但需要向该地区的代理人支付佣金，在我国的出口业务中常用的代理方式为独家代理。（　　　）

三、练习题参考答案

（一）名词解释

1. 包销是指出口人通过协议把某一种商品或某一类商品在某一地区和期限内的经营权单独给予某个客户或公司的一种做法。

2. 独家代理是指在指定地区和期限内，委托人给予代理人独家代理某项商品权利的方式。

3. 投标是指投标人应招标通告的邀请，根据招标人所规定的招标条件，在约定的时间内向招标人递价，争取中标的国际贸易方式。

4. 套期保值是指期货交易者将期货交易与现货交易结合起来进行的一种市场行为。

5. 对外加工装配业务是指由外商提供一定的原材料、零部件、元器件，由我方的工厂按对方的要求进行加工装配，成品交由对方处置，我方则按照约定收取工缴费作为报酬的贸易方式。

（二）单项选择题

1. A	2. B	3. B	4. A	5. C
6. C	7. B	8. C	9. B	10. A

（三）多项选择题

1. BD	2. ABC	3. ABCD	4. ABC	5. BC
6. ABC	7. CD	8. BCD	9. ABCD	10. ABCD

（四）判断题

1. ×	2. √	3. √	4. ×	5. √
6. ×	7. √	8. √	9. ×	10. ×

第六编　国际商务单证实务

第三十一章　信用证

一、重难点分析

（一）信用证的定义及种类

1. 信用证的定义

信用证（Letter of Credit，简称 L/C）又称为信用状，是指开证行应申请人的要求并按申请人的指示，向第三者开具的载有一定金额，在一定期限内凭符合规定的单据付款的书面保证文件。

2. 信用证的种类

信用证分为：①不可撤销信用证和可撤销信用证；②即期信用证和远期信用证；③保兑信用证；④可转让信用证；⑤循环信用证；⑥背对背信用证；⑦对开信用证（Reciprocal L/C）；⑧红条款信用证。

（二）信用证的内容

不同的银行开立的信用证格式不同，但其基本内容大致相同，一般有对信用证本身的说明、信用证的关系人、金额和币制、汇票条款、货物说明、单据条款、装运条款、特别条款、开证行的保证和跟单信用证统一惯例文句等。

（三）SWIFT

"SWIFT"是环球银行金融电讯协会（Society for Worldwide Inter‑bank Financial Telecommunication）的简称，是一个国际银行同业间非营利性的合作组织。该组织于1973年在比利时成立，总部设在比利时的布鲁塞尔，并在荷兰阿姆斯特丹和美国纽约设立与总部相互连接的大型电脑操作中心。

SWIFT 的特点：①采用会员制度；②格式标准化；③安全性高；④解释统一；⑤费用较低；⑥系统服务范围广；⑦处理业务快捷；⑧自动功能。

SWIFT 电文表示方式：①项目表示方式；②日期表示方式；③数字表示方式。

（四）信用证的审核及修改

1. 信用证审核的主要内容

（1）开证银行。

开证行的政治背景、资信状况、印鉴、密押是否相符，索汇路线是否正确，是否符合支付协定，是否要加具保兑或由偿付银行确认偿付。

（2）信用证的类型。

信用证不论是即期、远期、保兑、可转让、循环或备用的信用证，都应该有"Irrevocable"字样。若信用证没有明示是否可撤销，根据《UCP 600》的规定，应理解为不可撤销。当合同规定开出的是保兑信用证或可转让信用证时，应检查信用证内是否有注明"Confirmed"字样或"Transferable"字样。

（3）开证人。

开证人一般情况下是订立货物买卖合同的买方，也可能是买方的客户或买方委托的开证人。

（4）受益人。

受益人应是订立货物买卖合同的卖方。审证时应以合同为依据，逐字查核受益人的名称和地址是否写错。

（5）币制和金额。

原则上，来证的币别和币值应与合同的币别和币值相符。如用其他货币开证，应按汇率折算是否与合同金额相符，否则要改证。如来证金额因含折扣或佣金与合同不一致，应核算来证的净值是否与合同的净值相一致。若来证规定数量增减，应注意来证金额也应该有相同比例的增减。

（6）有效期、地点。

来证应规定一个有效期，到期地点应在我国国内。根据《UCP 600》的规定，若信用证没有规定有效期，视为无效信用证。如来证规定的有效期的最后 1 天，适逢法定假日或银行例假日，该期限可顺延至下一个营业日。

（7）汇票条款。

若信用证为即期付款，其汇票条款一般为"Credit available by your draft（s）at sight for 100 percent of Invoice value drawn on ..."。

（8）分批装运及转运。

来证不准分批，又没有数量增减条款，则实际装运数量不得少装。但《UCP 600》第三十条 b 款规定，在信用证未以包装单位件数或货物自身件数的方式规定货物数量时，货物数量允许有 5% 的增减幅度，只要总支取金额不超过信用证金额。

来证不准转运的，要确定能否取得直达提单，否则必须改证。

来证规定在某个港口转船，有的指定由某个船公司接转或在某港转装集装箱等，收证后都要核实能否按来证要求办理，是否使得额外的费用（如 ORC、THC）大量增加。

（9）装运港和目的港。

来证规定海运的起运港为中国港口（Chinese Ports）或当地的港口，甚至规定亚洲口岸（Asian Ports）都可以，但不能是一个内陆城市如乌鲁木齐、拉萨或北京等。

来证的目的港应与合同一致，除非是分运几个港口，否则目的港只能列一个。

来证笼统规定目的港为欧洲主要口岸（European Main Port），只需按合同或买方通知的港口发货即可，不必该证。

（10）装运期。

信用证的装运期一般应规定为最迟（Latest）某月某日。

来证没有规定装运期，根据惯例，可理解为双到期，即装运期与信用证的有效期相同。但《UCP 600》第二十九条 c 款规定，最迟发运日不因信用证的截止日或最迟交单日适逢接受交单的银行因节假日等原因歇业顺延而跟着顺延。

（11）货物描述。

来证的品名、货号、规格、包装和合同号码等必须与合同一致。

来证所列单价和数量应与合同一致。

（12）单据要求。

①商业发票（Commercial Invoice）：来证要求出具两份不同买主名称的商业发票时，应要求改证。

②装箱单（Packing List）：来证要求提供中性包装单（Neutral Packing List），只需装箱单上不显示受益人名称和地址即可，不必改证。

③提单（Bill of Lading，简称 B/L）：以 FOB 交易，提单应注明 FREIGHT COLLECT，如来证误开为 FREIGHT PREPAID，应要求改证。

来证要求提单上列出集装箱号和/或铅封号，则须以集装箱船装运并在提单上列出集装箱号和/或铅封号。

来证要求提供直达提单或某船公司提单时，应考虑实际和可能，若无法提供时应要求改证。

④保险单（Insurance Policy）：来证要求保险单中的保险条款、险别、保险加成、保险人和理赔人等方面内容应与合同一致。

来证规定由于任何原因引起的灭失或残损（Loss or damage from any cause howsoever arising）都赔偿，应要求改证，改为任何外部原因（any external cause），方能被保险公司承保。

除非信用证另有规定，保险单据必须使用与信用证相同的货币开立。

保险加成，保险公司一般可承保加成到 30%，如来证规定加成高于 30% 又不是投保关税险，要取得保险公司同意，否则应该改证。

⑤产地证（Certificate of Origin）：来证指定由出入境检验检疫局或贸促会出具产地证可以接受，但要求上述两家机构互相加具证明的不能接受。

⑥普惠制产地证格式 A（Generalized System of Preferences Certificate of Origin FROM A，简称 GSP）：出入境检验检疫局是我国签发普惠制产地证的唯一机构，来证指定其他机构如贸促会签发普惠制产地证，应要求改证。

⑦品质证（Certificate of Quality）和检验证（Inspection Certificate）：品质证和检验证是检验货物的证明文件，其检验项目有品质、数量和重量等，来证未指定出证机构，可由出口公司或生产厂出证，也可由出入境检验检疫局出证。

来证要求由贸促会出证，应要求改证。

⑧受益人证明书（Beneficiary's Certificate）：受益人证明书主要有寄单证明、电抄本和履约证明等。来证要求出具的受益人证明书应是受益人实际已完成或受益人力所能及的任务的证明。

⑨装船通知（Advice of Shipment）：来证规定在装运前若干天发装船通知并且要列明装运日期，应要求改证，改为装运后发电（Immediately after shipment）。

⑩海关发票（Customs Invoice）：如来证指定某种格式或编号的海关发票，应核查能否提供。否则应改证。

⑪领事发票（Consular Invoice）：来证规定要求提供领事发票，应要求改证删除。

（13）交单期限。

来证一般规定一个装运后的交单期限，如来证没有要求，根据《UCP 600》第十四条 c 款的规定，受益人或其代表须在不迟于本惯例所指的发运日之后的二十一个日历日内交单，但是在任何情况下都不得迟于信用证规定的截止日。

（14）跟单信用证统一惯例文句。

来证一般规定有依照惯例声明，对于 SWIFT 信用证，可以省略依照惯例的声明。

2．信用证修改

信用证经过全面的审核后，如发现有问题时，应及时通知国外客户通过开证行进行修改。改证时一般应掌握以下几点：

（1）一份信用证如有几处需要修改，应集中一次通知开证人办理修改，避免一改再改，既增加双方的费用又浪费时间，而且还会引起不良影响。

（2）修改信用证的要求一般应用电信通知开证人，同时应规定一个修改书的到达时限。

（3）对收到的信用证修改通知书应认真进行审核，如发现修改内容有误或我方不能同意的，出口企业有权拒绝接受。

（4）根据《UCP 600》第十条 e 款的规定，一份信用证的修改通知书的内容要么全部接受，要么全部拒绝，不能接受其中一部分拒绝另一部分。

（5）根据《UCP 600》第九条 d 款的规定，经由通知行或第二通知行通知信用证的银行必须经由同一银行通知其后的任何修改。

（6）根据《UCP 600》第九条 e 款的规定，如一银行被要求通知信用证或修改但其决定不予通知，则应毫不延误地告知自其处收到信用证、修改或通知的银行。

二、练习题

（一）中英文术语、短语互译

1．中译英

（1）不可撤销信用证　　　　　（2）开证日期
（3）电汇索偿　　　　　　　　（4）一切银行费用
（5）佣金　　　　　　　　　　（6）出票根据
（7）正本单据　　　　　　　　（8）通知行
（9）账户　　　　　　　　　　（10）保兑行

234

2. 英译中

(1) Applicant (2) Beneficiary

(3) Negotiation Bank (4) Drawee Bank

(5) Expiry Date (6) Documentary Credit

(7) Documents Required (8) Special Conditions

(9) Up to an aggregate amount of (10) The full name and address of the openers

(二) 单项选择题

1. 不可撤销信用证在信用证的有效期内，未经（　　）的同意，开证行或开证人不得撤销或修改。

A. 受益人 B. 开证人

C. 开证行 D. 受益人、开证人及有关银行

2. 根据《UCP 600》的规定，若信用证没有注明（　　）字样，都认为该信用证为不保兑信用证。

A. Confirmed B. Revocable

C. Revolving D. Transferable

3. 在进料加工贸易中，经常由外商提供原材料或配件，我方加工成品后卖给外商。为了避免上当受骗，我方应采用（　　）比较稳妥。

A. 保兑信用证 B. 可转让信用证

C. 预支信用证 D. 对开信用证

4. 下列信用证有效期的描述，属于直接写明具体日期的是（　　）。

A. Documents must be presented for negotiation within 10 days after the on board date of bill of lading

B. Negotiation must be on or before the 15th day of shipment

C. This L/C is valid for negotiation in China until Oct. 1, 2002

D. Documents to be presented to negotiation bank within 15 days after shipment

5. 根据《UCP 600》的规定，如使用"于或约于"之类词语限定装运日期，银行将视为在所述日期前后各（　　）内装运，起讫日包括在内。

A. 3 天 B. 5 天

C. 7 天 D. 10 天

6. "Transhipment permitted, part shipments allowed, but part shipment of each item not allowed" 的中文意思是（　　）。

A. 转运允许，分运允许，但每个品种的货物不得分运

B. 转运不允许，分运允许，但每个品种的货物不得分运

C. 转运允许，分运允许，但每个品种的货物必须分运

D. 转运允许，分运不允许，但每个品种的货物不得分运

7. 下列信用证有关费用的条款，要求卖方负担有关费用的是（　　）。

A. All banking charges for seller's account

B. Port congestion surcharges, if any, at the time of shipment is for opener's account

C. All banking charges outside Hongkong are for account of accountee

D. Drawee bank's charges and acceptance commission are for buyer's account

8. 下列属于信用证条款中开证行保证文句的是（   ）。

A. Letter of guarantee and discrepancies are not acceptable

B. We hereby undertake to honour all drafts drawn in accordance with terms of this credit

C. One copy of commercial invoice and packing list should be sent to the credit openers 15 days before shipment

D. Drafts to be drawn for full CIF value less 5% commission, invoice to show full CIF value

9. 下列英文词或词组中，表示"议付行"的是（   ）。

A. Confirming Bank   B. Opening Bank

C. Negotiation Bank   D. Advising Bank

10. 根据《UCP 600》的规定，若信用证没有特别说明，则信用证（   ）。

A. 未注明"Transferable"字样或条款，即为可转让信用证

B. 未注明"Irrevocable"字样，即为可撤销信用证

C. 未注明"Confirmed"字样，即为不保兑信用证

D. 未注明是否即期付款，即为远期付款信用证

（三）多项选择题

1. 信用证中，表示开证人的常见词或词组有（   ）。

A. Principal   B. Opener

C. Applicant   D. account of ...

E. Accountee

2. 信用证中，表示受益人的常见词或词组有（   ）。

A. Beneficiary   B. in favour of ...

C. Opener   D. in your favour

3. 对于保兑信用证，承担第一性付款责任的有（   ）。

A. 通知行   B. 议付行

C. 开证行   D. 保兑行

4. 在信用证条款中，属于佣金条款的是（   ）。

A. Port congestion surcharges, if any, at the time of shipment is for opener's account

B. Signed invoices must show 5% commission

C. 5% commission to be deducted from the invoice value

D. Beneficiary's drafts are to be made out for 95% of invoice value, being 5% commission payable to credit opener

5. 对 SWIFT，下列表述正确的是（   ）。

A. 使用 SWIFT 系统的银行必须加入该协会，方可使用 SWIFT 系统

B. 使用 SWIFT 信用证，必须遵守 SWIFT 使用手册的规定，使用 SWIFT 手册规定的代号

C．SWIFT 信用证必须按国际商会制订的《UCP 600》的规定处理

D．SWIFT 系统具有自动收发储存信息、自动加押和核押等功能

E．SWIFT 系统可每周 24 小时连续不停地运转

（四）判断题

1．2005 年 6 月 18 日在 SWIFT 电文中表示为 180605。（ ）

2．在 SWIFT 信用证中，数字"2584678.36"表示为"2584678，36"。（ ）

3．信用证不准分批，又没有数量增减条款，则实际装运数量允许有 5% 的增减幅度。（ ）

4．信用证规定起运港为 CHINA PORTS，若信用证禁止分批，则信用证中装运港 CHINA PORTS 的实际意义与 CHINA PORT 相同。（ ）

5．信用证没有规定有效期或装运期，则该信用证为无效信用证。（ ）

6．信用证修改通知书的内容，受益人可根据实际，接受其中的一部分，拒绝其中的另一部分。（ ）

7．信用证修改通知书必须由原通知行转递或通知。（ ）

8．信用证的性质是银行信用，因此，信用证项下使用的汇票必定是银行汇票。（ ）

9．背对背信用证是指交易的一方开出第一张信用证，但暂不生效，须在对方开来一定金额的回头信用证经受益人表示接受时，才通知对方银行两证同时生效。（ ）

10．对于不可撤销信用证，如果开证人提出申请，开证行可随时撤销该信用证。（ ）

三、练习题参考答案

（一）中英文术语、短语互译

1．中译英

（1）Irrevocable L /C　　　　　　　（2）Date of Issue

（3）T/T Reimbursement　　　　　　（4）All Banking Charges

（5）Commission　　　　　　　　　（6）Drawn Under

（7）Original Documents　　　　　　（8）Advising Bank

（9）Account　　　　　　　　　　　（10）Confirming Bank

2．英译中

（1）开证人　　　　　　　　　　　（2）受益人

（3）议付行　　　　　　　　　　　（4）付款行

（5）有效期　　　　　　　　　　　（6）跟单信用证

（7）需要的单据　　　　　　　　　（8）特别条款

（9）总金额不超过　　　　　　　　（10）开证人的详细姓名、地址

（二）单项选择题

1．D　　2．A　　3．D　　4．C　　5．B

6. A   7. A   8. B   9. C   10. C

（三）多项选择题
1. ABCDE   2. ABD   3. CD   4. BCD   5. ABCDE

（四）判断题
1. ×   2. √   3. ×   4. ×   5. ×
6. ×   7. √   8. ×   9. ×   10. ×

第三十二章　常用结汇单据

一、重难点分析

（一）汇票

1. 汇票的当事人

汇票的当事人主要有出票人、受票人、收款人。

2. 汇票的种类

（1）汇票按出票时是否附有货运单据可分为光票和跟单汇票。

（2）按汇票付款时间的不同，汇票可分为即期汇票和远期汇票。

（3）按出票人的不同，汇票可分为商业汇票和银行汇票。

（4）按付款人的不同，远期汇票可分为商业承兑汇票和银行承兑汇票。

3. 汇票的填制

汇票属于资金单据，它可以代替货币进行转让或流通。因此，汇票是一种很重要的有价证券。为了防止丢失，一般汇票都有两张正本，即 First Exchange 和 Second Exchange，根据票据法的规定，两张正本汇票具有同等效力，但付款人付一不付二，付二不付一，先到先付，后到无效。银行在寄送单据时，一般也要将两张正本汇票分为两个邮次向国外寄发，以防在邮程中丢失。

4. 汇票的修正和变更

当发现填制好的汇票有误须改正时，可以在汇票上改正并由受益人证实，即使如此，实务中也应尽量避免。

《ISBP》第57段规定，汇票如有修正和变更，必须在表面看来经出票人证实。《ISBP》第58段又规定，有些国家不接受带有修正和变更的汇票，即使有出票人的证实。此类国家的开证行应在信用证中声明汇票中不得出现修正或变更。

5. 汇票的使用

汇票的使用程序，除出票外，还有提示、承兑、付款等。

提示是指持票人将汇票提交付款人，要求承兑和付款的行为。承兑是指付款人对远期汇票表示承担到期付款责任的行为。付款对即期汇票，在持票人提示时，付款人即应付款，无需经过承兑手续；对远期汇票，付款人经过承兑后，在汇票到期日付款。背书是转让汇票的一种手续，就是由汇票抬头人（收款人）在汇票背面签上自己的名字，或再加上受让人，即被背书人（Endorsee）的名字，并把汇票交给受让人的行为。当汇票在提示时，遭到付款人拒绝付款、拒绝承兑、拒而不见或付款人死亡，称为拒付。

（二）商业发票

1. 商业发票的缮制

（1）出票人名称与地址。

一般情况下，出票人即为出口公司，制单时应标出出票人的中文与英文名称和地址。当企业采用印刷空白发票或电脑制单时，都已预先印上或在程序中编入出票人的中文名称和地址。根据《UCP 600》第十八条 a 款的规定，出票人的名称和地址应与信用证的受益人的名称和地址一致。

（2）发票抬头人名称与地址。

当采用信用证支付货款时，如果信用证上有指定抬头人，则按来证规定制单。否则，根据《UCP 600》第十八条 a 款的规定，必须出具成以申请人为抬头；当采用托收方式支付货款时，填写合同买方的名称和地址。填写时名称和地址不应同行放置。

（3）货物内容（Description of goods）。

货物内容一般包括货物的名称、规格、数量、单价、贸易术语、包装等项目，制单时应与信用证的内容严格一致，省略或增加货名的字或句，都会造成单证不符，开证银行有权拖延或拒付货款。但也应辨证看待，《ISBP》第 62 段规定，发票中的货物描述与信用证规定的一致，并不要求如同镜子反射那样一致。

（4）声明文句。

信用证要求在发票内特别加列船名、原产地、进口许可证号码等声明文句，制单时必须一一详列。常用的声明字句有：①证明所到货物与合同或订单所列货物相符；②证明原产地；③证明不装载于或停靠限制的船只或港口；④证明货真价实；⑤证明已经航邮有关单据。

2. 佣金主要支付方式

佣金主要支付方式有：汇付、票扣（即发票上减佣）、议扣（即议付时扣佣）、部分票扣且部分议扣、贷记账单（Credit Note）。

（三）海运提单

1. 海运提单的内容

海运提单内容可分为固定部分和可变部分。固定部分是指海运提单背面的运输契约，这一部分一般不作更改。可变部分是指海运提单正面的内容，主要包括船名、装运港、目的港、托运人名称、收货人名称、被通知人名称、货物名称、唛头、包装、件数、重量、体积、运费、海运提单正本份数、海运提单签发地点和日期、承运人或船长签字等。这些内容根据运输的货物、运输时间、托运人以及收货人的不同而变化。

2. 海运提单的缮制

（1）托运人（Shipper/Consignor）。

托运人是指委托运输的人，在贸易中是合同的卖方。一般在填写海运提单 Shipper 栏目时，如信用证无特殊的规定，都填写卖方的名称。许多制单人是直接把公司的公章盖在这一栏目中。《UCP 600》第十四条第 k 款规定，在任何单据中注明的托运人或发货人无须为信用证的受益人。因此，除非信用证另有规定，银行将接受表明以信用证受益人以外的一方为发货人的运输单据。

（2）收货人（Consignee）。

与托运单"收货人"栏目的填写完全一致。根据信用证在记名收货人、凭指示和记名指示中选择一个，最常用的有 "To order" 和 "To order of XYZ Bank" 两种。

（3）商品描述及数量。

数量是指本海运提单项下的商品总包装件数。

①对于包装货物，本栏应注包装数量和单位，如 "1,000 BALES"，"250 DRUMS" 等。提单下面应加大写数量，大小写数量应一致。

②如是散装货，例如煤炭、原油等，此栏可加 "IN BULK"，无须加大写数量。

③如是裸装货物，应加件数，如一台机器或一辆汽车，填 "1 UNIT"，两架飞机应填 "TWO PLANES"，100 头牛应填 "100 HEADS" 等。并加大写数量。

④如是集装箱运输，由托运人装箱的整箱货可只注集装箱数量，如 "2 CONTAINERS" 等。只要海关已对集装箱封箱，承运人对箱内的内容和数量不负责任，提单内应加注 "SHIPPER'S LOAD & COUNT"（托运人装货并计数）。如需注明集装箱箱内小件数量时，数量前应加 "SAID TO CONTAIN . . ."。

⑤如是托盘装运，此栏应填托盘数量，同时用括号加注货物的包装件数，如 "5 PALLETS（60 CARTONS）"。提单内还应加注 "SHIPPER'S LOAD AND COUNT"。

⑥如是两种或多种包装，如 "5 CARTONS"，"10 BALES"，"12 CASES" 等，件数栏内要逐项列明，同时下面应注合计数量，如上述包装数量可合计为 "27 PACKAGES"，在大写栏内应加大写合计数量。

⑦如件数栏注 20 CARTONS，但同时提单内又注有 "SHUT OUT 2 CARTONS" 或 "SHORT LOADED（SHIPPED）2 CTNS" 等，表示少装 2 箱，发票和其他单据应注 "18 CARTONS"。

（4）特殊条款。

提单特殊条款主要根据合同或信用证的要求，填写一些一般情况下不必填写的内容。提单中出现特殊条款的内容主要有：①指定船名。②强调运费的支付。③出现"预计"的条款。④不显示发票金额、单价、价格等的条款，或强调显示信用证号码、合同号码等的条款。⑤限制使用班轮公会的条款或指定承运人的条款。

（5）运费缴付方式。

除非信用证有特别要求，几乎所有的海运提单都不填写运费的数额，而只是表明运费是否已付清或什么时候付清。最常用的有 FREIGHT PREPAID（运费预付）和 FREIGHT COLLECT（运费待付）两种。

如来证规定加注运费，一般可加注运费的总金额。如规定要详细运费，就必须将计算单位、费率等详细列明。

（6）签发地点和时间（Place and date of issue）。

海运提单签发时间表示货物实际装运的时间或已经接受船方、船代理的有关方面监管的时间。

有时，提单的签发日期与提单装船批注的日期不一致，《ISBP》第78段规定，如果提交的是预先印就"已装运于船"的提单，提单的出具日期即视为装运日，除非提单带有加注日期的单独装船批注，此时，该装船批注的日期即视为装运日，而不论该批注日期是在提单签发日期之前还是之后。

海运提单签发地点，表示实际货物装运的港口或接受有关方面监管的地点。

（7）有效的签章（Stamp & Signature）。

海运提单必须经装载船只的船长签字才能生效，在没有规定非船长签字不可的情况下，船方代理可以代办。来证规定手签的必须手签。

承运人或船长的任何签字或证实，必须表明"承运人"或"船长"的身份。代理人代表承运人或船长签字或证实时，也必须表明所代表的委托人的名称和身份，即注明代理人是代表承运人或船长签字或证实的。

3. 关于海运提单的背书

当收货人一栏填写凭指示（To order）时，由托运人（Shipper）背书；当收货人一栏填写记名指示（To×××'s order 或 To order of×××）时，由记名的一方背书。具体操作是：①当收货人一栏填写凭托运人指示时（To shipper's order 或 To order of shipper），由托运人背书；②当收货人一栏填写凭申请人或其他商号公司指示时，由申请人或其他商号公司背书；③当收货人一栏填写凭某银行指示时，该银行应背书。

（四）保险单

1. 保险单的缮制

（1）被保险人（Insured）。

①如来证无特别规定，保险单的被保险人应是信用证上的受益人，由于出口货物绝大部分均由外贸公司向保险公司投保，按照习惯，被保险人一栏中填写出口公司的名称，并由出口公司空白背书。从可保利益角度看，保险单中的被保险人栏目只有填写受益人的名称，才能使保险公司真正承担"仓至仓"的保险责任。

②信用证要求保险单为 to order of×××Bank 或 in favour of×××Bank，可在被保险人处填写"出口公司名称 + Held to order of×××Bank（或 in favour of×××Bank）"。

③信用证有特殊要求，所有单据以×××为抬头人，那么应在被保险人栏以×××为被保险人，这种保险单就不要背书。

④信用证规定，保单抬头为第三者名称即中性名义，可打"被保险利益人"，即填写"To whom it may concern"。

（2）保险金额（Amount Insured）。

一般按照发票金额加一成（即110%发票金额）填写。最终以双方商定的比例计算而成，但人保公司不接受保额超过发票总值30%，以防止个别买主故意灭损货物，串通当地检验部门取得检验证明，向保险公司索赔。《ISBP》第191段规定，保险金额货币单位应与信用证一致，并至少按信用证要求的金额出具。如发票已扣除佣金或折扣，应按扣佣和折扣前的毛值投保。

（3）承保险别。

出口公司只需在副本上填写这一栏目的内容。当全套保险单填好交给保险公司审核、确认时，才由保险公司把承保险别的详细内容加注在正本保险单上。填制时应注意：

①应严格按信用证规定的险别投保，并且为了避免混乱和误解，最好按信用证规定的顺序填写。

②如信用证没规定具体险别，或只规定"Marine Risk"、"Usual Risk"或"Transport Risk"等，则可投保一切险（All Risks）、水渍险（W. A. 或 W. P. A.）、平安险（F. P. A.）三种基本险中的任何一种。

③如信用证规定的险别超出了合同规定，或成交价格为 FOB 或 CFR，应由买方保险，但信用证规定由卖方保险。遇到这种情况应与买方交涉，在买方同意支付额外保险费的情况下，应按信用证规定的险别投保。否则，应要求取消此条款。

（4）赔付地点。

一般来说，将目的地作为赔付地点，将目的地名称填写入该栏。如买方指定理赔代理人，理赔代理人必须在货物到达目的港的所在国内，便于到货后检验。赔款货币一般为与投保额相同的货币。

（5）日期。

日期指保险单的签发日期。由于保险公司提供仓至仓（Warehouse to Warehouse）服务，所以要求保险手续在货物离开出口方仓库前办理。保险单的日期也应是货物离开出口方仓库前的日期。

2. 保险单据批单

批单（ENDORSEMENT）是专门用于修改保险单的一种修改书。当被保险人投保后，由于某种原因需要补充或修改保险单的内容，可向保险人提出修改申请，由保险人出具批单进行修改。实际操作中，批单应粘贴在保险单上，并加盖骑缝章，批单的效力优先于保险单。

批单的内容通常有：①更改被保险人名称；②更改货物名称；③更改货物包装或数量；④更改保险金额；⑤更改承保险别；⑥更改货物标记（唛头）；⑦更改船名、加注转船或内陆目的地；⑧更改开航日期；⑨更改起运港或目的港；⑩更改赔款偿付地点；⑪更改出单日期；⑫延长保险有效期（期限）等。

3. 填制保险单应注意的事项

（1）如来证无其他规定，保险单的被保险人应是信用证上的受益人，并加空白背书，便于保单办理过户转让。

（2）如果信用证对被保险人未做规定，则标明赔偿将付给托运人或受益人指定的人的保险单据不可接受，除非经过背书。

（3）保险险别和保险金额要与来证的规定相符。保险单上的运输标志、包装及数量、货名、船名、大约开航日期、装运港和目的港等项内容应与提单相一致。

（4）保险单签发的日期应早于提单日期。

（5）保险人不一定同意出具投保回执（Acknowledgement of Insurance Declaration），故如来证有此要求，受益人应要求对方改证。

（6）不能用保险经纪人开出的暂保单代替保险单议付，否则银行将不予接受。

（五）原产地证明书

1. 原产地证明书（CO）的填制

（1）出口方（Exporter）。

填写出口公司的详细地址、名称和国家（地区）名。若经其他国家或地区需填写转口商名称时，可在出口商后面加填英文 VIA，然后再填写转口商名称、地址和国家。

（2）收货方（Consignee）。

填写最终收货人的名称、地址和国家（地区）名。通常是外贸合同中的买方或信用证上规定的提单通知人。如信用证规定所有单证收货人一栏留空，在这种情况下，此栏应加注"TO WHOM IT MAY CONCERN"或"TO ORDER"，但不得留空。若需填写转口商名称时，可在收货人后面加填英文 VIA，然后再填写转口商名称、地址、国家。

（3）商品名称、包装数量及种类（Number and kind of packages；Description of goods）。

填写商品名称及包装数量。商品名称要填写具体名称，不得用概括性表述，如服装（GARMENT）。包装数量及种类要按具体单位填写，例如，100 箱彩电，填写为"100 CARTONS（ONE HUNDRED CARTONS ONLY）OF COLOUR TV SET"。包装数量应在阿拉伯数字后加注英文表述。如货物为散装，在商品名称后加注"散装"（IN BULK），例如，1 000公吨生铁，填写为"1,000 M/T（ONE THOUSAND M/T ONLY）PIG IRON IN BULK"。有时信用证要求在所有单证上加注合同号、信用证号码等，可加注在此栏。本栏的末行要打上表示结束的符号（＊＊＊＊＊＊＊＊＊＊＊＊＊＊＊＊＊＊＊＊＊＊），以防加添内容。

（4）商品编码（H. S. Code）。

此栏要求填写 HS 编码，应与报关单一致。若同一证书包含有几种商品，则应将相应的税目号全部填写。此栏不得留空。

2. 原产地证明书格式 A 的填制

（1）出口商名称、地址和国家（Goods consigned from）。

出口商的地址应填详细地址，包括街道名、门牌号码等。中国地名的英文译音应采用汉语拼音。如：GUANGZHOU（广州）、GUANGDONG（广东）、PANYU（番禺）等。

（2）收货人名称、地址和国家（Goods consigned to）。

根据信用证要求应填写给惠国的最终收货人名称（即信用证上规定的提单通知人或特别声明的受货人）。如果信用证未明确最终收货人，可以填写商业发票的抬头人，但不可填中间商的名称。

欧洲联盟、挪威对此栏有非强制性要求。如果商品直接运往上述给惠国，而且进口商要求将此栏留空时，则可以不填。

（3）原产地标准（Origin criterion）。

此栏是国外海关审核的核心项目。对含有进口成分的商品，因情况复杂，国外要求严格，极易弄错而造成退证查询。

①如果本商品完全是出口国自产的，不含任何进口成分，出口到所有给惠国，填写"P"。

②如果出口商品有进口成分，出口到欧盟、挪威、瑞士和日本，填"W"，其后加上出口产品的 HS 品目号，如"W"42. 02。条件：A. 产品列入了上述给惠国的"加工清单"，符合其加工条件；B. 产品未列入"加工清单"，但产品生产过程中使用的进口原材料和零

243

部件要经过充分的加工，产品的 HS 品目号不同于所用的原材料或零部件的 HS 品目号。

③含有进口成分的产品，出口到加拿大，填"F"。条件：进口成分的价值未超过产品出厂价的 40%。

④含有进口成分的产品，出口到波兰、俄罗斯、乌克兰、白俄罗斯、捷克、斯洛伐克六国，填"Y"，其后加上进口成分价值占该产品离岸价格的百分比，如"Y"38%。条件：进口成分的价值未超过产品离岸价的 50%。

⑤输往澳大利亚、新西兰的商品，此栏可以留空。

⑥在一个受惠国生产而在另一个或一个以上受惠国制作或加工的产品，填写"PK"。

（4）出口商声明（Declaration by the exporter）。

在生产国横线上填"中国"（CHINA）。进口国横线上填最终进口国，进口国必须与第三栏目的港的国别一致，如转运内陆目的地，应与内陆目的地的国别一致。凡货物运往欧盟十五国范围内，进口国不明确时，进口国可填 E. U.。

申请单位应授权专人在此栏手签，标上申报地点、日期，并加盖申请单位中英文印章，手签人手迹必须在商检局注册备案。

此栏日期不得早于发票日期（第10栏）（最早是同日）。盖章时应避免覆盖进口国名称和手签人姓名。

（六）装箱单、重量单和尺码单

装箱单的作用主要是补充商业发票内容之不足，通过表内的包装件数、规格、唛头等项目填制，明确阐明了商品的包装情况，便于买方对进口商品包装及数量的了解和掌握，也便于国外买方在货物到达目的港时，供海关检查和核对货物。

重量单和尺码单的作用与装箱单的作用基本相同，一般均列明每件货物的毛重和净重。在具体业务中，卖方须主要提供这两种单据，或只提供其中一种根据国外来证的规定及商品性质。

装箱单一般不显示收货人、价格和装运情况，对货物内容的描述一般都使用统称。装箱单着重表现货物的包装情况，包括从最小包装到最大包装所有使用的包装材料、包装方式。对于重量和尺码内容，在装箱单中一般只体现它们的累计总额。

（七）商检证书

1. 检验证书的作用

（1）作为议付货款的一种单据，如果检验证书中所列的项目或检验结果和信用证的规定不符，有关银行可以拒绝议付货款。

（2）作为证明交货的品质、数量、包装以及卫生条件等是否符合合同规定的依据。

（3）如交货品质、数量、包装以及卫生条件与合同规定不符时，买卖双方可以凭此作为拒收、索赔或理赔的依据。

2. 检验证书的缮制

公司和厂家出具的检验证书，其具体的填写内容为：

（1）填写出口厂家或出口公司的名称和地址。

（2）填写商检证的名称，如品质检验证书、数量检验证书。

（3）填写发票号码。

（4）不迟于提单签发日的日期。

（5）填写商品名称。

（6）填写唛头，无唛头时，填写"N/M"。

（7）填写计算单价时使用的计量单位的数量，也可以填写与提单或其他运输单据相同栏目中最大包装的件数。

（8）填写净重和毛重。

（9）按已检验的结果填写详细内容。

（10）经办人签字并加盖公章。

注：

商检局商品检验证书的大部分栏目的填写方法和上面的基本一致。不同的有：

（1）编号由商检局编制。

（2）增加发货人和收货人两个栏目，发货人栏目填写受益人名称，收货人栏目与发票抬头人相同。

（3）由商检局官员签字并盖商检局公章。

（八）受益人证明书

受益人证明书的特点是自己证明自己履行某项义务。一份受益人证明书一般有几个栏目：①受益人中文、英文名称。②单据名称。一般标明"BENEFICIARY'S CERTIFICATE"（受益人证明）或"BENEFICIARY'S STATEMENT"（受益人声明）。③发票号码。④信用证号码。⑤出证日期。⑥证明内容。⑦受益人名称及签字。

（九）装船通知

装船通知（Shipping advice 或 Advice of shipment）或称"装船声明"（Shipping statement 或 Shipment declaration），即按信用证或合同规定，发货人通常在装船后将装船情况通知进口商，以便及时办理保险或准备提货租仓等。接受通知的一般是进口商，也有的是进口商指定的保险公司。通知的方式通常为电报通知，电报抄本随其他单据交银行议付。

装船通知为在 FOB、CFR 或 FCA、CPT 条件下成交的合同的买方提供办理货物保险的凭证，也可使以 CIF 或 CIP 价格成交的买方了解货物装运情况、准备接货或筹措资金。

买方为了避免卖方因疏忽未及时通知，所以经常在信用证中明确规定，卖方必须按时发出装船通知，并规定通知的内容，而且在议付时必须提供该装船通知的副本，与其他单据一起向银行议付。因而装船通知也是提交银行结汇的单据之一。

装船通知的主要内容有：收件人名称和地址、合同号或信用证号、货名、数量、金额、船名、开航日期、提单号码、发电日期等。

发电日期不能超出信用证规定的时限，如信用证规定"within two days after shipment"（装船后两天内），假如提单日为 21 日，最晚发电不能超过 23 日午夜 12 点，如信用证规定"immediately after shipment"（装船后立即），应掌握提单日后 3 天之内。

制作装船通知时应重点注意：

（1）抬头人名称和地址。

①填写保险公司的名称和地址，即与买方签发了预约保险单的保险人名称与地址。有些进口国家规定保险须在进口国投保，进口商与保险人签订预保合同，要求我方公司在装运时直接向进口国的保险人发出装船通知。这种装船通知（Shipping Advice）在上述预保合同业务中，又叫保险声明（Insurance Declaration）。该装船通知没有固定格式，主要内容包括保险人名称、信用证号、预保合同号、出口公司、发票号、船名、装船通知、品名、数量、重量、发票、金额等装运项目。当保险人直接收到装船通知后，可以将预约保单及时转成为一份正式的保险单。②填写开证人名称与地址。③填写信用证规定的代理人的名称与地址。代理人收到通知后，可及时通知保险公司实际装船情况以便及时投保，同时方便收货人准备收货或卖出在途货物。代理人可以是保险公司的代理人，也可以是开证人的代理人，甚至可以是收货人本人。

（2）单据名称。

单据名称常用"ADVICE OF SHIPMENT"或"SHIPPING ADVICE"表示。

（3）数量。

该处填写商品的包装总数量，而不是计价单位的总数量。

（4）船名。

当需要转船时，必须填写第一程和第二程的船名。

二、练习题

（一）单项选择题

1. 信用证的货物名称错把 BLACK TEA（红茶）写作 BLACK TEE，审证时没留意到这个问题，那么制作单据时应（　　）。

    A. 改作"BLACK TEA"

    B. 按原文写作"BLACK TEE"

    C. 按原文写作"BLACK TEE"，然后在后面加上（BLACK TEA）

    D. 把"信用证"改成"托收"收款

2. 根据《UCP 600》的规定，商业发票中货物的描述（　　）。

    A. 可以使用统称，不得与信用证中有关货物的描述有抵触

    B. 可以使用统称，并可与信用证中有关货物的描述有所不同

    C. 必须完全符合信用证中的描述

    D. 必须与合同的描述完全一致

3. 一般情况下，发票金额应与（　　）一致。

    A. 合同金额　　　　　　　　　　　B. 信用证金额

    C. 保险金额　　　　　　　　　　　D. 汇票金额

4. 来证规定："COMMERCIAL INVOICE IN TRIPLICATE CERTIFYING THAT THE GOODS HEREIN ARE IN ACCORDANCE WITH THOSE SPECIFIED IN THE S/C NO. 9857"，制作发票时应（　　）。

    A. 商业发票一式两份，然后在发票上注明"COMMERCIAL INVOICE IN TRIPLICATE CERTIFYING THAT THE GOODS HEREIN ARE IN ACCORDANCE WITH THOSE

SPECIFIED IN THE S/C NO. 9857"

B. 商业发票一式三份，然后在发票上注明"COMMERCIAL INVOICE IN TRIPLICATE CERTIFYING THAT THE GOODS HEREIN ARE IN ACCORDANCE WITH THOSE SPECIFIED IN THE S/C NO. 9857"

C. 商业发票一式三份，然后在发票上注明"WE CERTIFY THAT THE GOODS HEREIN ARE IN ACCORDANCE WITH THOSE SPECIFIED IN THE S/C NO. 9857"

D. 商业发票一式两份，然后在发票上注明"WE CERTIFY THAT THE GOODS HEREIN ARE IN ACCORDANCE WITH THOSE SPECIFIED IN THE S/C NO. 9857"

5. 如来证没有申请人（或付款人）一栏，而是直接指明汇票付款人时，如"WE OPEN CREDIT NO. PS8803 AVAILABLE BY DRAFTS DRAWN ON EEC CO. LTD."，那么发票的抬头人应做成（　　）。

 A. 不填   B. 开证行

 C. DRAWN ON EEC CO. LTD.   D. EEC CO. LTD.

6. 商业汇票是指汇票的（　　）为商业企业的汇票。

 A. 受票人   B. 收款人

 C. 付款人   D. 出票人

7. 托收汇票一般应在出票条款栏内加注（　　）。

 A. COLLECTNG   B. FOR COLLECTION

 C. COLLECTION   D. ON COLLECTION

8. 当信用证规定"DRAWN ON US"，那么汇票应该（　　）。

 A. 在付款人栏目处填写"US"

 B. 在收款人栏目处填写"US"

 C. 在付款人栏目处填写"开证行名称"

 D. 在付款人栏目处填写"开证申请人名称"

9. 汇票的抬头做成指示样式，说明（　　）。

 A. 汇票不能通过背书转让   B. 汇票无须通过背书即可转让

 C. 仅能由银行转让   D. 须经过背书方能转让

10. 信用证规定：DRAFTS AT 90 DAYS SIGHT DRAWN ON SAKULA BANK LTD. USANCE DRAFTS DRAWN UNDER THIS L/C ARE TO BE NEGOTIATED AT SIGHT BASIS. DISCOUNT CHARGES AND ACCEPTANCE COMMISSION ARE FOR ACCOUNT OF ACCOUNTEE. 汇票的付款期限和付款人应分别填写为（　　）。

 A. AT 90 DAYS SIGHT 和 SAKULA BANK LTD.

 B. AT 90 DAYS SIGHT 和开证申请人名称

 C. AT 90 DAYS SIGHT AND NEGOTABLE AT SIGHT DAYS 和 SAKULA BANK LTD.

 D. AT ××× SIGHT 和开证申请人名称

11. 海运提单的签发日期是指（　　）。

 A. 货物装船完毕的日期   B. 托运人填写托运单的日期

 C. 货物开始装船的日期   D. 托运人办理报关的日期

12. 下列提单中，只有经过背书才能转让的提单是（　　）。

A. 指示提单   B. 不记名提单

C. 记名提单   D. 清洁提单

13. 我某公司与外商签订一份 CIF 出口合同，以 L/C 为支付方式。国外银行开来的信用证中规定："信用证有效期为 8 月 8 日，最迟装运期为 7 月 31 日。"我方加紧备货出运，于 7 月 21 日取得大副收据，并换回正本已装船清洁提单，我方应不迟于（   ）向银行提交单据。

A. 7 月 21 日   B. 7 月 31 日

C. 8 月 8 日   D. 8 月 11 日

14. 信用证的到期日为 12 月 31 日，最迟装运期为 12 月 16 日，最迟交单日期为运输单据出单后 15 天，出口人备妥货物安排出运的时间是 12 月 10 日，则出口人最迟应于（   ）向银行交单议付。

A. 12 月 16 日   B. 12 月 25 日

C. 12 月 28 日   D. 12 月 31 日

15. 信用证条款：

DOCUMENTS REQUIRED：FULL SET OF CLEAN ON BOARD CHARTER PARTY BILL OF LADING MADE OUT TO ORDER, MARKED FREIGHT PAYABLE AS PER CHARTER PARTY.

假定：船东为 XYZ SHIPPING CO.，货运代理人 ABC SHIPPING CO. 作为船东的代理人，签发租船提单，签发人为张三，如果租船提单表面未表明船东及货运代理人的名称和身份，则提单的签发应为（   ）。

A. ABC SHIPPING CO.

     张三 AS THE CARRIER

B. ABC SHIPPING CO.

     张三 AS AGENT FOR THE CARRIER：XYZ SHIPPING CO.

C. ABC SHIPPING CO.

     张三 AS AGENT FOR THE OWNER：XYZ SHIPPING CO.

D. XYZ SHIPPING CO.

     张三 AS THE OWNER

16. 以 CIF 术语达成的交易，如信用证没有特别规定，保险单的被保险人一栏应填写（   ）。

A. 开证申请人的名称   B. 受益人的名称

C. TO ORDER   D. TO WHOM IT MAY CONCERN

17. 如信用证没有特别规定，按国际保险市场惯例，保险金额一般在发票金额的基础上（   ）填写。

A. 加一成   B. 加两成

C. 加三成   D. 加四成

18. 如信用证规定"COVERING MARINE RISKS OF THE PEOPLE'S INSURANCE COMPANY OF CHINA DD 1/1/1982"，则出口公司（   ）。

A. 只能投保平安险

B. 只能投保水渍险

  C. 只能投保一切险

  D. 可投保平安险、水渍险及一切险中的任一种

19. 信用证中规定 "COVERING RISKS AS PER 'INSTITUTE CARGO CLAUSES（A）', INCLUDING WAREHOUSE TO WAREHOUSE CLAUSE"，其中的 "WAREHOUSE TO WAREHOUSE CLAUSE" 是指（　　）。

  A. 出口方负责的交货责任起讫的条款

  B. 承运人负责的运输责任起讫的条款

  C. 进口方负责的收货责任起讫的条款

  D. 保险人负责的保险责任起讫的条款

20. 信用证中规定，"ALL DOCUMENTS SHOULD INDICATE THE SHIPPING MARK"，出口公司在保单的 "Marks & Nos." 一栏应填写（　　）。

  A. 实际唛头

  B. AS PER INVOICE NO. ×××

  C. AS PER B/L NO. ×××

  D. 既可按实际唛头填写，也可按 "AS PER INVOICE NO. ×××" 填写

21. 根据我国的规定，企业最迟于货物报关出运前（　　）向签证机构申请办理原产地证。

  A. 7 天   B. 3 天

  C. 10 天   D. 5 天

22. 在我国，签发普惠制原产地证 FORM A 的机构是（　　）。

  A. 海关总署及各省市海关   B. 各省市出入境检验检疫局

  C. 商务部及各省市经贸厅   D. 各省市贸促会

23. 普惠制原产地证明书 FORM A 原产地标准栏目，如果出口商品完全是出口国自产的，不含有进口成分的商品，出口到所有给惠国，填写（　　）。

  A. "P"   B. "W"

  C. "Y"   D. "F"

24. 信用证条款：GSP Certificate of Origin, Form A, certifying goods of origin in China, issued by competent authorities. 根据该条款，FORM A 的签发机构为（　　）。

  A. 贸促会   B. 出入境检验检疫局

  C. 公证处   D. 海关

25. 信用证条款：Certificate of Origin in two fold indicating that goods are of Chinese origin issued by Chamber of Commerce. 根据该条款，原产地证的签发机构为（　　）。

  A. 商会   B. 出入境检验检疫局

  C. 公证处   D. 海关

26. 根据《联合国国际货物销售合同公约》的规定，买方向卖方提出索赔的最后期限是（　　）。

  A. 货物在装运港经检验机构检验并签发检验证书之日起两年内

  B. 货物到达目的港经检验机构检验并签发检验证书之日起两年内

  C. 买方在实际收到货物之日起两年内

D. 货物到达目的港（地）进入买方仓库之日起两年内

27. 根据出入境检验检疫局的规定，出境货物最迟应于报关或装运前（　　）天报验。

    A. 3 天   B. 7 天

    C. 10 天   D. 15 天

28. 有关商品检验的时间和地点，比较公平合理，能够兼顾买卖双方的利益的规定是（　　）。

    A. 离岸质量、重量（或数量）为准   B. 到岸质量、重量（或数量）为准

    C. 出口国检验、目的国复验   D. 提交第三国检验机构进行检验

29. 下列属于出口国检验的是（　　）。

    A. 买方营业处所检验   B. 最后用户所在地检验

    C. 装船时检验   D. 卸货时检验

（二）多项选择题

1. 商业发票的作用主要有（　　）。

    A. 进出口报关完税必不可少的单据   B. 是全套单据的中心

    C. 是结算货款的依据   D. 是物权凭证

2. 发票的抬头人应是（　　）。

    A. 托收项下的卖方   B. 托收项下的买方

    C. 信用证项下的受益人   D. 信用证项下的开证申请人

3. 某来证规定："ABOUT 20 MT CITRIC ACID MONO BP80 AT USD1,180.00/MT CFR HAIFA PORT"，"PCT CREDIT AMOUNT TOLERANCE：10/10"，"CURRENCY CODE AMOUNT：USD23,600.00"，那么以下发票的数量和金额可以填写为（　　）。

    A. 20 MT, USD23,600.00   B. 25 MT, USD29,500.00

    C. 22 MT, USD25,960.00   D. 18 MT, USD21,240.00

4. 以下情况属于拒付的是（　　）。

    A. 付款人破产

    B. 付款人虽不拒绝付款，但承诺延缓一个月付款

    C. 付款人拒绝付款

    D. 付款人虽不拒绝付款，但承诺到期付款，并办理了承兑手续。

5. 汇票的抬头限定"PAY TO ABC CO. ONLY"，表明（　　）。

    A. 限付给 ABC CO.   B. 凭 ABC CO. 公司指示

    C. 可以转让   D. 不能转让

6. 如果信用证没有规定出票依据，那么一般要填写的内容有（　　）。

    A. 开证行名称   B. 开证申请人名称

    C. 信用证号码   D. 开证日期

7. 下列应向提单持有人交付货物的提单有（　　）。

    A. Blank B/L   B. Open B/L

    C. Straight B/L   D. Bearer B/L

8. 已知货物承运人为 XYZ SHIPPING CO.，承运人提单签发人为张三，承运人的代理

人为 ABC SHIPPING CO.，承运人的代理人提单签发人为李四，如果提单表面未表明承运人及代理人的名称和身份，则提单的签发应为（　　）。

A. ABC SHIPPING CO.
李四 AS THE CARRIER

B. ABC SHIPPING CO.
张三 AS AGENT FOR THE CARRIER：XYZ SHIPPING CO.

C. ABC SHIPPING CO.
李四 AS AGENT FOR THE CARRIER：XYZ SHIPPING CO.

D. XYZ SHIPPING CO.
张三 AS THE CARRIER

9. 信用证有关条款：

ISSUING BANK：XYZ BANK

APPLICANT：ABC CO.

BENEFICIARY：GD TRADING CO. LTD.

DOCUMENTS REQUIRED：FULL SET OF CLEAN ON BOARD BILL OF LADING MADE OUT TO ORDER OR TO OUR ORDER，MARKED FREIGHT PREPAID NOTIFY APPLICANT.

信用证未对提单做任何其他规定，则提单的收货人应为（　　）。

A. TO ORDER
B. TO ORDER OF XYZ BANK
C. TO ORDER OF ABC CO.
D. TO ORDER OF GD TRADING CO. LTD.

10. 信用证有关提单条款：

DOCUMENTS REQUIRED：FULL SET OF CLEAN ON BOARD MARINE BILL OF LADING，MADE OUT TO ORDER OF WIM BOSMAN BV，P. O. BOX 54064，NL-3008 JB ROTTERDAM，NETHERLANDS.

信用证未对提单做任何其他规定，提单正本的签发份数（NO. OF ORIGINAL B（S）/L）应为（　　）。

A. 1 份
B. 2 份
C. 3 份
D. 选项 A 和 B 错误

11. 如果货物运输的装运港为 GUANGZHOU，目的港为 LONDON，转运港为 HONGKONG，且合同和信用证没有对提单中的转运港有特别要求，那么，海运提单对转运港的标示方式可采用（　　）。

A. 在装运港栏目填写 GUANGZHOU/HONGKONG

B. 在目的港栏目填写 LONDON W/T HONGKONG

C. 在目的港栏目填写 LONDON VIA HONGKONG

D. 在海运提单上注明 FROM GUANGZHOU TO LONGDON VIA HONGKONG

12. 根据伦敦保险协会制定的"协会货物条款"，以下险别能单独投保的有（　　）。

A. ICCA
B. ICCB
C. 战争险
D. 恶意损害险

13. 按照我国《海洋运输货物保险条款》的规定，以下险别属于我国海洋运输货物保险中的基本险的是（　　）。

A. F. P. A.　　　　　　　　　　B. ICCA

C. W. P. A.　　　　　　　　　　D. WAR RISKS

14. 共同海损分摊时，涉及的受益方包括（　　）。

　　A. 船方　　　　　　　　　　B. 货方

　　C. 救助方　　　　　　　　　D. 运费方

15. 出口企业在办理原产地证时，必须提交的单证有（　　）。

　　A.“中华人民共和国出口货物原产地证书/加工装配证明申请书”

　　B.“中华人民共和国出口货物原产地证书”一式四份

　　C. 出口货物商业发票

　　D. 签证机构认为必要的其他证明文件

16. 在我国，签发原产地证的机构包括（　　）。

　　A. 海关总署及各省市海关　　　B. 各省市出入境检验检疫局

　　C. 商务部及各省市经贸厅　　　D. 各省市贸促会

17. 下列国家中，给予我国普惠制待遇的是（　　）。

　　A. 保加利亚　　　　　　　　B. 美国

　　C. 新西兰　　　　　　　　　D. 加拿大

18. 在合同中商品检验时间和地点的规定的基本做法有（　　）。

　　A. 在出口国检验　　　　　　B. 将货物运到双方同意的第三国检验

　　C. 在进口国检验　　　　　　D. 出口国检验，进口国复验

19. 在国际贸易中，检验证书所起的作用有（　　）。

　　A. 公证证明的作用

　　B. 买卖双方交接货物、结算货款和进行索赔和理赔的依据

　　C. 通关的有效凭证

　　D. 以信用证支付时，通常是银行议付货款的依据

20. 根据国家质量监督检验检疫总局的规定，出境货物报验时须提交的有关单据是（　　）。

　　A. 外贸合同（确认书）　　　B. 信用证

　　C. 提单　　　　　　　　　　D. 发票

（三）判断题

1. 商业发票日期应早于提单日期。（　　）

2. 商业发票是由买方开给卖方的价目清单，是出口交易中最重要的单据之一。（　　）

3. 信用证规定：FROM CHINA PORT TO LONDON，发票上应严格按照信用证要求填上“FROM CHINA PORT TO LONDON”。（　　）

4. 按照《UCP 600》规定，无论信用证有无规定，商业发票必须签章才能生效。（　　）

5. 除非信用证另有规定，银行将不接受出单日期早于信用证开立日期的单据。（　　）

6. 汇票是出票人承诺在见票时或在未来某一规定的或可以确定的时间，对持票人或其指定人支付一定金额的书面文件。（　　）

7. 承兑是指持票人将汇票提交付款人要求承兑的行为。（ ）

8. A 公司因资金吃紧，把手头上的一张 6 个月期汇票经背书后转让给 B 公司，B 公司后来又转让给 C 公司，C 公司于汇票到期之日到银行收款，被告之汇票原付款人已破产，无力支付款项，C 公司转向 B 公司要求其付款，B 公司认为自己只是中间者，而要求 C 公司直接向 A 公司索款。B 公司的做法合理。（ ）

9. 商业汇票和银行汇票的主要区别在于前者的付款人是商业企业，后者的付款人是银行。（ ）

10. 出口人开具的汇票，如开证行付款后向开证人提示遭拒付时，开证行有权行使追索权。（ ）

11. 海运提单只有签发日期而没有已装船日期，按惯例，提单的签发日期可视为装船日期。如果海运提单上批注有已装船日期，则该批注的日期不得早于海运提单的签发日期。（ ）

12. 信用证的有关条款表明"FULL SET OF CLEAN ON BOARD BILL OF LADING MADE OUT TO OUR ORDER, MARKED FREIGHT PREPAID NOTIFY APPLICANT"，则出具的正本提单托运人必须空白背书。（ ）

13. 来证对提单没有特殊要求，正本提单上有如下批注："FREIGHT CHARGES：USD 2,700.00；ORC：USD500.00；DOCUMENTATION FEE：USD100.00"，银行将接受该提单。（ ）

14. 来证对提单没有特殊要求，有关提单的信用证条款如下："FULL SET OF CLEAN ON BOARD BILL OF LADING MADE OUT TO OUR ORDER, MARKED FREIGHT PREPAID NOTIFY APPLICANT"，如果正本提单上没有特别标明开证人的名称和地址，则正本提单的被通知人应填写："APPLICANT"。（ ）

15. 国外开来信用证规定的装运期限为"AFTER 12TH MAY 2001"，则正本提单的装运日期应理解为在 2001 年 5 月 12 日或以后。（ ）

16. 正本海运提单上批注有："TOTAL FIVE HUNDRED CARTONS ONLY. BUT TEN BROKEN CARTONS."若来证对提单没有特别要求，银行将不接受该提单。（ ）

17. 在规定装运期条文时，如使用了"迅速"、"立即"、"尽速"或类似词句者，按《UCP 600》规定，银行将不予置理。（ ）

18. 保险单俗称"大保单"，保险凭证俗称"小保单"，由于保险凭证背面没有列入保险条款，因而它们不具有同等的法律效力。（ ）

19. 保险单的签发日期应该早于海运提单的签发日期。（ ）

20. 我某外贸公司以 CIF 条件出口，代客户投保一切险，对于从装运港运往目的港途中由于任何外来原因所造成的损失，客户均可向保险公司索赔。（ ）

21. 我某公司以 CFR 术语进口钢材一批，我方在收到国外发来的装船通知后，按事先签订的预约保险合同，将该通知交保险公司，保险公司的承保责任起讫应该为"仓至仓"。（ ）

22. 如信用证规定按 ICC 条款投保，根据中国人民保险公司的现行做法是不能接受的，应要求对方修改信用证。（ ）

23. 普惠制原产地证明书 FORM A 一般使用英文填制，应进口商的要求，也可使用法

文，除此之外，证书不得使用其他文种。（　　）

24. 普惠制原产地证明书 FORM A 的收货人应填写最终收货人的名称。如果信用证未明确最终收货人，可以填写商业发票的抬头人，也可填写中间商的名称。（　　）

25. 含有进口成分的产品，出口到加拿大，普惠制原产地证明书 FORM A 的原产地标准栏目填"W"。（　　）

26. 根据日本政府的规定，普惠制原产地证明书 FORM A 的有效期为自进口之日起 4 个月内。（　　）

27. 普惠制的原则有非普遍原则、非互惠原则和非歧视原则。（　　）

28. 根据《公约》的规定，若买方没有利用合理的机会检验货物，就是放弃了选择权，从而丧失了声称货物不符合同的权利。（　　）

29. 在合同中规定为"离岸品质，离岸重量"时，买方在货物到达目的港或目的地后，可自行委托检验机构对货物进行复验，并有权在规定的时间内凭复验证书向卖方提出异议和索赔。（　　）

30. "出口国检验、进口国复验"是国际货物买卖中最常见的一种规定检验时间和地点的方法。（　　）

31. 凡属法定检验范围的商品，在办理进出口清关手续时，必须向海关提供检验检疫机构签发的检验证书，海关方予验放。（　　）

32. 已在所在地检验检疫机构办理报验登记备案的单位，可以自行办理报验或代理他人报验。（　　）

（四）单据填制

1. 根据有关信用证条款和参考资料缮制发票：

A. 信用证有关条款：

ISSUING BANK：THE SAKURA BANK, LIMITED.

　　　　　56，NANIWA – CHO, CHUO – KU, KOBE, JAPAN

20 /DOCUMENTARY CREDIT NUMBER：KUW25847

31C /DATE OF ISSUE：MAY 15, 2004

31D /DATE AND PLACE OF EXPIRY：JUNE 30, 2004 BENEFICIARIES' COUNTRY

50 /APPLICANT：MOMO CO. , LTD

　　　　　NO. 215 NADA – KU, KOBE, JAPAN

59 /BENEFICIARY：HUNAN TEA IMPORT & EXPORT CORPORATION

　　　　　WUYI ROAD, CHANGSHA, HUNAN, CHINA

32 /CURRENCY CODE AMOUNT：USD26,640. 00

39A /PERCENT CREDIT AMT AMT TOLERANCE：05 / 05

41D /AVAILABLE WITH. . . . BY. . . ：ANY BANK IN CHINA BY NEGOTIATION

　　45A /DESCRIPTION OF GOODS AND/OR SERVECES

　　AS PER S/C NO. ：HNT （04） 021

　　APPLICANT'S REF NO. ：3 – 1190

　　12,000 KGS PU – ERH TEA AT USD2. 22 PER KG. CIF KOBE

PACKED：IN 50 KGS PER CARTONS

46A /DOCUMENTS REQUIRED：

+ COMMERCIAL INVOICE IN ONE ORIGINAL PLUS 6 COPIES, SHOWING THAT THE GOODS EXPORTED ARE OF CHINESE ORIGIN, ALL OF WHICH MUST BE MANUALLY SIGNED.

47A/ ADDITIONAL CONDITIONS

+ ALL DOCUMENTS REQUIRED UNDER THIS CREDIT MUST MENTION THIS L /C NUMBER AND THE ISSUING BANK NAME.

B. 参考资料：

2004 年 6 月 12 日装"FENGQING V. 25"从广州出运。

唛头自行设计；

发票号码自行设计；

请参照上述资料制作一份商业发票。

湖南茶叶进出口公司
HUNAN TEA IMPORT & EXPORT CORPORATION
WUYI ROAD, CHANGSHA, HUNAN, CHINA

商 业 发 票
COMMERCIAL INVOICE   ORIGINAL

Messrs:

INVOICE NO. :

INVOICE DATE:

L /C NO. :

L /C DATE:

S /C NO. :

Exporter:

Transport details: Terms of payment:

Marks & Numbers	Description of Goods	Quantity	Unit Price	Amount

2. 根据以下内容，填写一份汇票。

INVOICE NO.：TU231

ISSUING BANK：KUWAIT REAL ESTATE BANK

L/C NO.：SP00256 DATED MARCH 21，2002

INVOICE AMOUNT：USD9 785.00

BENEFICIARY：BEIJING NATIONAL NATIVE PRODUCE IMPORT & EXPORT CORPORATION

APPLICANT：HAMEED ALI AL TUHOO CO.，KUWAIT

NEGOTIATING BANK：THE INDUSTRIAL & COMMERCIAL BANK OF CHINA

DATE OF NEGOTIATION：APRIL 18，2002

…AVAILABLE WITH YOUR DRAFT AT SIGHT DRAWN ON APPLICANT FOR THE FULL INVOICE VALUE. ALL DRAFTS MUST BE MARKED "DRAWN UNDER KUWAIT REAL ESTATE BANK"

BILL OF EXCHANGE

NO. _____   DATE _____

       EXCHANGE FOR _____

AT _____ DAYS AFTER SIGHT OF THIS FIRST OF EXCHANGE（SECOND OF EXCHANGE BEING UNPAID）

PAY TO THE ORDER OF _____

THE SUM OF _____

DRAWN UNDER _____

TO _____

_____

_____

3. 根据以下内容，填写一份汇票。

WE HEREBY ISSUE OUR IRREVOCABLE DOCUMENTARY LETTER OF CREDIT NO. 45BC123 DATED JAN. 02, 2003 AVAILABLE WITH US BY PAYMENT AT 30 DAYS AFTER RECERPT OF FULL SET OF DOCUMENTS AT OUR COUNTERS FOR ACCOUNT OF STG99, 012. 52.

INVOICE NO. : NL0321

ISSUING BANK: THE CHARTERED BANK LONDON, ENGLAND

BENEFICIARY: CHINA NATIONAL LIGHT INDUSTRIAL PRODUCTS IMP. & EXP. CORP. GUANGDONG
          BRANCH, NO. 87 THE BUND, GUANGHZOU, CHINA.

APPLICANT: LONDON EXPORT CO. , LTD. ,
          P. O. BOX 56387 LONDON, ENGLANG

NEGOTIATING BANK: BANK OF CHINA

DATE OF NEGOTIATION: FEB. 23, 2003

F14

凭
Drawn under _____

信用证　　　　　第　　　　　　　　号
L /C　　　　　　No. _____

日期　　　　　　年　　　月　　　日
dated _____

按　　　　息　　　　　　付　　款
Payable with interest @ _____ % per annum

号码　　　　　汇票金额　　　　　中国　广州　　年　月　日
No. _____ **Exchange** for ▢▢▢▢ Guangzhou, China　　　19

见票　　　　　　　　　　　　　　　日后（本汇票之副本未付）付
At _____ sight of this **FIRST** of Exchange（Second of exchange being unpaid）

pay to the order of _____ 或其指定人

金　额
the sum of _____

此致
To _____

_____

4. 根据给出的信用证条款和其他资料填制提单。

A. 信用证条款：

ISSUING BANK：	METITA BANK LTD FIN – 00020 METITA，FINLAND
TERM OF DOC. CREDIT：	IRREVOCABLE
CREDIT NUMBER：	KHL02 – 22457
DATE OF LSSUE：	020505
EXPIRY：	DATE 020716 PLACE CHINA
APPLICANT：	FFK CORP. AKEKSANTERINK AUTO P. O. BOX 9，FINLAND
BENEFICIARY：	GUANGDONG RONGHUA TRADE CO. LTD. 168，DEZHENG ROAD SOUTH，GUANGZHOU，CHINA
AMOUNT：	CURRENCY USD AMOUNT 38，400.00
POS. / NEG. TOL.（%）：	5/5
AVAILABLE WITH/BY：	ANY BANK IN ADVISING COUNTRY BY NEGOTIATION
PARTIAL SHIPMENTS：	NOT ALLOWED
TRANSHIPMENT：	ALLOWED
LOADING IN CHARGE：	GUANGZHOU
FOR TRANSPORT TO：	HELSINKI
SHIPMENT PERIOD：	AT THE LATEST JULY 16，2002
DESCRIPTION OF GOODS：	9,600PCS OF WOMEN'S SWEATERS UNIT PRICE：USD4.00/PC，CFR HELSINKI PACKING：12PCS/CTN
DOCUMENTS REQUIRED：	FULL SET OF CLEAN ON BOARD MARINE BILLS OF LADING，MADE OUT TO ORDER OF METITA BANK LTD, FINLAND，MARKED "FREIGHT PREPAID" AND NOTIFY APPLICANT

B. 其他资料：

提单号码：KTT0245678

货物总毛重：6,500KGS

货物总尺码：25CBMS

船名：MAKIS V. 002

唛头：ABC/ HELSINKI/ NO. 1 – 800

集装箱号码：SIHU365487 – 2（20'）SEAL NO. 123456 CY/CY

提单签发日期：2002 年 7 月 10 日

提单签发地点：广州

承运人：ABC SHIPPING CO.

提单签发人：张三

货物由托运人负责装箱及计数。

BILL OF LADING

Shipper	B/L No.
	Combined Transport Bill of Lading
Consignee	
Notify Address	For delivery of goods please apply to:

Pre – carriage by	Place of receipt
Ocean Vessel Voy. No.	Port of Loading

Port of Discharge	Place of Delivery	Final Destination for the Merchant's Reference only

Container, Seal No. & Marks & Nos.	No. of Package & Description of Goods	Gross Weight Kgs	Measurement m³

Freight & charges	Revenue Tons.	Rate Per	Prepaid	Collect

Ex. Rate:	Prepaid at	Payable at	Place and date of issue
	Total Prepaid	No. of Original B (s) /L	Stamp & Signature

LADEN ON BOARD. THE VESSEL

Date

By ---------------------

(TERMS CONTINUED ON BACK HERE OF)

5. 根据给出的信用证条款和其他资料缮制提单。

A. 信用证条款：

ISSUING BANK： METITA BANK LTD FIN - 00020 METITA, FINLAND

TERM OF DOC. CREDIT： IRREVOCABLE

CREDIT NUMBER： KHL02 - 22457

DATE OF LSSUE： 020505

EXPIRY： DATE 020716 PLACE CHINA

APPLICANT： FFK CORP. AKEKSANTERINK AUTO

P. O. BOX 9, FINLAND

BENEFICIARY： GUANGDONG RONGHUA TRADE CO. LTD.

168, DEZHENG ROAD SOUTH, GUANGZHOU, CHINA

AMOUNT： CURRENCY USD AMOUNT 38,400.00

POS. / NEG. TOL. （%）： 5/5

AVAILABLE WITH/BY： ANY BANK IN ADVISING COUNTRY BY NEGOTIATION

PARTIAL SHIPMENTS： NOT ALLOWED

TRANSHIPMENT： ALLOWED

LOADING IN CHARGE： GUANGZHOU

FOR TRANSPORT TO： HELSINKI

SHIPMENT PERIOD： AT THE LATEST JULY 16, 2002

DESCRIPTION OF GOODS： 9,600PCS OF WOMEN'S SWEATERS UNIT PRICE： USD4.00/PC, OTHER DETAILS AS PER S/C NO. 98SGQ468001

PACKING： 12PCS/CTN CFR HELSINKI （INCOTERMS 2000）

DOCUMENTS REQUIRED： FULL SET OF CLEAN ON BOARD MARINE BILLS OF LADING, MADE OUT TO THE ORDER OF ISSUING BANK, MARKED FREIGHT PREPAID AND DDC COLLECT, SHOWING INSURANCE PREMIUM, SURCHARGE AND TRADE TERMS NOTIFY APPLICANT.

ADDITIONAL COND. ： 1. T. T. REIMBURSEMENT IS PROHIBITED.

2. ALL DOCUMENTS MUST BE MARKED THE S/C NO. AND L/C NO.

B. 其他资料：

提单号码：KTT0245678 货物总毛重：6 500KGS

货物总尺码：25CBMS 唛头：ABC/ HELSINKI/ NO. 1 - 800

转运港：香港 船名：第一程 DONGFANG 第二程 MAKIS V. 002

集装箱号码：SIHU365487 - 2 （20'） SEAL NO. 123456

保险费：USD100.00 附加费：USD300.00

提单签发地点：广州 提单签发日期：2002 年 7 月 10 日

承运人：ABC SHIPPING CO. 承运人代理人：XYZ SHIPPING CO.

提单签发人：李四 提单装船批注日期：2002 年 7 月 11 日

货物由托运人负责装箱、计数和封箱，整箱装，由集装箱堆场至集装箱堆场。

BILL OF LADING

Shipper	B/L No.
	Combined Transport Bill of Lading
Consignee	
	For delivery of goods please apply to:
Notify Address	

Pre – carriage by	Place of receipt	
Ocean Vessel Voy. No	Port of Loading	

Port of Discharge	Place of Delivery	Final Destination for the Merchant's Reference only

Container, Seal No. & Marks & Nos.	No. of Package & Description of Goods	Gross Weight Kgs	Measurement m³

Freight & Charges	Revenue Tons.	Rate Per	Prepaid	Collect

Ex. Rate:	Prepaid at	Payable at	Place and date of issue	
	Total Prepaid	No. of Original B (s) /L	Stamp & Signature	

LADEN ON BOARD. THE VESSEL

Date

By ------------------------

(TERMS CONTINUED ON BACK HERE OF)

6. 请根据以下材料填制一份保险单。

A. 信用证条款：

APPLICANT   *50：ZELLERS INC. , ATTN. IMPORT DEPT.

                              401 BAY STREET, 10/FL.

                              TORONTO ON MJH. 2Y4，CANADA

BENEFICIARY   *59：G. M. G. HARDWEAR & TOOLS IMP. & EXP.

                              COMPANY LTD.

                              726, DONG FENG ROAD EAST, GUANGZHOU, CHINA

LOADING IN CHARGE   44 A：GUANG ZHOU, CHINA

FOR TRANSPORT TO... 44 B：VANCOUVER, CANADA

DESCRIPT. OF GOODS   45 A：HANDLE TOOLS

ITEM NO.	QUANTITY	UNTI PRICE
A 0214	2,000 DOZ	USD 10.50
A 0012	1,000 DOZ	USD 11.50
M 0102	500 DOZ	USD 28.00

AS PER SALES CONFIRMATION NO. 02GP520471

DD 03JAN. 02

CIF VANCOUVER CANADA

DOCUMENTS REQUIRED   46 A：

+ MARINE INSURANCE POLICY OR CERTIFICATE IN DUPLICATE, ENDORSED IN BLANK, FOR FULL INVOICE VALUE PLUS 10 PERCENT, STATING CLAIM PAYABLE IN CANADA COVERING INSTITUTE CARGO CLAUSES（A）AND WAR RISKS.

B. 其他资料：

发票号码：KW-030419   发票日期：2002 年 4 月 10 日

发票金额：USD46,500.00   提单日期：2002 年 4 月 19 日

船名：CHAO HE /ZIM CANADA V. 44E（在香港转运）

唛头：ZELLERS CANADA/VANCOUVER   保险单号码：KC03-85362

货物装箱情况：10DOZ/PACKAGE   350PACKAGES

PICC PROPERTY

中保财产保险有限公司
The people's insurance (Property) Company of China, Ltd.

发票号码
Invoice No.

保险单号次
Policy No.

海 洋 货 物 运 输 保 险 单
MARINE CARGO TRANSPORTATION INSURANCE POLICY

被保险人：
Insured：

中保财产保险有限公司（以下简称本公司）根据被保险人的要求，及其所缴付约定的保险费，按照本保险单承担险别和背面所载条款与下列特别条款承保下列货物运输保险，特签发本保险单。

This policy of Insurance witnesses that the People's Insurance (Property) Company of China, Ltd. (hereinafter called "The Company"), at the request of the Insured and in consideration of the agreed premium paid by the Insured, undertakes to insure the undermentioned goods in transportation subject to the conditions of this Policy as per the Clauses printed overleaf and other special clauses attached hereon.

保险货物项目 Descriptions of Goods	包装 单位 数量 Packing Unit Quantity	保险金额 Amount Insured

承保险别
Conditions

货物标记
Marks of Goods

总 保 险 金 额：
Total Amount Insured：

保费 Premium	as arranged	载运输工具 Per conveyance S. S.		开航日期 Slg. on or abt

起运港
From

目的港
To

所保货物，如发生本保险单项下可能引起索赔的损失或损坏，应立即通知本公司下述代理人查勘。如有索赔，应向本公司提交保险单正本（本保险单共有　份正本）及有关文件。如一份正本已用于索赔，其余正本则自动失效。

In the event of loss or damage which may result in a claim under this Policy, immediate notice must be given to the Company's Agent as mentioned hereunder. Claims, if any, one of the Original Policy which has been issued in　Original (s) together with the relevant documents shall be surrendered to the Company. If one of the Original Policy has been accomplished, the others to be void.

中保财产保险有限公司
THE PEOPLE'S INSURANCE (PROPERTY) COMPANY OF CHINA, LTD.

赔款偿付地点
Claim payable at

日期
Date

在
at

地址：
Address：

264

7. 请根据以下材料填制一份保险单。

A. 信用证条款：

APPLICANT	*50：	INTERCONTOR, ZENTRALEINKAUF UND HANDELS
		SIGMUND STR. 220
		90431 NUERNBERG
BENEFICIARY	*59：	GUANGDONG TEXTILES IMPORT & EXPORT
		COTTON MANUFACTURED GOODS COMPANY LTD.
		14/F. ， GUANGDONG TEXTILES MANSION
		NO168 XIAO BEI ROAD， GUANGZHOU

LOADING IN CHARGE　　　44　A：GUANGZHOU

FOF TRANSPORT TO …　　44　B：HAMBURG

DESCRIPT. OF GOODS　　45　A：GUITAR

ITEM NO.	QUANTITY	UNIT PRICE
948	1,700 PC	USD 7. 42

AS PER SALES CONFIRMATION NO. 2002MCGS02007

DD 8. 3. 2002

TOTAL AMOUNT USD 12 614. 00

CIF HAMBURG

DOCUMENTS REQUIRED　　　46　A：

MARINE INSURANCE POLICY OR CERTIFICATE IN DUPLICATE, ENDORSED

IN BLANK, FOR FULL INVOICE VALUE PLUS 10 PERCENT, STATING CLAIM

PAYABLE IN HAMBURG COVERING INSTITUTE CARGO CLAUSES (A)

AND WAR RISKS, MARKED PREMIUM PAID.

B. 其他资料：

发票号码：020603GTB　　　　发票日期：2002 年 6 月 20 日

发票金额：USD12,614. 00　　　提单日期：2002 年 6 月 25 日

保险单号码：KC53696265　　　唛头：KCHCSB /HAMBURG

船名：NANTU V. 832　　　　　货物装箱情况：10PCS/CTN

PICC PROPERTY

中保财产保险有限公司
The people's insurance (Property) Company of China, Ltd.

发票号码
Invoice No.

保险单号次
Policy No.

海 洋 货 物 运 输 保 险 单
MARINE CARGO TRANSPORTATION INSURANCE POLICY

被保险人：
Insured：

中保财产保险有限公司（以下简称本公司）根据被保险人的要求，及其所缴付约定的保险费，按照本保险单承担险别和背面所载条款与下列特别条款承保下列货物运输保险，特签发本保险单。

　　This policy of Insurance witnesses that the People's Insurance (Property) Company of China, Ltd. (hereinafter called "The Company"), at the request of the Insured and in consideration of the agreed premium paid by the Insured, undertakes to insure the undermentioned goods in transportation subject to the conditions of this Policy as per the Clauses printed overleaf and other special clauses attached hereon.

保险货物项目 Descriptions of Goods	包装 单位 数量 Packing Unit Quantity	保险金额 Amount Insured

承保险别
Conditions

货物标记
Marks of Goods

总 保 险 金 额：
Total Amount Insured：

保费 Premium　　as arranged	载运输工具 Per conveyance S. S.	开航日期 Slg. on or abt

起运港
From

目的港
To

　　所保货物，如发生本保险单项下可能引起索赔的损失或损坏，应立即通知本公司下述代理人查勘。如有索赔，应向本公司提交保险单正本（本保险单共有　份正本）及有关文件。如一份正本已用于索赔，其余正本则自动失效。

　　In the event of loss or damage which may result in a claim under this Policy, immediate notice must be given to the Company's Agent as mentioned hereunder. Claims, if any, one of the Original Policy which has been issued in　Original (s) together with the relevant documents shall be surrendered to the Company. If one of the Original Policy has been accomplished, the others to be void.

中保财产保险有限公司
THE PEOPLE'S INSURANCE (PROPERTY) COMPANY OF CHINA, LTD.

赔款偿付地点
Claim payable at

日期　　　　　　　　在
Date　　　　　　　　at

地址：
Address：

8. 广东省纺织品进出口针织品有限公司向希腊某商出口一批塑胶玩具，该出口公司产地证申报员张强拟于 2003 年 10 月 7 日向广州检验检疫局申报，公司电话：78787878。请你根据下面的商业发票帮张强填制"一般原产地证明书"。

广东省纺织品进出口针织品有限公司
GUANGDONG TEXTILES IMP. & EXP. KNITWEARS COMPANY LIMITED 15/F., GUANGDONG TEXTILES MANSION 168 XIAO BEI ROAD, GUANGZHOU, CHINA

商 业 发 票
COMMERCIAL INVOICE

Messrs：	INVOICE NO. : YSM1999B
JOHNSON	INVOICE DATE : OCT. 05, 2003
KREONTOS 30 STR.	L/C NO. : KDTT524250
GREECE	L/C DATE : AUG. 20, 2003
	S/C NO. : GD-98TX2509

Exporter：
GUANGDONG TEXTILES IMP. & EXP.
KNITWEARS COMPANY LIMTIED.
15/F., GUANGDONG TEXTILES MANSION
168 XIAO BEI ROAD, GUANGZHOU, CHINA.

Transport details：

Terms of payment：

FROM GUANGZHOU TO PIRAEUS GREECE.
BY VESSEL. SAILING DATE：OCT. 15, 2003

BY L/C

Marks and Numbers 唛头号码	Descrip. of Goods 商品名称	Guantity 数量	Unit Price 单价	Amount 总值
JOHNSON 97KCS 05111 PIRAEUS GREECE NO. 1-500 MADE IN CHINA	H. S. NO. : 9503. 90 PLASTIC TOYS	10,000PCS	USD0. 60/PC	USD6,000. 00

FOB　GUANGZHOU　USD6,000. 00

TOTAL QUANTITY：10,000PCS PACKING：500CARTONS
TOTAL：U. S. DOLLARS SIX THOUSAND ONLY.

广东省纺织品进出口针织品有限公司
GUANGDONG TEXTILES IMP. & EXP.
KNITWEARS COMPANY LIMITED
（盖章）

ORIGINAL

1. Exporter	Certificate No.
	CERTIFICATE OF ORIGIN **OF** **THE PEOPLE'S REPUBLIC OF CHINA**
2. Consignee	
3. Means of transport and route	5. For certifying authority use only
4. Country/region of destination	

6. Marks and numbers	7. Number and kind of packages; description of goods	8. H. S. Code	9. Quantity	10. Number and date of invoices

11. Declaration by the exporter	12. Certification
The undersigned hereby declares that the above details and statements are correct, that all the goods were produced in China and that they comply with the Rules of Origin of the People's Republic of China.	It is hereby certified that the declaration by the export is correct.
Place and date, signature and stamp of authorized signatory	Place and date, signature of authorized signatory

9. 广东省轻工家电有限公司出口一批产品到比利时，该产品完全为我国江西浪花毛织厂自产，不含任何进口成分。请你根据下面的商业发票帮该公司产地证申报员张强（联系电话020—368475）填制"普惠制产地证明书 FORM A"。

广东省轻工家电有限公司
GUANGDONG LIGHT ELECTRICAL APPLIANCES COMPANY LIMITED
52，DEZHENG ROAD SOUTH GUANGZHOU，CHINA

商 业 发 票
COMMERCIAL INVOICE

Messrs:	INVOICE NO. : GD05753
BRUSSELS LACES AND GIFTS SERV. SA	INVOICE DATE : FEB. 28，2005
RUE DE LUSAMBO. 21/23	L/C NO. : 21036414276424
1190 BRUXELLES, BE	S/C NO. : D/269/97
	L/C DATE : NOV. 18，1997

Exporter:

GUANGDONG LIGHT ELECTRICAL

APPLIANCES COMPANY LIMITED.

Transport details:　　　　　　　　　　　　　　Terms of payment:

FROM GUANGZHOU TO ANTWERP BELGIUM　　　　BY　L/C

W/T HONG KONG BY VESSEL

Marks & Numbers	Description of goods	Guantity	Unit Price	Amount
AL SHAMALI ANTWERP	COTTON PRINTED VELVET TOWELS 3,936PCS H. S. CODE: 6302. 5900	@ USD3. 64/PC	USD14,327. 04	

CIF…ANTWERP…USD14 327. 04

TOTAL QUANTITY：3,936PCS PACKING：160CTNS

TOTAL：U. S. DOLLARS FOURTEEN THOUSAND AND THREE HUNDRED TWENTY – SEVEN POINT ZERO FOUR ONLY.

GUANG DONG LIGHT ELECTRICAL

APPLIANCES COMPANY LIMITED

（签名）

申报地点：广州

申报日期：2005 年 3 月 18 日

生产单位联系人：李丰收

生产单位联系电话：658472

预定出口装运日期：2005 年 3 月 22 日

保险费：15 美元

运费：2 000 美元

ORIGINAL

1. Goods consigned from（Exporter's business name, address, county）	Reference No.
	GENERALIZED SYSTEM OF PREFERENCES CERTIFICATE OF ORIGIN （Combined declaration and certificate） FORM A
2. Goods consigned to（Consignee's name, address, country）	issued in THE PEOPLE'S REPUBLIC OF CHINA （COUNTRY） See Notes overleaf
3. Means of transport and route（as far as known）	4. For official use

5. Item number	6. Marks and numbers of packages	7. Number and kind of packages; Description of goods	8. Origin criterion （see Notes overleaf）	9. Gross weight or other quantity	10. Number and date of invoices

11. Certification It is hereby certified, on the basis of control carried out, that the declaration by the exporter is correct.	12. Declaration by the exporter The undersigned hereby declares that the above details and statements are correct; that all the goods were produced in
	------------------------------ （country） and that they comply with the origin requirements specified for those goods in the Generalized System of Preferences for goods exported to ------------------------------ （importing country）
------------------------------ Place and date, signature and stamp of certifying authority	------------------------------ Place and date, signature of authorized signatory

10. 请根据以下材料填制一份出境货物报检单。

四川长虹电器股份有限公司
SICHUAN CHANGHONG ELECTRIC CO., LTD.
35, EAST MIANXING ROAD, HIGH-TECH PARK, MIANYANG, CHINA
COMMERCIAL INVOICE

Messrs:		
YOUTA TRADING COMPANY LTD.	INVOICE NO. :	TB-M85062
52 JULAN SULTAN	INVOICE DATE:	JULY 25, 2003
ROOM 1510 KOONA PLAZA	S/C NO. :	SM9806263
SINGAPORE	L/C NO. :	HU65926

Transport details:	Terms of payment:
FROM SHENZHEN TO SINGAPORE BY VESSEL	BY L/C
PER S.S. : TAO LA V.441	

Marks & numbers	Description of goods	Quantity	Unit price	Amount
		CIF SINGAPORE		
YOUTA SINGAPORE NOS. 1-500	"CHANGHONG" BRAND COLOUR TELEVISION SET MODEL RT560 WITH REMOTE CONTROL, PACKED IN EXPORT CARTONS OF ONE SET EACH	500SETS	USD160.00 PER SET	USD80,000.00

四川长虹电器股份有限公司
SICHUAN CHANGHONG ELECTRIC CO., LTD.

Remarks:

商品编码: 8528.1291
发货日期: JULY 30, 2003
用途: 其他
报检人: 李明
报验时提交的随附单据: 合同、信用证、发票、装箱单
需要的证单: 品质证书 (1正2副), 出境货物换证凭单 (1正1副)

CONTAINER NO. : 1*40'COSU829234-2
货物存放地点: 中山南头
产地: 四川省绵阳市
报检日期: 2003年8月22日

中华人民共和国出入境检验检疫
出境货物报检单

报检单位（加盖公章）：   ＊编号_____

报检单位登记号：   联系人：   电话：   报检日期： 年 月 日

发货人	（中文）					
	（外文）					
收货人	（中文）					
	（外文）					

货物名称（中外文）	H.S.编码	产地	数/重量	货物总值	包装种类及数量

运输工具名称号码		贸易方式		货物存放地点	
合同号		信用证号		用途	
发货日期		输往国家（地区）		许可证/审批号	
起运地		到达口岸		生产单位注册号	

集装箱规格、数量及号码

合同、信用证订立的检验检疫条款或特殊要求	标记及号码	随附单据（如"√"或补填）
		□合同 □包装性能结果单 □信用证 □许可/审批文件 □发票 □ □换证凭单 □ □装箱单 □ □厂检单 □

需要证单名称（划"√"或补填）		＊检验检疫费	
□品质证书 ___正___副 □植物检疫证书 ___正___副 □重量证书 ___正___副 □熏蒸/消毒证书 ___正___副 □数量证书 ___正___副 □出境货物换证凭单 ___正___副 □兽医卫生证书 ___正___副 □ □健康证书 ___正___副 □ □卫生证书 ___正___副 □ □动物卫生证书 ___正___副 □		总金额 （人民币元）	
		计费人	
		收费人	

报检人郑重声明：
  1. 本人被授权报检。
  2. 上列填写内容正确属实，货物无伪造或冒用他人的厂名、标志、认证标志，并承担货物质量责任。
                签名：_____
		领取证单	

		日期	
		签名	

注：有"＊"号栏由出入境检验检疫机关填写。

11. 请根据以下材料填制一份出境货物报检单。

FULE TRADE DEVELOPMENT CO. LTD.
厦门富乐贸易发展公司

INVOICE

L／C NO.：KC－65284
S／C NO.：TL652C063
MESSRS：L. Y. CONSULTANT CO. LTD
ADDRESS：21 OTEMON CHUO—KU FUKUODA JAPAN
PER S. S.：HONG YAN V. 5021
FROM　XIAMEN

INVOICE NO.：FL69536874
DATE：MARCH 15，2002

DATE OF DEPARTURE：APR. 25，2002
TO　MOJI

MARK	PACKAGE	DESCRIPTION	QUANTITY	UNIT PRICE	AMOUNT
N/M	15,000CTNS	FRESH WINTER BAMBOO SHOOTS	15,000KGS	USD1. 60/KG	USD24,000
				CFR MOJI	

Remarks：

CONTAINER NO.：CCLU 850114－5（20'）　　CCLU850500－6（20'）
商品编码：07099010　　　　　　　　　发货日期：JUNE 5，2002
货物存放地点：石狮　　　　　　　　　用途：食用
报验人：王雅丽　　　　　　　　　　　报检日期：2002 年 5 月 25 日
产地：福建省厦门特区
报验时提交的随附单据：信用证、合同、发票、装箱单
需要的证单：品质证书 1 正 1 副、植物检疫证书 1 正 1 副

中华人民共和国出入境检验检疫
出境货物报检单

报检单位（加盖公章）：　　　　　　　　　　　　　　　　　　　　　＊编号_____

报检单位登记号：　　　　联系人：　　　　电话：　　　　报检日期：　年　月　日

发货人	（中文）					
	（外文）					
收货人	（中文）					
	（外文）					

货物名称（中外文）	H. S. 编码	产地	数/重量	货物总值	包装种类及数量

运输工具名称号码			贸易方式		货物存放地点	
合同号			信用证号		用途	
发货日期		输往国家（地区）		许可证/审批号		
起运地		到达口岸		生产单位注册号		

集装箱规格、数量及号码

合同、信用证订立的检验检疫条款或特殊要求	标记及号码	随附单据（如"√"或补填）	
		□合同	□包装性能结果单
		□信用证	□许可/审批文件
		□发票	□
		□换证凭单	□
		□装箱单	□
		□厂检单	□

需要证单名称（划"√"或补填）		＊检验检疫费	
□品质证书　　__正__副	□植物检疫证书　　__正__副	总金额（人民币元）	
□重量证书　　__正__副	□熏蒸/消毒证书　　__正__副		
□数量证书　　__正__副	□出境货物换证凭单　　__正__副		
□兽医卫生证书　　__正__副	□	计费人	
□健康证书　　__正__副	□		
□卫生证书　　__正__副	□	收费人	
□动物卫生证书　　__正__副	□		

报检人郑重声明：	领取证单	
1. 本人被授权报检。 2. 上列填写内容正确属实，货物无伪造或冒用他人的厂名、标志、认证标志，并承担货物质量责任。 签名：_____	日期	
	签名	

注：有"＊"号栏由出入境检验检疫机关填写。

12. 请根据以下材料填制一份装箱单。

A. 信用证条款：

WE HEREBY ESTABLISH OUR IRREVOCABLE DOCUMENTARY CREDIT FOR AMOUNT
OF USD8,335.00 USDOLLARS EIGHT THOUSAND THREE HUNDRED AND THIRTY FIVE ONLY.

CFR KARACHI

AVAILABLE BY BENEFICIARY'S MANUALLY SIGNED DRAFTS DRAWN ON US IN DUPLICATE

ACCOUNT OPENERS AT SIGHT FOR FULL INVOICE VALUE OF SHIPMENT PURPORTING TO BE：（HS
CODE NO. 8539.2900）FILAMENT LAMPS

TW－3050（1.5M）3,000 PCS AT USD0.65 PER PC

TW－3018（3YD）3,800 PCS AT USD0.65 PER PC

TW－8031（2YD）3,000 PCS AT USD0.98 PER PC

TW－6013（2YD）500 PCS AT USD0.65 PER PC

AS PER BENEFICIARIES FAX PROFORMA INVOICE NO. 97SGQ469011 DTD 26/4/97

ACCOMPANIED BY THE FOLLOWING DOCUMENTS：

＋PACKING LIST IN DUPLICATE

…

PARTIAL SHIPMENT PROHIBITED

TRANSHIPMENT ALLOWED

SHIPMENT FORM P. R. OF CHINA TO KARACHI BY VESSEL.

ALL DOCUMENTS TO EVIDENCE SHIPMENT AS INDICATED ABOVE.

B/Lading MUST BE DATED NOT BEFORE THE DATE OF THIS CREDIT

AND NOT LATER THAN 30/30/97.

B. 其他资料：

发票号码：97SGP7528　　　　　　发票日期：1997 年 6 月 20 日

提单号码：CANE124004　　　　　　装运港：黄埔港

船名：HANJIN V.008W　　　　　　尺码：（40＊40＊50）CM/CTN

净重：10.00KGS/CTN　　　　　　　毛重：12.00KGS/CTN

货物装箱情况：100PCS/CTN

广东轻工家电有限公司
GUANGDONG LIGHT ELECTRICAL APPLIANCES CO. LTD.
52，DE ZHENG ROAD SOUTH，GUANGZHOU，CHINA

装 箱 单
PACKING LIST

ORIGINAL

Exporter：

DATE：
INVOICE NO. ：
B/L NO. ：
S/C NO. ：

TRANSPORT DETAILS：

标记 Marks & Numbers	件数 Quantity	货名 Description of Goods	净重 N. W.	毛重 G. W.	尺码 Measurement

13. 请根据以下材料填制一份装箱单。

A. 信用证条款：

APPLICANT	*50 :	CURRENT FUNDS LIMITED
		ROOM 1110 CHINACHEM GOLDEN PLAZA
		NO. 77 MODY ROAD, TSIM SHA TSUI EAST,
		KOWLOON, HONG KONG
BENEFICIARY	*59:	GUANGDONG TEXTILES IMPORT AND
		EXPORT KNITWEARS COMPANY LIMITED
		ADDRESS SEE BELOW
AMOUNT	*32 B :	CURRENCY USD AMOUNT 30,384.00
AVAIABLE WITH / BY	*41 D :	CREDIT ISSUING OFFICE
		BY PAYMENT
PARTIAL SHIPMENTS	43 P :	FORBIDDEN
TRANSSHIPMENT	43 T :	PROHIBITED
LOADING IN CHARGE	44 A :	GUANGDONG, CHINA
FOR TRANSPORT TO...	44 B :	SANTOS, BRAZIL
LATEST DATE OF SHIP.	44 C :	971115
DESCRIPT. OF GOODS	45 A :	

DESCRIPTION：CHILDREN'S 65 PERCENT COTTON 35 PERCENT POLYESTER KNITTED JOGGING SUIT

QUANTITY：720 DOZEN SETS

UNIT PRICE：USD42. 2 PER DOZEN SET

FOB GUANGDONG, CHINA

ALL OTHER DETAILS AS PER CONFIRMATION NO. DY – 039

SHIPMENT TO BE EFFECTED BY 1 × 20 CONTAINER (FULL CONTAINER LOAD)

DOCUMENTS REQUIRED　　45 A :

PACKING LIST IN TRIPLICATE SHOWING DETAILS OF PACKING.

BREAKDOWN OF QUANTITY, GROSS WEIGHT, NET WEIGHT AND MEASUREMENT OF EACH CARTON.

B. 其他资料：

发票号码：9703SP023　　发票日期：1997 年 11 月 2 日

提单号码：SA 75214　　货物装箱情况：30DOZ/BALE

船名：FANDU V. 336　　装运港：广州港

净重：18.00KGS/ BALE　　毛重：19. 50KGS/ BALE

尺码：（100 * 100 * 120）CM/ BALE

广东纺织品进出口针织品有限公司
GUANGDONG TEXTILES IMPORT & EXPORT KNITWEARS COMPANY LIMITED
15/F., GUANGDONG TEXTILES MANSION,
168 XIAO BEI ROAD, GUANGZHOU, CHINA

装 箱 单
PACKING LIST

ORIGINAL

Exporter：

DATE：
INVOICE NO.：
B/L NO.：
S/C NO.：

TRANSPORT DETAILS：

标记 Marks & Numbers	件数 Quantity	货名 Description of Goods	净重 N. W.	毛重 G. W.	尺码 Measurement

14. 请根据以下材料制作一份受益人证明书。

A. 信用证条款：

BENEFICIARY：SHANG HAI MACHINERY IMP. & EXP. CORPORATION

L/C NO.：HU65926

DOCUMENTS REQUIRED：

 * BENEFICIARY'S CERTIFICATE CERTIFYING THAT COMMERCIAL INVOICE, PACKING LIST
AND RIGINAL EXPORT LICENCE HAVE BEEN DESPATCHED BY COURIER DIRECTLY TO YOUTA
TRADING COMPANY.

B. 其他资料：

INVOICE NO.：TB－M85062

DATE OF ISSUING THE BENEFICIARY'S CERTIFICATE：AGU. 3, 2003

15. 请根据以下材料制作一份受益人证明书。

A. 信用证条款：

BENEFICIARY：FULE TRADE DEVELOPMENT CO. LTD.

L/C NO.：KC－65284

DOCUMENTS REQUIRED：

 * BENEFICIARY'S CERTIFICATE CERTIFYING THAT FIVE COPIES OF YOUR SAMPLE BOOK HAVE
BEEN SENT BY REGISTERED AIRMAIL TO L. Y. CONSULTANT CO. LTD, 21 OTEMON CHUO-KU FUKUODA,
JAPAN.

B. 其他资料：

INVOICE NO.：FL69536874

DATE OF ISSUING THE BENEFICIARY'S CERTIFICATE：MARCH 30, 2002

16. 根据有关资料填制装船通知。

A. 信用证资料

DATE OF LSSUE：041020

FORM OF DOC. CREDIT：IRREVOCABLE

DOC. CREDIT NUMBER：M20K2710NS00032

EXPIRYY：Date 041115 Place IN BENEFICIARY'S COUNTRY

APPLICANT：SE BANG TRADING CO. , LTD.

148 NAMCHEON－2 DONG, SUYOUNG－KU

PUSAN，KOREA

BENEFICIARY：GUANGZHOU ARTS & CRAFTS IMP. & EXP. CORP.

628 GUAGNZHOU DADAO ZHONG ROAD

GUANGHZOU，CHINA

PARTIAL SHIPMENTS：ALLOWED

TRANSSHIPMENT：ALLOWED

LOADING IN CHARGE：GUANGZHOU, CHINA

FOR TRANSPORT TO...：PUSAN, KOREA

LATEST DATE OF SHIP.：041105

DESCRIPT. OF GOODS：CHINA ORIGIN

    ARTIFICIAL FLOWERS

    AB – 06001 5184DOZ @ USD2. 50/DOZ

    AB – 07049 2880DOZ @ USD2. 80/DOZ

    AS PER S/C NO. 97A/KF002A DATE OCT. 15, 2004, ISSUED BY

    GUANGZHOU ARTS & CRAFTS IMP. & EXP. CORP.

    CIF PUSAN

DOCUMENTS REQUIRED ：SHIPMENT ADCICE IN FULL DETAILS INCLUDING SHIPPING MARKS, CONTAINER NUMBERS, VESSEL NAME, B/L NUMBER, VALUE AND QUANTITY OF GOODS MUST BE SENT ON THE DATE OF SHIPMENT TO APPLICANT.

B. 其他资料：

INV. NO. ：97KF335

B/L NO. ：DSA97 – 1102

PACKING：AB – 06001 36DOZ/CTN

AB – 07049 36DOZ/CTN

MEASUREMENT：(40 * 50 * 80) CM/CTN

CONTAINER NO. MSCU 4097560（20'）

      MSCU 4097615（40'）

NAME OF STEAMER：SUI 301/NORASIA V. 49 – 3 W/T HONGKONG

B/L DATE：OCT. 28, 2004

SHIPPING MARKS：SE BANG/PUSAN

G. W. ：23KGS/CTN N. W. ：18KGS/CTN

G. W. ：19KGS/CTN N. W. ：13KGS/CTN

DATE OF ADVICE：OCT. 29, 2004

17. 根据有关资料填制装船通知。

A. 信用证资料：

CREDIT NUMBER：LRT9802457

DATE OF LSSUE：020505

EXPIRY：DATE 020716 PLACE CHINA

APPLICANT：A. B. C. CORP. AKEKSANTERINK AUTO

    P. O. BOX 9, FINLAND

BENEFICIARY：GUANGDONG RONGHUA TRADE CO. LTD.

    168, DEZHENG ROAD SOUTH, GUANGZHOU, CHINA

AMOUNT：CURRENCY USD AMOUNT 36,480. 00 (SAY U. S. DOLLARS THIRTY SIX THOUSAND FOUR HUNDRED AND EIGHTY ONLY)

POS. / NEG. TOL. (%)：5/5

AVAILABLE WITH/BY：ANY BANK IN ADVISING COUNTRY

      BY NEGOTIATION

PARTIAL SHIPMENTS：NOT ALLOWED

TRANSHIPMENT：ALLOWED

LOADING IN CHARGE：GUANGZHOU

FOR TRANSPORT TO：HELSINKI

SHIPMENT PERIOD：AT THE LATEST JULY 16，2002

DESCRIP. OF GOODS：9，600PCS OF WOMEN'S SWEATERS

　　　　　　　　　　UNIT PRICE：USD3.80/PC，PACKING：12PCS/CTN

　　　　　　　　　　OTHER DETAILS AS PER S/C NO. 98SGQ468001

　　　　　　　　　　CFR HELSINKI

DOCUMENTS REQUIRED：ADVICE OF SHIPMENT MUST BE SENT BY FAX TO MARKE INSURANCE CO.

　　　　　　　　　　HELSINKI，FINLAND（FAX　NO.　33333）WITH　DETAILS　OF

　　　　　　　　　　SHIPMENT INCLUDING

　　　　　　　　　　VALUE，NAME OF VESSEL，DATE OF SHIPMENT，NAME OF COMMODITY，

　　　　　　　　　　NUMBER OF PACKAGE；TOTAL NET AND GROSS WEIGHT QUOTING

　　　　　　　　　　THEIR POLICY NO. 3RT20053. COPY OF THIS FAX TO BE PRESENTED

　　　　　　　　　　WITH DOCUMENTS UPON NEGOIATION.

ADDITIONAL COND.：1. T. T. REIMBURSEMENT IS PROHIBITED.

　　　　　　　　　2. ALL DOCUMENTS MUST BE MARKED THE S/C NO. AND THE L/C NO.

　　　　　　　　　3. SHIPPING MARKS：ABC/HELSINKI/ NO. 1－UP

B. 其他资料：

INV. NO. ：2005PCI448　　　　　　　　　DATE OF SHIPMENT：MAY. 20，2002

B/L NO. ：FKK9078533　　　　　　　　　MEASUREMENT：（40＊50＊80）CM/CTN

G. W. ：23KGS/CTN　　　　　　　　　　N. W. ：18KGS/CTN

NAME OF STEAMER：DONGFRNEG E003　　　　DATE OF ADVICE：MAY 21，2002

三、练习题参考答案

（一）单项选择题

1. C	2. C	3. D	4. C	5. D
6. D	7. B	8. C	9. D	10. C
11. A	12. A	13. C	14. B	15. C
16. B	17. A	18. D	19. D	20. B
21. B	22. B	23. A	24. B	25. A
26. D	27. B	28. C	29. C	

（二）多项选择题

1. ABC	2. BD	3. ACD	4. ABC	5. AD
6. ACD	7. ABD	8. CD	9. AB	10. ABC
11. ABCD	12. ABC	13. AC	14. ABD	15. ABCD
16. BD	17. CD	18. ACD	19. ABCD	20. AB

（三）判断题

1. √	2. ×	3. ×	4. ×	5. ×

6. ×	7. ×	8. ×	9. ×	10. ×
11. ×	12. ×	13. √	14. ×	15. ×
16. √	17. √	18. ×	19. √	20. ×
21. ×	22. ×	23. ×	24. ×	25. ×
26. ×	27. ×	28. √	29. ×	30. √
31. √	32. ×			

（四）单据填制

1.

HUNAN TEA IMPORT & EXPORT CORPORATION
WUYI ROAD, CHANGSHA, HUNAN, CHINA

COMMERCIAL INVOICE

TO MESSRS : MOMO CO. , LTD.   INVOICE NO. : HNT04/22001
          NO. 215 NADA – KU, KOBE,   DATE   : JUN. 12, 2004
          JAPAN   L/C NO.   : KUW25847
          CONTRACT NO. : HNT （04） 021
          TERMS OF PAYMENT: BY SIGHT L/C

TRANSPORT DETAILS：
          FROM GUANGZHOU TO KOBE BY VESSEL

MARKS & NOS.	DESCRIPTION OF GOODS	QUANTITY	UNIT PRICE	AMOUNT
N/M	PU – ERH TEA AS PER S/C NO. HNT （04） 021 APPLICANT' S/REF NO. 3 – 1190 PACKED: IN 50KGS PER CARTONS	12,000KGS	USD 2. 22/KG	USD26,640. 00

TOTAL: 12,000KGS CIF KOBE USD26,640. 00

WE CERTIFY THAT THE ABOVE GOODS ARE OF CHINESE ORIGIN.
L/C NO.：KUW25847
ISSUING BANK：THE SAKURA BANK, LIMITED. 56, NANIWA – CHO, CHUO – KU, KOBE, JAPAN

HUNAN TEA IMPORT & EXPORT CORPORATION
WUYI ROAD, CHANGSHA, HUNAN, CHINA
（手工签名）

2.

BILL OF EXCHANGE

NO. <u>TU231</u>   DATE <u>APRIL 18, 2002</u>

EXCHANGE FOR <u>USD9,785.00</u>

AT <u>× × ×</u> DAYS AFTER SIGHT OF THIS FIRST OF EXCHANGE (SECOND OF EXCHANGE BEING UNPAID)

PAY TO THE ORDER OF <u>THE INDUSTRIAL & COMMERCIAL BANK OF CHINA</u>

THE SUM OF <u>U. S. DOLLARS NINE THOUSAND SEVEN HUNDRED AND EIGHTY FIVE ONLY.</u>

DRAWN UNDER L/C NO.: SP00256 DATED MARCH 21, 2002 ISSUED BY KUWAIT REAL ESTATE BANK

TO   HAMEED ALI AL TUHOO CO. ,

KUWAIT

BEIJING NATIONAL NATIVE PRODUCE
IMPORT & EXPORT CORPORATION

3.

F14

凭   THE CHARTERED BANK LONDON, ENGLAND
Drawn under

信用证   第   号
L/C   *No.*   45BC123
日期   年   月   日
dated   JAN. 2, 2003

按   息   付   款
Payable with interest @ _____ *% per annum*

号码   汇票金额   中国   广州   年   月   日
No. NL0321 **Exchange** *for*   STG99,012.52   *Guangzhou, China*   FEB. 23, 2003
见票   日后（.本汇票之副本未付）付

At   30 *DAYS*   sight of this **FIRST** of Exchange（*Second of exchange being unpaid*）
pay to the order of   BANK OF CHINA   或其指定人

金 额
the sum of   STG NINETY NINE THOUSAND AND TWELVE POINT FIFTY TWO ONLY.

此致

To THE CHARTERED BANK
    LONGDONG, ENGLAND

CHNA NATIONAL LIGHT INDUSTRIAL
PRODUCTS IMP. & EXP. CORP. GUANGDONG BRANCH

4.

BILL OF LADING

Shipper GUANGDONG RONGHUA TRADE CO. LTD. 168, DEZHENG ROAD SOUTH, GUANGZHOU, CHINA	B/L No. KTT0245678
	Combined Transport Bill of Lading

Consignee TO ORDER OF METITA BANK LTD, FINLAND	For delivery of goods please apply to:
Notify Address FFK CORP. AKEKSANTERINK AUTO P. O. BOX 9, FINLAND	

Pre – carriage by	Place of receipt	
Ocean Vessel Voy. No. MAKIS V. 002	Port of Loading GUANGZHOU	

Port of Discharge HELSINKI	Place of Delivery	Final Destination for the Merchant's Reference only

Container, Seal No. & Marks & Nos.	No. of Package & Description of Goods	Gross Weight Kgs	Measurement m³
ABC HELSINKI NO. 1 – 800 SIHU365487 – 2(20') SEAL NO. 123456 CY/CY FCL	SHIPPER'S LOAD AND COUNT AND SEAL S. T. C. 800CARTONS WOMEN'S SWEATERS TOTAL: EIGHT HUNDRED CARTONS ONLY. "FREIGHT PREPAID"	6,500KGS	25CBMS

Freight & Charges	Revenue Tons.	Rate Per	Prepaid	Collect

Ex. Rate:	Prepaid at	Payable at	Place and date of issue GUANGZHOU JULY10, 2002	
	Total Prepaid	No. of Original B (s) /L THREE	Stamp & Signature ABC SHIPPING CO. 张三 AS THE CARRIER	

LADEN ON BOARD. THE VESSEL

Date

    By ------------------------------

          (TERMS CONTINUED ON BACK HERE OF)

5.

BILL OF LADING

Shipper GUANGDONG RONGHUA TRADE CO. LTD. 168, DEZHENG ROAD SOUTH, GUANGZHOU, CHINA	B/L No. KTT0245678
	Combined Transport Bill of Lading

Consignee TO ORDER OF METITA BANK LTD FIN-00020 METITA, FINLAND	

Notify Address FFK CORP. AKEKSANTERINK AUTO P. O. BOX 9, FINLAND	For delivery of goods please apply to:

Pre – carriage by DONGFANG	Place of receipt	
Ocean Vessel Voy. No. MAKIS V. 002	Port of Loading GUANGZHOU	
Port of Discharge HELSINKI VIA HONGKONG	Place of Delivery	Final Destination for the Merchant's Reference only

Container, Seal No. & Marks & Nos.	No. of Package & Description of Goods	Gross Weight Kgs	Measurement m³
ABC HELSINKI NO. 1 – 800 SIHU365487 – 2(20') SEAL NO. 123456 CY/CY FCL	SHIPPER'S LOAD & COUNT & SEAL S. T. C. 800CARTONS WOMEN'S SWEATERS TOTAL: EIGHT HUNDRED CARTONS ONLY. FREIGHT PREPAID AND DDC COLLECT SHIPPED ON BOARD DATE: 2002/7/11 INSURANCE PREMIUM: USD100. 00 SURCHARGE: USD300. 00 TRADE TERMS: CFR HELSINKI (INCOTERMS 2000) S /C NO. : 98SGQ468001 L /C NO. : KHL02 – 22457	13,600KGS	25CBMS

Freight & Charges	Revenue Tons.	Rate Per	Prepaid	Collect

Ex. Rate:	Prepaid at	Payable at	Place and date of issue GUANGZHOU JULY 10, 2002
	Total Prepaid	No. of Original B (s) /L THREE	Stamp & Signature XYZ SHIPPING CO. 李四 AS AGENT FOR THE CARRIER: ABC SHIPPING CO.

LADEN ON BOARD. THE VESSEL
Date
　　　By ----------------------
　　　　　(TERMS CONTINUED ON BACK HERE OF)

6.

PICC PROPERTY

中保财产保险有限公司
The people's insurance (Property) Company of China, Ltd.

发票号码
Invoice No. KW – 030419

保险单号次
Policy No. KC 03 – 85362

海 洋 货 物 运 输 保 险 单
MARINE CARGO TRANSPORTATION INSURANCE POLICY

被保险人：
Insured: G. M. G. HARDWEAR & TOOLS IMP. & EXP. COMPANY LTD. （被保险人在背面进行空白背书）

中保财产保险有限公司（以下简称本公司）根据被保险人的要求，及其所缴付约定的保险费，按照本保险单承担险别和背面所载条款与下列特别条款承保下列货物运输保险，特签发本保险单。

This policy of Insurance witnesses that the People's Insurance (Property) Company of China, Ltd. (hereinafter called "The Company"), at the request of the Insured and in consideration of the agreed premium paid by the Insured, undertakes to insure the undermentioned goods in transportation subject to the conditions of this Policy as per the Clauses printed overleaf and other special clauses attached hereon.

保险货物项目 Descriptions of Goods	包装 单位 数量 Packing Unit Quantity	保险金额 Amount Insured
HANDLE TOOLS TOTAL: 350 PACKAGES	350 PACKAGES	USD 51,150.00

承保险别
Conditions

货物标记
Marks of Goods

COVERING INSTITUTE CARGO CLAUSES （A）
AND WAR RISKS

ZELLERS CANADA
VANCOUVER

总 保 险 金 额：
Total Amount Insured：U. S. DOLLARS FIFTYONE THOUSAND ONE HUNDRED AND FIFTY ONLY

保费   载运输工具   开航日期
Premium   as arranged   Per conveyance S. S.   CHAO HE/ZIM CANADA V. 44E **Slg. on or abt   APR.** 19, 2002

起运港   目的港
From   GUANGZHOU   To   VANCOUVER W/T HONGKONG

所保货物，如发生本保险单项下可能引起索赔的损失或损坏，应立即通知本公司下述代理人查勘。如有索赔，应向本公司提交保险单正本（本保险单共有　份正本）及有关文件。如一份正本已用于索赔，其余正本则自动失效。

In the event of loss or damage which may result in a claim under this Policy, immediate notice must be given to the Company's Agent as mentioned hereunder. Claims, if any, one of the Original Policy which has been issued in   Original (s) together with the relevant documents shall be surrendered to the Company. If one of the Original Policy has been accomplished, the others to be void.

L /C NO. DCBMTN350188

中保财产保险有限公司
THE PEOPLE'S INSURANCE (PROPERTY) COMPANY OF CHINA, LTD.

赔款偿付地点
Claim payable at   CANADA

日期   在
Date   APR. 19, 2002   at   GUANZHOU

地址：
Address：

7.

PICC PROPERTY

中保财产保险有限公司
The people's insurance（Property）Company of China, Ltd.

发票号码
Invoice No. 020603GTB

保险单号次
Policy No. KC 53696265

海 洋 货 物 运 输 保 险 单
MARINE CARGO TRANSPORTATION INSURANCE POLICY

被保险人：
Insured：GUANGDONG TEXTILES IMPORT&EXPORT COTTON MANUFACTURED GOODS COMPANY LTD

中保财产保险有限公司（以下简称本公司）根据被保险人的要求，及其所缴付约定的保险费，按照本保险单承担险别和背面所载条款与下列特别条款承保下列货物运输保险，特签发本保险单。

This policy of Insurance witnesses that the People's Insurance（Property）Company of China, Ltd.（hereinafter called "The Company"）, at the request of the Insured and in consideration of the agreed premium paid by the Insured, undertakes to insure the undermentioned goods in transportation subject to the conditions of this Policy as per the Clauses printed overleaf and other special clauses attached hereon.

保险货物项目 Descriptions of Goods	包装 单位 数量 Packing Unit Quantity	保险金额 Amount Insured
GUITAR ITEM NO. 948	170CTNS	USD13,875

承保险别
Conditions

货物标记
Marks of Goods

COVERING INSTITUTE CARGO CLAUSES（A）

AND WAR RISKS

KCHCSB

HAMBURG

总 保 险 金 额：
Total Amount Insured：U. S. DOLLARS THIRTEEN THOUSAND EIGHT HUNDRED AND SEVENTY FIVE ONLY

保费 载运输工具 开航日期
Premium PAID Per conveyance S. S. NANTU V. 832 Slg. on or abt JUNE 25, 2002

起运港 目的港
From GUANGZHOU To HAMBURG

所保货物，如发生本保险单项下可能引起索赔的损失或损坏，应立即通知本公司下述代理人查勘。如有索赔，应向本公司提交保险单正本（本保险单共有 份正本）及有关文件。如一份正本已用于索赔，其余正本则自动失效。

In the event of loss or damage which may result in a claim under this Policy, immediate notice must be given to the Company's Agent as mentioned hereunder. Claims, if any, one of the Original Policy which has been issued in Original（s）together with the relevant documents shall be surrendered to the Company. If one of the Original Policy has been accomplished, the others to be void.

L /C NO. DCBMTN350188

中保财产保险有限公司
THE PEOPLE'S INSURANCE（PROPERTY）COMPANY OF CHINA, LTD.

赔款偿付地点
Claim payable at HAMBURG

日期 在
Date JUNE 25, 2002 **at GUANZHOU**

地址：
Address：

287

8.

ORIGINAL

1. Exporter GUANGDONG TEXTILES IMP. & EXP. KNITWEARS COMPANY LIMTIED. 15/F., GUANGDONG TEXTILES MANSION 168 XIAO BEI ROAD, GUANGZHOU, CHINA.	Certificate No. CERTIFICATE OF ORIGIN OF THE PEOPLE'S REPUBLIC OF CHINA
2. Consignee JOHNSON KREONTOS 30 STR. GREECE	
3. Means of transport and route ON/AFTER OCT. 15, 2003 FROM GUANGZHOU TO PIRAEUS GREECE BY VESSEL	5. For certifying authority use only
4. Country/region of destination GREECE	

6. Marks and numbers	7. Number and kind of packages; description of goods	8. H. S. Code	9. Quantity	10. Number and date of invoices
JOHNSON 97KCS05111 PIRAEUS GREECE NO. 1-500 MADE IN CHINA	FIVE HUNDRED (500) CARTONS OF PLASTIC TOYS *	9,503. 90	10,000PCS	YSM1999B OCT. 05 ,2003

11. Declaration by the exporter
    The undersigned hereby declares that the above details and statements are correct, that all the goods were produced in China and that they comply with the Rules of Origin of the People's Republic of China.
 	
GUANGZHOU OCT. 07, 2003
--- 	
Place and date, signature and stamp of authorized signatory
	12. Certification
	    It is hereby certified that the declaration by the export is correct.
	
	GUANGZHOU OCT. 08, 2003
	--- 	
	Place and date, signature of authorized signatory

9.

ORIGINAL

1. Goods consigned from （Exporter's business name，address，county） GUANGDONG LIGHT ELECTRICAL APPLIANCES COMPANY LIMITED. 52，DEZHENG ROAD. SOUTH，GUANGZHOU，CHINA	Reference No. GENERALIZED SYSTEM OF PREFERENCES CERTIFICATE OF ORIGIN （Combined declaration and certificate） FORM A issued in THE PEOPLE'S REPUBLIC OF CHINA -----------（COUNTRY）----------- See Notes overleaf
2. Goods consigned to （Consignee's name，address，country） BRUSSELS LACES AND GIFTS SERV. SA RUE DE LUSAMBO. 21/23 1190 BRUXELLES，BE	
3. Means of transport and route （as far as known） FROM GUANGZHOU TO ANTWERP BELGIUM W/T HONG KONG BY VESSEL	4. For official use

5. Item number	6. Marks and numbers of packages	7. Number and kind of packages; Description of goods	8. Origin criterion （see Notes overleaf）	9. Gross weight or other quantity	10. Number and date of invoices
1	AL SHAMALI ANTWERP	ONE HUNDRED AND SIXTY （160） CARTONS OF COTTON PRINTED VELVET TOWELS * * * * * * * * * * * * * * *	P	3,936PCS	GD05753 FEB. 25, 2005

11. Certification It is hereby certified, on the basis of control carried out, that the declaration by the exporter is correct. GUANGZHOU MAR. 18, 2005 -- Place and date, signature and stamp of certifying authority	12. Declaration by the exporter The undersigned hereby declares that the above details and statements are correct; that all the goods were produced in ----------------CHINA---------------- and that they comply with the origin requirements specified for those goods in the Generalized System of Preferences for goods exported to ----------------BELGIUN---------------- （importing country） GUANGZHOU MAR. 20, 2005 -- Place and date, signature of authorized signatory

10.

中华人民共和国出入境检验检疫
出境货物报检单

报检单位（加盖公章）：　　　　　　　　　　　　　　　　　　　＊编号＿＿＿＿＿

报检单位登记号：　　　　联系人：　　　电话：　　　报检日期：　年　月　日

发货人	（中文）四川长虹电器股份有限公司				
	（外文）SICHUAN CHANGHONG ELECTRIC CO. , LTD.				
收货人	（中文）				
	（外文）YOUTA TRADING COMPANY LTD.				
货物名称（中外文）	H.S. 编码	产地	数/重量	货物总值	包装种类及数量
"长虹"牌遥控彩色电视机 型号：RT560 "CHANGHONG" BRAND COLOUR TELEVISION SET MODEL RT560 WITH REMOTE CONTROL	8528.1291	四川省绵阳市	500 台	80 000 美元	500 纸箱

运输工具名称号码	TAO LA V. 441	贸易方式	一般贸易	货物存放地点	中山南头
合同号	SM9806263	信用证号	HU65926	用途	其他
发货日期		输往国家（地区）	新加坡	许可证/审批号	/
起运地	深圳	到达口岸	新加坡	生产单位注册号	/
集装箱规格、数量及号码		1＊40' COSU829234－2			

合同、信用证订立的检验检疫条款或特殊要求	标记及号码	随附单据（如"√"或补填）	
/	YOUTA SINGAPORE NOS. 1－500	□合同 □信用证 □发票 □换证凭单 □装箱单 □厂检单	□包装性能结果单 □许可/审批文件 □ □ □ □

需要证单名称（划"√"或补填）		＊检验检疫费	
☑品质证书　　　　1 正 2 副 □重量证书　　　　__正__副 □数量证书　　　　__正__副 □兽医卫生证书　　__正__副 □健康证书　　　　__正__副 □卫生证书　　　　__正__副 □动物卫生证书　　__正__副	□植物检疫证书　　__正__副 □熏蒸/消毒证书　__正__副 ☑出境货物换证凭单　1 正 1 副 □ □ □ □	总金额 （人民币元）	
		计费人	
		收费人	
报检人郑重声明： 　1. 本人被授权报检。 　2. 上列填写内容正确属实，货物无伪造或冒用他人的厂名、标志、认证标志，并承担货物质量责任。 　　　　　　　　　　　　　　　签名：李明		领取证单	
		日期	
		签名	

注：有"＊"号栏由出入境检验检疫机关填写。

11.

中华人民共和国出入境检验检疫
出境货物报检单

报检单位（加盖公章）：　　　　　　　　　　　　　　　　　　　　　　　* 编号_____
报检单位登记号：　　　　　联系人：　　　　电话：　　　　报检日期：　年　月　日

发货人	（中文）厦门富乐贸易发展公司				
	（外文）FULE TRADE DEVELOPMENT CO. LTD.				
收货人	（中文）				
	（外文）L. Y. CONSULTANT CO. LTD				

货物名称（中外文）	H. S. 编码	产地	数/重量	货物总值	包装种类及数量
鲜冬笋 FRESH WINTER BAMBOO SHOOTS	07099010	福建省 厦门特区	15,000KGS	24,000 美元	15,000 纸箱

运输工具名称号码	HONG YAN V. 5021	贸易方式	一般贸易	货物存放地点	石狮
合同号	TL652C063	信用证号	KC－65284	用途	食用
发货日期	2002 年 6 月 5 日	输往国家 （地区）	日本	许可证/审批号	/
起运地	厦门	到达口岸	门司	生产单位注册号	/

集装箱规格、数量及号码	2 * 20'CCLU 850114－5，CCLU850500－6

合同、信用证订立的检验 检疫条款或特殊要求	标记及号码	随附单据（如"√"或补填）
/	N/M	☑合同　　□包装性能结果单 ☑信用证　　□许可/审批文件 ☑发票　　　□ □换证凭单　□ ☑装箱单　　□ □厂检单　　□

需要证单名称（划"√"或补填）				* 检验检疫费	
☑品质证书	1 正 1 副	☑植物检疫证书	1 正 1 副	总金额 （人民币元）	
□重量证书	__正__副	□熏蒸/消毒证书	__正__副		
□数量证书	__正__副	□出境货物换证凭单	__正__副		
□兽医卫生证书	__正__副	□		计费人	
□健康证书	__正__副	□			
□卫生证书	__正__副	□		收费人	
□动物卫生证书	__正__副	□			

报检人郑重声明： 　1. 本人被授权报检。 　2. 上列填写内容正确属实，货物无伪造或冒用他人的厂名、标志、认证标志，并承担货物质量责任。 　　　　　　　　　　　　　签名：<u>王雅丽</u>	领取证单	
	日期	
	签名	

注：有"＊"号栏由出入境检验检疫机关填写。

12.

广东轻工家电有限公司
GUANGDONG LIGHT ELECTRICAL APPLIANCES CO. LTD.
52，DE ZHENG ROAD SOUTH，GUANGZHOU，CHINA
装箱单
PACKING LIST

ORIGINAL

Exporter：

GUANGDONG LIGHT ELECTRICAL APPLIANCES
CO. LTD
52，DE ZHENG ROAD SOUTH，GUANGZHOU，CHINA

DATE：JUNE 20，1997
INVOICENO.：97SGP7528
B／L NO.：CANE124004
S／C NO.：97SGQ469011

TRANSPORT DETAILS：
FROM HUANGPU TO KARACHI
BY VESSEL

标记 Marks & Numbers	件数 Quantity	货名 Description of Goods	净重 N. W.	毛重 G. W.	尺码 Measurement
	100PCS/CTN	FILAMENT LAMPS	@10KGS	@12KGS	@ （40＊40＊50）
N／M	30CTNS	TW－3050（1.5M）	300KGS	360KGS	2.7M³
	38CTNS	TW－3018（3 YD）	380KGS	456KGS	3.42M³
	30CNTS	TW－8013（2 YD）	300KGS	360KGS	2.7M³
	5CTNS	TW－6013（2 YD）	50KGS	60KGS	0.45M³
	104CTNS		1,040KGS	1,236KGS	9.27M³

TOTAL QUANTITY：10,400PCS
TOTAL：ONE HUNDRED AND FOUR CTNS.

GUANGDONG LIGHT ELECTRICAL APPLIANCES CO. LTD.

13.

广东纺织品进出口针织品有限公司
GUANGDONG TEXTILES IMPORT & EXPORT KNITWEARS COMPANY LIMITED
15/F. , GUANGDONG TEXTILES MANSION,
168 XIAO BEI ROAD, GUANGZHOU, CHINA

装 箱 单
PACKING LIST

ORIGINAL

Exporter：
GUANGDONG TEXTILES IMPORT & EXPORT
KNITWEARS COMPANY LIMITED

DATE ：NOV. 2, 1997
INVOICE NO.：9703SP023
B/L NO.：SA75214
S/C NO.：DY-039

TRANSPORT DETAILS：
FROM GUANGZHOU, CHINA TO SANTOS, BRAZIL
BY VESSEL

标记 Marks & Numbers	件数 Quantity	货名 Description of Goods	净重 N. W.	毛重 G. W.	尺码 Measurement
		CHILDREN'S 65 PERCENT COTTON			
N/M	30DOZ/ BALE	35 PERCENT POLYSTER KNITIED	@18.00KGS	@19.50KGS	@(100×100×120)
	24BALES	JOGGING SUIT	4,320.00KGS	4,680.00KGS	28.8M³
	24BALES		4,320.00KGS	4,680.00KGS	28.8M³

TOTAL QUANTITY：720 DOZ SETS
TOTAL：TWENTYFOUR BALES ONLY

GUANGDONG TEXTILES IMPORT & EXPORT
KNITWEARS COMPANY LIMITED

14.

BENEFICIARY'S CERTIFICATE

AGU. 3, 2003

INVOICE NO. : TB – M85062   L /C NO. : HU65926

WE HEREBY CERTIFY THAT COMMERCIAL INVOICE, PACKING LIST AND ORIGINAL EXPORT LICENCE HAVE BEEN DESPATCHED BY COURIER DIRECTLY TO YOUTA TRADING COMPANY.

上海机械进出口公司
SHANG HAI MACHINERY IMP. & EXP. CORPORATION
（SIGNATURE）

15.

BENEFICIARY'S CERTIFICATE

MARCH 30, 2002

INVOICE NO. : FL69536874   L /C NO. : KC – 65284

TO WHOM IT MAY CONCERN：

WE HEREBY CERTIFYING THAT WE HAVE SENT OUR FIVE COPIES OF YOUR SAMPLE BOOK BY REGISTERED AIRMAIL TO L. Y. CONSULTANT CO. LTD. , 21 OTEMON CHUO – KU FUKUODA, JAPAN.

富乐贸易发展有限公司
FULE TRADE DEVELOPMENT CO. LTD.
（SIGNATURE）

16.

广州工艺进出口公司
GUANGZHOU ARTS & CRAFTS IMP. & EXP. CORP.
628 GUAGNZHOU DADAO ZHONG ROAD GUANGZHOU, CHINA

OCT. 29, 2004

REF. NO. : 97KF335

To Messrs：

　　SE BANG TRADING CO. , LTD.

　　148 NAMCHEON - 2 DONG, SUYOUNG - KU

　　PUSAN, KOREA

SHIPPING ADVICE

Name of Commodity：	CHINA ORIGIN
	ARTIFICIAL FLOWERS
Quantity：	8,064DOZ, 224CTNS
Invoice Value：	USD21,024.00
Name of Carrying Steamer：	SUI 301/NORASIA V. 49 - 3 W/T HONGKONG
Date of Shipment：	OCT. 28, 1997
Shipping Marks：	SE BANG/PUSAN
Credit No. ：	M20K2710NS00032
Port of Loading：	GUANGZHOU, CHINA
Port of Discharge：	PUSAN, KOREA
B/L No. ：	DSA97 - 1102
Container No. ：	MSCU 4097560 (20') MSCU 4097615 (40')

GUANGZHOU ARTS & CRAFTS IMP. & EXP. CORP.
628 GUAGNZHOU DADAO ZHONG ROAD GUANGZHOU, CHINA

17.

广东荣华贸易有限公司

GUANGDONG RONGHUA TRADE CO. LTD.

168，DEZHENG ROAD SOUTH，GUANGZHOU，CHINA

MAY. 21，2002

INV. NO.：2005PCI448

To Messrs：

MARKE INSURANCE CO.

HELSINKI，FINLAND

FAX NO.：33333

ADVICE OF SHIPMENT

Name of Commodity：	**WOMENT'S SWEATERS**
Quantity：	800CTNS
Invoice Value：	USD36,480.00
Name of Carrying Steamer：	DONGFRNEG E003
Date of Shipment：	MAY. 20，2002
Shipping Marks：	ABC/HELSINKI/ NO. 1 – UP
L /C No.：	LRT9802457
Port of Loading：	GUANGZHOU
Port of Discharge：	HELSINKI
B/L No.：	FKK9078533
S/C NO.：	98SGQ468001
TOTAL NET WEIGHT：	14,400.00KGS
TOTAL GROSS WEIGHT：	18,400.00KGS
POLICY NO.：	3RT20 053.

GUANGDONG RONGHUA TRADE CO. LTD.

168，DEZHENG ROAD SOUTH，GUANGZHOU，CHINA

参考文献

1. 对外贸易经济合作部人事教育劳动司．对外经贸理论与实务（上）、（下）．北京：对外经济贸易大学出版社，2000

2. 对外贸易经济合作部人事教育劳动司．对外经贸理论与实务思考题与参考答案．北京：对外经济贸易大学出版社，2000

3. 全国国际商务专业人员职业资格考试指定用书编委会．国际商务基础理论与实务（上）、（下）．北京：对外经济贸易出版社，2003

4. 对外贸易经济合作部人事教育劳动司，对外经济贸易管理干部学院．2002 年全国外销员资格考试补充教材．北京：对外经济贸易出版社，2000

5. 对外贸易经济合作部人事教育劳动司，对外经济贸易管理干部学院．全国外销员资格考试试题与答案选编．北京：对外经济贸易出版社，2000

6. 罗来仪．对外贸易业务问题集解．北京：对外贸易教育出版社，1993

7. 李振琦．进出口业务 100 例．北京：对外贸易教育出版社，1998

8. 袁永友，柏望生．国际贸易实务案例评析．武汉：湖北人民出版社，1999

9. 陈国武．进出口业务 300 题．北京：中国对外经济贸易出版社，1983

10. 本书编写组．全国外销员统考外贸综合业务问答．北京：对外贸易教育出版社，1989

11. 余世明．全国外销员资格考试辅导．广州：暨南大学出版社，2002

12. 余世明．国际贸易实务练习题及分析解答．广州：暨南大学出版社，2004

13. 余世明，冼燕华．国际商务模拟实习教程．广州：暨南大学出版社，2004

14. 余世明．国际贸易实务．广州：暨南大学出版社，2005

15. 余世明．国际商务单证实务．广州：暨南大学出版社，2005

16. 余世明．国际商务操作理论与实务．广州：岭南美术出版社，2005

17. 余世明．国际商务理论基础知识与实务．广州：暨南大学出版社，2006

18. 赖瑾瑜．国际商务理论基础练习题及分析解答．广州：暨南大学出版社，2006

17. 刘生峰．国际市场营销练习题及分析解答．广州：暨南大学出版社，2007

18. 袁绍岐．国际商法练习题及分析解答．广州：暨南大学出版社，2006

19. 杨青．国际金融练习题及分析解答．广州：暨南大学出版社，2007

20. 冼燕华．国际商务英语函电练习题及参考答案．广州：暨南大学出版社，2005

21. 余世明．国际商务单证实务练习题及分析解答．广州：暨南大学出版社，2005